高管团队异质性与
企业研发投资行为研究
——兼论组织风险偏好中介和激励机制调节效应

王晓燕 / 著

立信会计 出版社

LIXIN ACCOUNTING PUBLISHING HOUSE

图书在版编目(CIP)数据

高管团队异质性与企业研发投资行为研究：兼论组织风险偏好中介和激励机制调节效应 / 王晓燕著. —上海：立信会计出版社，2020.9
ISBN 978 - 7 - 5429 - 6593 - 6

Ⅰ. ①高… Ⅱ. ①王… Ⅲ. ①企业管理-组织管理学-关系-企业-技术开发-投资行为-研究-中国 Ⅳ. ①F279.23

中国版本图书馆 CIP 数据核字(2020)第 182314 号

策划编辑　方士华　孙　勇
责任编辑　孙　勇
封面设计　南房间

高管团队异质性与企业研发投资行为研究
——兼论组织风险偏好中介和激励机制调节效应

出版发行	立信会计出版社			
地　　址	上海市中山西路 2230 号	邮政编码	200235	
电　　话	(021)64411389	传　　真	(021)64411325	
网　　址	www.lixinaph.com	电子邮箱	lixinaph2019@126.com	
网上书店	http://lixin.jd.com	http://lxkjcbs.tmall.com		
经　　销	各地新华书店			

印　　刷	上海万卷印刷股份有限公司		
开　　本	710 毫米×1000 毫米	1/16	
印　　张	13.75		
字　　数	243 千字		
版　　次	2020 年 9 月第 1 版		
印　　次	2020 年 9 月第 1 次		
书　　号	ISBN 978 - 7 - 5429 - 6593 - 6/F		
定　　价	48.00 元		

如有印订差错,请与本社联系调换

前　言

创新是社会经济增长和企业经营发展的核心动力。中小企业要想创新发展，要想在市场竞争中立足，管理者发挥着关键的投资决策作用。但仅仅依靠 CEO 的能力判断企业的创新战略会存在很大的风险。更确切地说，CEO 需要与高管成员沟通与协作才能提高企业自身的可持续发展和创新能力。因此，高管团队作为企业中最具影响力的群体，对企业的研发投资行为产生至关重要的影响。高层梯队理论作为研究高管团队的重要理论，指出年龄、性别、受教育水平、职业背景和任期等人口统计变量能够很好地反映高管团队的部分特质，并且将管理者背景特征与组织产出联系起来，为高管团队的发展提供了理论基础。

高管团队成员背景特征的多元化和差异性形成高管团队异质性，而这种异质性对于企业决策行为的影响往往是具有隐蔽性，潜移默化，润物无声，不易引起人们的关注和察觉。这也是研究者忽略高管团队异质性影响以及难以判断其"正向"或"负向"效应的原因所在。Finkelstein 等(2009)指出，高管团队成员由于受到自身特质的影响，往往从心理上对风险和收益进行计量，通过某些隐性要素影响企业的战略发展方向和组织行为。风险是高管团队成员进行研发投资决策必须考虑的因素，风险偏好是影响其决策的关键隐性因素。高管团队成员不同的背景特征会使其有不同的认知能力和价值观念，进而产生不同的组织风险偏好。那么，组织风险偏好作为隐性要素会影响企业的研发投资行为吗？组织风险偏好能够在高管团队异质性与企业研发投资行为之间发挥中介效应吗？同时，考虑到高管薪酬激励、股权激励和政府补贴激励的情境影响，激励是否能够显著调节高管团队异质性、组织风险偏好与企业研发投资行为之间的关系？进一步区分融资约束、成长机会和期望差距后，组织风险偏好的中介效应是否依然显著？对高管薪酬激励、股权激励和政府补贴激励的调节效应是否依然显著？对这些问题的深入研究少有文献涉及。

基于此，本书围绕高管团队异质性与企业研发投资行为，运用理论分析和实证检验相结合的方法，以 2009—2016 年创业板上市公司作为研究样本，以 CSMAR数据库、Wind 数据库和年报(手工搜索)为数据来源，引入组织风险偏好中介变量，并将激励机制作为调节变量,构建高管团队异质性与企业研发投资行为的静态和动态框架模型,并实证检验它们之间的关系,主要研究内容及结论如下:

(1)放松高管团队成员是风险规避者的假设,在个体风险偏好和组织风险偏好经济学效用分析的基础上,深入探究高管团队异质性与企业研发投资行为静态和动态经济学机理,构建高管团队异质性与企业研发投资行为的静态和动态经济学模型,为后面的理论假设和实证分析奠定坚实的经济学基础。

(2)将年龄、性别、职业背景、受教育水平和任期等指标作为衡量高管团队异质性特征的代理变量,分析组织风险偏好在高管团队异质性与企业研发投资行为之间的中介效应。结果发现,组织风险偏好存在部分中介效应,即高管团队异质性会不同程度地通过组织风险偏好影响企业的研发投资行为。进一步区分成长机会、融资约束和期望差距后发现,低成长机会、低融资约束和期望落差下组织风险偏好中介变量对企业研发投资行为的影响效应更强。

(3)引入激励机制,从内部激励和外部激励机制,即高管激励(薪酬激励和股权激励)和政府补贴激励两个维度分析激励对高管团队异质性和研发投资行为的调节效应。结果发现,薪酬激励、股权激励和政府补贴激励调节高管团队异质性与企业研发投资行为之间存在的直接和间接关系,且薪酬激励和股权激励存在互补效应,高管激励和政府补贴激励存在交互效应。进一步地,为了验证风险偏好的稳定性,在已有的调节效应检验模型基础上,区分期望差距、成长机会以及融资约束,结果发现,在低成长机会、低融资约束和期望落差下,薪酬激励、股权激励和政府补贴激励对组织风险偏好中介变量的影响效应更强。

(4)权衡高管团队异质性的性别、年龄、职业背景、受教育水平和任期多维度变量以及团队成员决策程度,运用熵权法和聚类分析法考量高管团队各异质性特征的不同权重以及高管团队成员决策权重影响。结果发现,不同年份下高管团队异质性的五个维度权重和高管团队成员之间的决策权重均存在差异,需要结合创业板上市公司的内外部环境提出有针对性的政策建议,具体包括静态和动态治理结构的优化措施。

本书的理论贡献在于:

(1)在研究视角上,在高层梯队理论分析框架基础上,将组织风险偏好和激励机制纳入同一个分析框架,着重考察高管团队异质性的影响如何传导至企业的研发投资行为,沿着"高管团队异质性—组织风险偏好—企业研发投资行为"的路径展开,从内部和外部激励机制视角,区分直接和间接调节机制,识别并探寻组织风险偏好形成过程,丰富高管团队异质性与企业研发投资行为的研究框架模型。

(2)在研究方法上,运用非线性多重面板门槛模型、中介效应模型、调节效应

高管团队异质性与企业研发投资行为研究

模型以及聚类分析模型等计量经济学方法，揭示高管团队异质性对企业研发投资行为的影响。在考察创业板企业的研发投资行为是否存在门槛效应时，为避免人为划分成长区间的主观性，本书运用多重面板门槛模型，采用 Bootstrap 自助抽样法，根据数据本身的特点确定其门槛值，较为准确地研究企业研发投资行为"度"的影响；引入组织风险偏好中介变量和激励机制调节变量，运用中介效应模型和调节效应模型研究其静态和动态效果；在探索高管团队静态和动态治理结构优化措施的过程中，为区分不同权重的影响，采用熵权法和聚类分析法实证分析高管团队各异质性特征的权重和高管团队成员的决策权重。

（3）在研究内容上，重新梳理和界定高管团队异质性与企业研发投资行为。通过文献梳理发现，以往的研究更多侧重于高管团队异质性对组织行为的直接影响。本书以高管团队异质性各维度特征，即性别、年龄、职业背景、受教育水平和任期异质性为切入点，深入探究其影响企业研发投资行为的内在机理，一方面，运用管理学、心理学和经济学多学科交叉领域相关知识，探究组织风险偏好的中介效应，深入分析高管团队成员内部的决策沟通和碰撞过程；另一方面，为验证风险偏好的稳定性以及丰富组织风险偏好的相关研究，从内部激励和外部激励机制两个维度分析其调节效应，并采用经济学分析和管理学实证分析相结合的方式，验证其结果的可靠性。

目　　录

目
录

图 表 索 引

图
表
索
引

第1章 绪 论

1.1 问题的提出与研究意义

1.1.1 问题的提出

在"大众创业、万众创新"的今天,创新被认为是促进国家经济增长和提高企业竞争能力的关键驱动力。党和国家高度重视科技创新发展,习近平总书记指出:"抓创新就是抓发展,谋创新就是谋未来。不创新就要落后,创新慢了也要落后。"[①]党的十九大报告中同时强调,创新是引领发展的第一动力,是建设现代化经济体系的战略支撑。2018 年 12 月,李克强总理主持召开国家科技领导小组第一次全体会议,会议指出,要对基础研究加大长期稳定支持,引导企业和社会增加投入,突出"硬科技"的研究,努力取得更多原创成果。《2017 年全国科技经费投入统计公报》数据显示,2017 年我国研发经费 17 606.1 亿元,比 2016 年增加 1 929.4 亿元,增长 12.3%,增速较上年提高 1.7 个百分点;研发经费投入强度(研发经费与国内生产总值 GDP 之比)为 2.13%,比上年提高 0.02 个百分点。其中 2017 年企业投入的研发经费达 13 660.2 亿元,比上年增长 12.5%,在企业、政府属研究机构、高等学校等经费支出中占比 77.6%。我国企业研发投入的总量和强度逐年加大,有力地推动了我国技术创新驱动发展战略的有效实施。

但我们必须清醒地认识到,我国研发投入水平仍然存在大而不强、多而不优的情况。例如,2017 年基础研究经费 975.5 亿元,占比 5.54%,相对应用研究经费和试验发展经费占比较低;东部地区研发经费 11 884.8 亿元,占比 67.50%,在保持东部地区较高创新能力的同时,中部和西部地区还有待增加研发投入力度;高新技术制造业研发经费 3 182.6 亿元,占比 18.08%,在发挥引领示范作用的同时还有深入创新发展的空间。并且,我国研发投入水平同国际先进水平相比还存在着很大的

---

① http://www.xinhuanet.com/politics/2015-07/19/c_1115970819.htm.

差距,比如 2017 年我国研发经费投入强度为 2.13%,美国为 2.79%,日本为 3.20%①,而在国际上,研发经费投入强度达到 5% 才被认可具有创新竞争力。因此,我国需要继续实施创新驱动发展战略,同时把促进创新发展的着力点更多放在研发投入上,深入剖析制约企业研发投资行为的原因,进一步优化企业研发资源配置,发挥新材料、新技术、新工艺等要素投入对拉动创新发展的乘数效应,以提升企业的创新能力和加快企业的转型升级。

对于企业研发投资行为的影响因素研究,主要集中在两个方面:一是从企业研发投入的外部影响因素看,相关研究主要围绕政府政策(Romano,1989;林菁璐,2018)[1-2]、市场竞争程度(Acs 和 Audretsch,1988;康志勇,2013)[3-4]、行业特征(Klette,Møen 和 Griliches,2000;安同良、施浩,2006)[5-6]、地区差异(成力为、戴小勇,2012)[7]等因素展开。二是从企业研发投入的内部影响因素看,相关研究主要围绕企业性质(刘小玄、郑京海,1998)[8]、资本结构(王任飞,2005;王亮亮、王跃堂,2015)[9-10]、企业规模(Pavitt,1987)[11]、管理者特征(Barker 和 Mueller,2002;张敦力、江新峰,2015)[12-13]等因素展开。但这些研究都是隐含地假设管理者是同质的,忽视了管理者的异质性特征。作为企业开展研发与创新活动的主要组织者和推动者,管理者人力资本的重要性是不言而喻的,但面临着环境的不确定性,单靠 CEO 个体难以实现企业价值的最大化。整个高管团队成员的异质性结构则能够很好地弥补和放大单个 CEO 人力资本的增值功能,较大程度地影响企业的研发投资行为,使高管团队成为企业研发投资决策的重要源动力。

尤其是继 Hambrick 和 Mason(1984)[14]提出高层梯队理论之后,学术界关于高管团队异质性的研究逐渐丰富,较多集中在对企业绩效、战略导向等方面的影响,而对于企业研发投资行为的研究略显不足。而且高管团队异质性会促进还是制约研发投资行为,在理论观点和实证结果上也存在差异。理论上,社会认同理论强调团队成员之间的差异带来的矛盾,认为个体选择更多地与自己认同的社会群体成员互动,会加深群体间刻板印象和偏见,激化矛盾,从而制约企业的研发投资行为(Tajfel,1982)[15]。信息决策理论则强调团队成员之间的差异带来的优势,认为不同类型群体中的个体有更多的机会获取资源,会带来更多的创造性和创新的想法和解决方案,从而促进企业的研发投资行为(Williams 和 O'Reilly,1998)[16]。实证上,关于高管团队异质性与企业投资行为的研究也出现截然相反的结论,有的结果支持了高管团队异质性对企业研发投资行为的促进作用,比如 Talke,Salomo 和 Rost(2010)[17]研究发现高管团队异质性推动了新产品组合的创新绩效。而有

① https://data.oecd.org/rd/gross-domestic-spending-on-r-d.htm.

高管团队异质性与企业研发投资行为研究

的结果则支持了高管团队异质性对企业研发投资行为的抑制作用：Kor(2006)[18]认为高层管理团队的职业背景异质性的提高抑制了企业研发投资强度的提高。之所以会出现以上理论和实证上的矛盾，主要有两个方面的原因：一是忽略管理者的隐性因素影响，这两者之间的因果关联更大程度上取决于团队成员的认知和心理过程(Nicky，2002)[19]；二是忽略动态权变因素的影响，考虑管理者受到复杂多变的外部环境影响以及个体认知能力的限制无法获取全部信息并有效利用所获取的信息，具有不同风险偏好的高管团队成员之间存在潜在冲突，会产生不同的行为后果(Francis 和 Smith，1995)[20]。1979 年，Kahneman 和 Tversky [21]将心理学与经济学研究有机结合，放松了管理者严格的"理性人"假定，提出"前景理论"，有效解释了行为主体在不确定条件下的非理性投资决策行为。2002 年，Kahneman 和 Tversky 获得诺贝尔经济学奖，进一步印证了行为研究开始融入主流经济学中，这也为组织风险偏好的研究开启了一扇大门。组织风险偏好是影响高管团队研发投资决策的关键因素，还可能受到特定语境变化的影响(Caspi，Roberts 和 Shiner，2005)[22]。与其他投资活动相比，研发投资是个不可逆的过程投资，具有投入金额大、研发周期长、风险高等特点，风险规避的高管团队成员往往更加谨慎，但也缺乏内在动力，这恰恰需要适当的激励制度来调整成员之间的不同利益关注点和缓解研发投资过程中的代理冲突。因此，考虑组织风险偏好产生影响的内在机理以及激励机制的情境影响，将有助于解释高管团队异质性与企业研发投资行为的内在过程，对企业技术创新和组织发展至关重要。那么，高管团队异质性是否通过组织风险偏好影响企业的研发投资行为？高管激励和政府补贴激励是否会不同程度地调节高管团队异质性对企业研发投资行为的影响？进一步放松高管团队成员"理性人"假设，不同期望差距、成长机会和融资约束下，组织风险偏好是否存在不同程度的中介效应？这一系列的问题都有待深入研究。

2017 年 9 月 1 日，新修订的《中华人民共和国中小企业促进法》正式颁布，鼓励中小企业技术创新，将支持中小企业创新发展作为其重要组成部分，该法更多向中小企业和高科技企业倾斜。创业板为中小高科技企业的发展提供良好的平台，使企业能够聚集更多的创新资源，以谋求创新发展。美国纳斯达克市场培养了英特尔、苹果和微软等高科技公司巨头，中国创业板市场培育了宁德时代等代表性企业，龙头企业的创新发展给创业板其他企业起到无形的示范引领作用。因此，本书以创业板上市公司为研究样本，聚焦于高管团队这一群体，引入组织风险偏好和激励机制，深入剖析高管团队异质性对企业研发投资行为的影响，回答高管团队异质性"是否"以及"如何"提升企业的研发投资行为，从而优化高管团队静态和动态治理结构。

1.1.2　研究意义

本书着眼于高管团队异质性与企业研发投资行为的核心问题,具有一定的理论意义和现实意义。其理论意义在于以下几个方面。

1) 拓展高层梯队理论的研究范畴

自从 Hambrick 和 Mason(1984)[14]提出高层梯队理论以来,对高管团队异质性的研究较多集中在高管团队人口统计学特征对组织行为及产出的直接影响,较少涉及高管团队人口统计学特征如何影响企业研发投资行为以及为何产生这种影响。本书拓展高层梯队理论,从高管团队社会异质性和职业异质性出发,将高层梯队理论、社会认同理论和信息决策理论与组织风险偏好结合起来,较为全面地研究其如何通过组织风险偏好影响企业研发投资行为,丰富高管团队的理论研究成果,同时对研究不同类型企业的高管团队提供理论借鉴。

2) 丰富组织风险偏好的理论研究

以往研究过多集中在个人风险偏好研究,对于组织风险偏好的研究相对较少,而且主要涉及实验经济学领域。本书将心理学、行为经济学与委托代理理论相结合,一方面,通过静态和动态经济学模型分析高管团队异质性对企业研发投资行为的影响;另一方面,通过理论分析和实证检验,验证了组织风险偏好的中介效应和激励机制的调节效应,将管理学、经济学和心理学有机结合,丰富期望效用理论、前景理论以及委托代理理论的内容。

3) 完善高管团队治理的理论研究

关于激励机制的研究,鲜有文献将企业的内部激励和外部激励相结合并研究其对高管团队研发投资行为的影响。本书从企业的内部激励(薪酬激励、股权激励)和外部激励(政府补贴激励)入手,实证检验激励机制的调节效果,将委托代理理论和激励理论、资源依赖理论和新制度理论相结合,有利于构建高管团队治理结构的静态和动态优化模型,从而完善高管团队治理理论。

其现实意义在于以下几个方面。

1) 优化高管团队治理结构,提高上市公司治理水平

创新作为引领发展的第一动力,决定企业发展的速度、规模、结构、质量和效益。企业技术创新能力不足,企业的发展方式没有根本改变,已经成为制约我国产业发展和科技创新能力提升的关键因素。高管人员作为人力资本的一种重要类型,在企业发展中起着关键的作用。针对企业自身的产权特点以及不同的人口背景特征,高管团队成员性别、年龄、受教育水平、职业背景以及任期构成的优化,可以帮助企业更有效地筛选优秀人才,将有助于提高高管团队人力资源配置效率和

提升上市公司的治理水平。

2）规范研发投资行为，助推企业转型发展

研发投资能够为企业的存续与发展提供新的动能，因此，现代企业对于研发投资的重视程度越来越强。特别是我国中小高新技术企业，研发投入规模逐年增加，为企业持续发展和参与激烈的市场竞争提供了保障。但企业进行研发投入是需要长时间不断投入，并且从研发立项到最终的收益确定，都需要经过研发、调研、生成、销售等很多过程，初期需沉淀大量资金以及后期收益的不确定性也增加了企业的经营和财务风险。因此，如何规范研发投资行为，提升技术创新能力对于企业转型发展发挥着至关重要的作用。本书立足于高管团队异质性，挖掘组织风险偏好的内在形成过程，旨在通过优化高管团队的治理结构，进一步规范研发投资行为，培养企业的自主研发能力与吸收能力，促进资源优化配置，助推企业转型发展。

3）制定合理激励机制，规范高管团队成员行为

各种不同形式激励方式的结合能够有效激发高管团队成员的创新能力，为企业创造更大价值。本书构建基于高管激励视角的动态经济学模型，对高管团队异质性、激励机制与企业研发投资行为的关系进行理论推导和实证分析，针对不同需求高管成员的工作积极性，激发其创新潜能，合理制定高管薪酬激励、股权激励和政府补贴激励等不同激励机制，充分调动人力资本所有者的积极性、主动性和创造性，为企业治理体制的深化和规范提供具有现实意义的指导和借鉴。

1.2 相关概念界定

1.2.1 高管团队异质性

1. 团队与高管团队的界定

要理解高管团队（top management team，TMT），首先要清楚高管与团队的内涵。高管顾名思义是指高层管理者，目前对于高层管理者的范围界定还没有统一的口径。团队是个人的集合，他们在工作中相互依存，对结果分担责任，把自己看成是一个完整的社会实体，并嵌入一个或多个更大的系统中，管理跨组织边界的关系（Hackman 和 Oldham，1975）[23]。高管团队负责企业的战略导向和投资决策，运用群体的专业知识、整合不同成员的努力以及分担企业的责任来帮助企业获得竞争优势（Cohen 和 Bailey，1997）[24]。目前，学者们对高管团队成员构成还没有达成一个统一的、明确的定义。通过梳理文献，本书发现关于高管团队的成员组成研究大致可以分为4种：一是考虑管理人员的职务及其头衔，将具有一定职务的管

理者纳入高管团队,或者是把参与决策的副总经理以上的管理人员都纳入高管团队(Hambrick,Cho 和 Chen,1996；Carpenter 和 Fredrickson,2001；赵峥、井润田,2005；葛玉辉,2007)[25-28]；二是通过访谈或问卷调查的方式,让 CEO 确定参与企业战略决策或重大经营决策的高管团队成员(Eisenhardt 和 Schoonhoven,1990；Iaquinto 和 Fredrickson,1997；Knight 等,1999；Finkelstein 等,2009)[29-32]；三是根据高管的薪酬水平进行判断,将薪酬排名前 5 的高管确定为高管团队成员(Kamm 等,1990；Geletkanycz,1997)[33-34]；四是直接采纳上市公司对高管的界定或者将上市公司年报中披露的董事会、监事会和经理层人员定义为高管团队(Elron,1997；李华晶、邢晓东,2007；姜付秀等,2009；池国华、杨金和邹威,2014；李端生、周虹,2017)[35-39]。

从高管团队的界定和构成可以看出,高管团队成员必须具备两个前提条件:一是必须能够参与企业战略决策或者能够影响企业重大经营决策;二是必须处于企业的管理层高层。虽然学者们对高管团队成员尚未形成统一的界定,但研究一致认为,高管团队应当是由处于企业高层并对企业发展具有重要影响的高级管理人员组成的,参与公司经营决策和战略决策,对企业战略制定与实施起着关键作用的高层管理者团体。因此,本书借鉴姜付秀等(2009)[37]、池国华等(2014)[38]、李端生和周虹(2017)[39]等学者关于高管团队的界定,将高管团队界定为董事长、总经理、副总经理、监事和各部门总监(如财务总监、销售总监、人事总监)等高级管理人员。

2. 高管团队异质性的概念

Blau(1977)[40]从人口特征角度将异质性理解成团队成员的某些特征在统计学上具有的差异。Jackson 等(1991)[41]则是从偏好视角将异质性定义为某一行为群体对于特定属性具有不一样的偏爱程度。Mcgrath,Berdahl 和 Arrow(1995)[42]认为,异质性就是团队成员在人口学统计变量上表现出来的具有不一样的特征。国内学者张平(2006)[43]将异质性定义为团队成员背景特征、经验、价值观及认知观念的差异化。可以看出,异质性是团队研究的支点,即相对于个体行为的研究,异质性是与团队行为最相关的组成维度研究,某种程度上反映了团队的结构特征和战略决策模式。高管团队异质性主要表现为高管团队成员之间由于人口特征、认知水平、价值观念的不同而表现出来的差异程度(白景坤、李红艳和屈玲霞,2017)[44]。由于高管团队异质性之间还存在明显的差异,本书进一步通过高管团队异质性的分类来多方位界定和分析其概念特征。Jackson 等(1995)[45]指出,高管团队异质性主要体现在团队成员在性别、年龄、学历水平、任期长短、种族区别及从事行业类别等方面的差异。本书提到的年龄、性别、受教育水平、职业背景和任期异质性指高管团队成员年龄、男女比例、教育学历、从事职业、就职时间等方面的差异程度。

3. 高管团队异质性的分类

按照与关系、任务的关系，Jackson 等（2003）[46] 以及牛芳、张玉利和杨俊（2011）[47] 等学者将团队异质性分为两类：一类是与关系相关的异质性，如性别、年龄、种族等；另一类是与任务相关的异质性，如工作年限、受教育水平等。按照团队属性的分类标准，李维安、刘振杰和顾亮（2014a）[48] 以及周虹和李端生（2018）[49] 等学者将高管团队异质性分为两类：一类考虑社会属性，将性别、年龄和种族等要素组成高管团队的社会异质性；另一类考虑后期的职业培养历程，将职业背景、任职期限和受教育水平等要素组成职业异质性。按照与工作任务的相关程度，Pelled，Eisenhardt 和 Xin（1999）[50] 将团队异质性分为两类：一类是高度与工作相关的异质性，如职业背景和任期等；另一类是与工作相关性很低的异质性，如年龄、性别和种族等。按照要素构成的角度来划分，郭玉林（2002）[51] 以及赵士军、葛玉辉和陈悦明（2011）[52] 将这些特征分为两种：一种是显性的异质性特征，即可以测量的部分，如年龄、性别、种族、任期、教育与职业背景等；另一种是隐性的异质性特征，即不能直接测量的部分，如认知能力、创造能力等。从异质性的外部性和内部性来看，胡望斌、张玉利和杨俊（2014）[53] 将团队异质性分为社会性异质性和功能性异质性，社会性异质性具有较强的外部性，如性别、年龄、种族、受教育水平等；功能异质性则强调知识技能、工作背景和工作经验等方面的差异，如行业经验、职能经验、创业经验、价值观等。

可以看出，对于团队异质性的分类视角虽然不同，但也存在交叉。对于以上二维分类法主要存在两方面的争议：一是对于界于两者之间的变量，比如受教育水平变量，从研究角度的不同，既可以界定与任务无关，也可以界定与任务有关的，既可以被认为是深层的，也可以被认为是浅层的；二是对于创新能力、价值观等心理变量，在异质性分析中有的将其包含在内，有的则没有将其包含在内。高管团队异质性研究是研究高管团队客观特征的一种重要表现。由于异质性属性不同会产生不同的组织风险偏好，因此，在本书的研究过程中，参考李维安、刘振杰和顾亮（2014a）[48]、周虹和李端生（2018）[49] 等的表述观点，考虑与社会的相关度，重点关注与社会相关度较大的社会异质性和与职业相关度较大的职业异质性（见表1.1），将年龄、性别、受教育水平、职业背景以及任期等 5 个特征维度作为衡量高管团队异质性的主要特征变量。之所以选取这 5 个特征变量，一是因为这些特征变量在已有的研究中被频繁使用；二是因为对这些特征变量的研究已经有了较强的理论和数据研究基础，具有一定的合理性和可验证性。

第 1 章 绪 论

表 1.1　高管团队异质性分类

	社会异质性	职业异质性
含义	与社会相关度较大的差异	与职业相关度较大的差异
特点	关注浅层特征	关注后期职业培养历程
主要属性	性别、年龄	职业背景、任职期限和受教育水平
类似概念	与关系相关的异质性，与工作相关性很低的异质性，社会性异质性	与任务相关的异质性，与工作高度相关的异质性，功能异质性

资料来源：根据相关文献整理。

1.2.2　研发投资行为

技术创新这一概念最早源于经济学家熊彼特的"创新"理论。1934年，熊彼特在其《经济发展理论》一书中首次提出"创新"理论。该理论主要观点是，创新其实是通过构建一个崭新的数学生产函数，它包括5种不同的情况：加入一项崭新的产品或者加入一项不同质量的产品；采用一种新的生产工艺；新辟一个不同的市场；获取一种原料或者半成品的不同供应渠道；形成一种新的企业组织形式或者进行公司重组，比如实现行业垄断或者突破行业垄断限制。熊彼特提出的"创新"概念，更聚焦于企业层面，同时也激起了学者们对技术创新及其理论的研究热潮。对于企业来讲，技术创新活动的核心就是研发。研发即研究与试验发展，包括基础理论研究和应用研究，它们之间有着密切的联系。联合国教科文组织为"研发"作了如下的界定：研发活动指通过运用这些新增加的知识总量进行系统性、创造性的相关活动，是研究与试验发展、科技教育与培训、科技服务中最富有创新性的部分，是科技活动的核心部分。研发通常可以理解为创新投入，包括引进新技术、新产品，开辟新的市场，寻找原材料新的供货来源等。由于研发投资与技术创新有一定的关联度，本书中对创新、技术创新及研发投资不作具体区分，聚焦于企业的技术创新前置链条，重点关注高管团队异质性对企业研发投资行为的影响。

1.2.3　组织风险偏好

1. 风险偏好的内涵

要理解风险偏好的内涵，首先要搞清楚"风险"和"偏好"。从学科角度来看，不同的学科对于风险有着不同的认知，比如心理学家通常将风险定义为潜在有危害后果的行为。从对风险内容表述来看，一些学者从其结果表现界定风险，将风险理解为亏损的不确定性或者概率（Willett，1951；Mitchell，1995）[54-55]。还有部分学者从风险产生的原因进行了界定,比如 Cooper 和 Faseruk(2011)[56]指出风险是决策主体的决策行为导致蒙受损失的可能性。从风险的本质来看,风险主要是指一种不确定性,这是理解风险的本质最为关键的因素。风险在管理领域是一个非常重要的概念,传统上通过量化和控制"不确定性"来理解其概念及在应用中的作用。偏好是由消费理论率先定义的,Slovic(1995)[57]指出偏好是决策者在几个事件或结果中选择其中之一的倾向性,侧重于描述人们在实际情况下是如何表现的,是效用理论中的一个概念,往往与不确定性选择紧密相连。对于风险偏好的界定,不同学科也有着不同的解释,但本质内容是一致的。在心理学中,风险偏好通常被定义为从事有回报的活动或者行为的倾向,同时也会涉及一些潜在的损失,包括药物的使用,或可能与个人的身体和精神上的巨大伤害相关联的犯罪活动(Steinberg,2013)[58]。在经济学中,风险偏好通常是指人们从事回报差异较大的行为或活动的倾向,而不管这些行为或活动代表的是收益还是损失,通常应用在涉及彩票的货币收益背景的研究(Harrison,Johnson 和 Mcinnes,2005)[59]。根据定义,可以看出风险偏好是个人或者组织在不确定性结果或者风险导向下的重要预测指标,而预测的目标往往是未知的或不可预测的。风险偏好作为一种心理特征,与风险偏好行为主体的个体特质存在着紧密的联系。风险偏好一般可以分为个体风险偏好和组织风险偏好,用效用函数和对应的曲线来表示。Arrow(1971)[60]等学者根据效用曲线的凹凸性不同将个体的风险偏好分为风险爱好、风险厌恶和风险中立三种类型。

2. 风险偏好与相关概念的关系

风险偏好与风险态度、风险承担等存在一定的相似性。为了避免这些概念之间的混淆以及更清晰地界定清楚风险偏好到底"是什么",需要对风险偏好与这两个概念之间的异同进行比较分析。

(1)风险偏好与风险态度。风险态度一般指的是内在风险态度(intrinsic risk attitude,IRA),而内在风险态度一词指的是人们的基本的风险偏好,它通过效用函数、个性特征,或者生物化学指标来描述。在经济学理论中,IRA 被视为基本的和持久的品味(Becker,1976)[61],在心理学理论中,IRA 被认为是天生的或者在生命早期就根深蒂固的。本质上,IRA 用来捕捉独立于环境的最基本的特征。Stigler 和 Becker(1977)[62]指出,简单来讲风险偏好就是研究人们在作有风险的选择时的态度。通过风险偏好解决的一个关键的问题就是:在不同概率的简单风险之间或者在有风险与确定的事项之间,到底是什么因素或者规则操控了人们的选择(Kahneman,Lovallo 和 Sibony,2011)[63]。可以看出,风险态度作为风险偏好的最基本单元,主要受到决策者年龄、性别、任期等特质因素的影响,而风险偏好可能会受决策者自身的影响,也可能会受到组织内部管理成员以及企业内部外环境的影响。

(2)风险偏好与风险承担。学者们对风险承担的定义明显不同,但大多数都涉及目标、价值、选择和结果等概念。可以看出,目标和价值决定了个人所追求的结果类型和选择类型,从本质上讲,风险承担涉及可能导致负面后果的选择的实施(Byrnes, Miller 和 Schafer, 1999)[64]。与风险偏好不同的是,风险承担更加强调行为取向或者后果,比如盈利的波动性(Boubakri, Cosset 和 Saffar, 2011)[65]、失败的容忍度(Tian 和 Wang, 2014)[66]等;而风险偏好则着重在动机层面,根据行为动机理论,更加强调风险偏好可能对组织的决策行为产生的影响。

3. 组织风险偏好的内涵

组织风险偏好,也就是本书提到的高管团队风险偏好,是指高管团队成员在进行投资选择和企业决策过程中表现出来的对待风险的态度(Hallahan, Faff 和 Mckenzie, 2003)[67]。管理者个体风险偏好的组合构成了组织风险偏好,但是组织风险偏好并不是高管团队中每个成员个体风险偏好的简单相加,其中存在着协调与矛盾的统一。目前,对于风险偏好的研究更多集中在个体风险偏好上,对于群体的风险偏好研究还相对较少。就现有关于组织风险偏好的研究,学术界主要在两个方面还存在着明显的争议:一是个体风险偏好会影响企业的决策行为,那么单个成员的个体风险偏好是否会影响组织内部其他成员的个体风险偏好,高管团队异质性是否会对组织风险偏好产生影响;二是相对于心理学特征的稳定性,风险偏好是否可以被认为是相对稳定的,以及是否会随着时间的变化或者情境的变化发生显著的变化等,这一系列问题还存在着分歧。本书试图从激励机制等情境因素的视角,进一步区分成长机会、期望差距和融资约束,探索和丰富组织风险偏好的相关研究。

1.2.4　激励机制

激励机制是指在企业中激励主体通过不同激励方式与激励客体之间相互作用的总和(周仁俊、喻天舒和杨战兵,2005)[68]。由于所有权和经营权的分离,激励机制能够有效缓解所有者和经营者之间的利益冲突,提升企业自身的创新动力。其中高管激励一直是公司治理研究与实践中的主题,最早开始于 Jensen 和 Meckling(1976)[69]的研究,之后学者们开展了丰富的关于高管激励的研究。国内外学者从不同的激励维度进行研究,高管薪酬主要包括基本工资、奖金或津贴以及限制性股票或股票期权等(Smith 和 Watts, 1982)[70]。张兴亮(2014)[71]将基本工资、奖金或津贴称为货币薪酬,将限制性股票或股票期权称为权益类薪酬。鲁桐和党印

（2014）[72]，陈修德等[73]，尹美群、盛磊和李文博（2018）[74]等学者考虑到长短期目标的影响，将高管激励分为两部分，即短期激励与长期激励，其中短期激励主要表现为薪酬激励，长期激励主要表现为股权激励。针对研发投资的单一内部激励机制的不足，政府补贴激励作为外部激励机制可以发挥"看得见的手"的激励和监督力度（Frye 和 Shleifer，1997）[75]。政府补贴是指政府直接或间接向微观经济主体提供无偿资金转移的各种途径的总称，以降低其代理成本（孔东民、刘莎莎和王亚男，2013）[76]。

因此，借鉴翟文华（2017）[77]的研究，本书从激励机制的视角，将激励机制划分为内部和外部两个子系统：一是包括高管薪酬激励和股权激励在内的内部激励机制；二是政府补贴激励的外部激励机制。

1.3 文献回顾与述评

1.3.1 高管团队异质性与企业研发投资行为

本书按照社会异质性和职业异质性进行文献梳理，从年龄、性别、受教育水平、职业背景以及任期等五个特征维度衡量高管团队异质性。由于关于高管团队异质性与企业研发投资行为方面的研究相对较少，较多集中在企业绩效、战略决策等方面，本书对此不作细分。

1. 社会异质性与企业研发投资行为

1）年龄异质性

由不同年龄的成员组成的团队更具创新性，但价值观和态度的差异也可能导致冲突，阻碍团队凝聚力的形成。国外一些研究发现年龄和企业研发行为存在积极的关系（Kilduff，Angelmar 和 Mehra，2000）[78]，而另一些研究发现存在消极的关系（Richard 和 Shelor，2002）[79]和不相关的关系（Nielsen 和 Randall，2013）[80]。国内学者也提出了不同的观点，李民（2012）[81]指出董事会成员年龄异质性与公司业绩波动的负向关系，即董事会年龄差异越大，公司业绩波动越小，企业业绩越趋于稳定。张平（2006）[43]提出高层管理团队年龄异质性与企业绩效呈现负相关关系，但由于年龄的非工作性属性，其实证结果并不显著。这些不同的观点可能会导致关于年龄异质性与企业绩效之间关系的相互矛盾的预测。因此，学者们试图从年龄异质性角度挖掘企业绩效的行为过程、情境以及中介过程之间深层次的作用机理。

年龄相仿的管理者，无论他们的专业知识、地位或职位如何，都可能拥有与工作无关的共同经验。Ryder(1985)[82]认为,一群年龄相仿的个体具有独特的组成和性格,因为不同年代的人所处的社会、政治及经济环境不同,所以不同年龄层群体的经历也不尽相同,进而影响其对待事物的态度和自身的价值观。Zenger 和 Lawrence(1989)[83]认为,年龄的相似很可能会在促进交流的工作态度上产生相似,年龄相近的管理者在技术问题上的沟通更加自由,随着年龄异质性的增加,团队内部的专业技术交流能力会降低。Tsui,Egan 和 O'Reilly(1992)[84]指出年龄的差异更有可能使个人对组织产生依恋,年龄差异越大,个人对组织的依恋程度就越低,表现为更频繁的缺席、更少的心理承诺以及更少的留在组织中的意愿。李维安、刘振杰和顾亮(2014b)[85]在全球金融危机背景下,认为由不同年龄成员组成的董事会由于成员之间的互补效应会倾向于规避风险,而且通过实证结果也发现董事会年龄异质性与银行风险承担呈现显著负相关关系。

也有学者开始关注年龄异质性的情境和中介研究。Knight 等(1999)[31]发现年龄异质性本身对战略共识没有显著影响,但加入两个干预组过程变量——人际冲突和协议寻求,极大地改善了年龄异质性与战略共识的整体关系,结果表明年龄异质性减少了团队努力程度,负向影响人际冲突和协议寻求的群体过程,而人际冲突负向影响协议寻求,协议寻求与战略共识之间存在正相关关系,这也为阻止人际冲突和鼓励协议寻求的领导实践提供了理论依据。Pelled 等(1999)[50]指出,年龄异质性通过其与情感冲突的关系间接影响企业绩效,与团队内部的精神冲突有更强的正向关联,年龄异质性降低了情感冲突。从情境研究的视角,Tanikawa,Kim 和 Jung(2017)[86]指出平均年龄弱化高管团队年龄多样性与企业绩效之间的负相关关系。

2）性别异质性

Krishnan 和 Park(2005)[87]、Smith 等(2006)[88]、Cristian 和 Ross(2012)[89]、Lyngsie 和 Foss(2016)[90]等学者发现女性在高层管理职位中所占的比例对企业绩效有积极的影响,女性高层管理者的比例与企业绩效呈正相关关系。但性别多元化的高管团队可能会经历更多的冲突,即使最终的决策更有利于企业利益,但由于企业需要市场快速反应,这可能无法平衡较慢决策过程的负面影响(Hambrick 等,1996)[25]。因此,也有学者发现性别异质性与企业绩效呈现负相关关系。比如,Bøhren 和 Strøm(2007)[91]发现 1989—2002 年挪威上市非金融企业中董事会中女性的比例与企业绩效之间存在显著的负相关关系;Shrader 等(1997)[92]、Kochan 等(2010)[93]发现女性董事比例与公司绩效之间没有显著的相关关系。可见,女性进入管理层对投资决策和企业绩效的影响是不确定的。

针对性别异质性影响结果的不一致,学者们也在不断探寻性别异质性影响的过程。Jurkus,Park 和 Woodard(2011)[94]认为,企业的代理成本会受到高管团队成员性别的影响,其中男性占比越高,高管代理成本越大,市场竞争越激烈,外部治理环境越差,两者的相关性越强。Díazgarcía, Gonzálezmoreno 和 Sáezmartínez(2013)[95]指出,性别多样性与激进性创新正相关,然而它并没有以同样的方式促进渐进式创新。Paustian-underdahl,Walker 和 Woehr(2014)[96]发现,当考虑到所有的领导情境时,性别差异并没有直接导致领导效能的差异,即男性和女性对领导效能的认知并无差异。Adams(2016)[97]则发现高管团队性别异质性与美国银行的风险指数不存在显著的相关关系。国内学者也进行了系列行为研究,祝继高、叶康涛和严冬(2012)[98]认为,女性董事人数占比与企业投资活动次数呈反比关系,与长期贷款的比例也呈负相关关系。李维安、刘振杰和顾亮(2014a)[48]指出性别异质性与银行风险承担没有显著相关性。

在不同的情境下性别差异的影响也存在差别。Niederle,Segal 和 Vesterlund(2013)[99],Gneezy,Leonard 和 List(2009)[100]认为,由于受社会环境的影响,男性和女性的竞争意识会产生差异,而这种差异在政府干预下会缩小。李维安等(2014b)[85]指出,董事长和 CEO 两职合一对董事会性别异质性与银行风险承担之间的关系有显著负向调节作用。Lyngsie 和 Foss(2016)[90]的另一个发现是,公司员工中女性的总体比例负向调节了女性高管与企业产出之间的关系。熊艾伦等(2018)[101]强调文化因素的调节作用,女性管理者在性别平等程度较低的情况下依旧没有表现出竞争回避意识和涉他偏好,并指出单纯提高女性的比例还不足以解决企业经营管理中存在的问题,还需要从根本上消除性别偏见和刻板印象等对女性高管带来的不利影响。

2. 职业异质性与企业研发投资行为

1) 受教育水平异质性

教育提供了塑造个人认知基础的另一个重要方面,高管团队成员的受教育水平最客观的反映是其受教育的经历,也就是学历。受教育程度本身提供了一个重要的群体心理认知基础,学历的不同构成了受教育水平的异质性。以往的研究表明,教育背景异质性会影响战略决策过程(Hitt 和 Tyler,1991;Tihanyi 等,2000;Carpenter 和 Fredrickson,2001)[102-103, 26]。学者们发现高管团队成员与战略导向以及企业绩效之间的关系很可能受到 TMT 决策背后的过程等具体行为因素的干预,如国际化、多样化和研发支出等过程因素的影响。例如,Certo 等(2006)[104]对 TMT 异质性与企业绩效进行元分析,指出 TMT 受教育水平的异质性与企业绩效不存在显著的关系,但加入潜在干预变量(比如多元化、研发等),则会缓解这种关系,结果发现 TMT 教育的异质性与多样化有着显著而积极的关系。

也有学者开始深入分析高管团队受教育水平异质性影响组织行为的过程机理。Bantel 和 Jackson(1989)基于银行样本发现,高管团队受教育水平、认知态度与企业创新能力息息相关,而且团队受教育水平与企业创新的相关性高于 CEO 受教育水平,更高的受教育水平应该与团队产生解决复杂问题的创造性解决方案的能力相关联,受教育水平异质性与创新正相关。Smith 等(1994)[105]指出教育异质性与公司财务绩效和销售增长率呈现正相关关系。谢凤华、姚先国和古家军(2008)[106]发现受教育水平异质性对 R&D 绩效、生产制造绩效和创新过程绩效存在显著的正向影响。李小青和周建(2012)[107]以高科技行业上市公司为研究对象,认为受教育程度异质性会导致更高程度的认知冲突,从而降低企业的研发支出。郭葆春和刘艳(2015)[108]认为高管团队成员对于同一信息具有不同的态度和见解,容易形成内部矛盾和冲突,结果表明高管受教育水平异质性与研发投资强度负相关。还有部分学者认为只有适度的受教育水平异质性才能同时保证决策的质量和速度,团队的教育背景异质性与企业绩效呈现倒 U 型关系(胡望斌等,2014)[53]。

针对受教育水平异质性的影响出现不一致,学者们也从情境因素和中介因素进行探索。王益民、王艺霖和程海东(2015)[109]以医药行业上市公司为研究对象,研究发现平衡维度的战略双元完全中介高管团队受教育水平异质性与组织产出之间的关系。Goll,Johnson 和 Rasheed(2007)[110]认为 TMT 的受教育水平的高低在处理来自环境的信息和发起相应的战略变化方面起着至关重要的作用,受教育程度更高的人更倾向于考虑外部环境,容忍模棱两可的事情,并且能够更好地处理复杂问题。其中战略变革是受教育水平与企业绩效之间的中介关系,环境在战略变化和企业绩效之间关系中起着显著的调节作用。Carpenter(2002)[111]认为 TMT 受教育异质性和绩效之间的积极关系取决于公司的国际战略,指出在国际化程度高时,受教育水平异质性对企业绩效的正向影响越来越强烈。

2) 职业背景异质性

在研究职业背景异质性之前,学者们对职业背景从不同角度进行了划分。Hambrick 和 Mason(1984)[14]将职业背景分为三类:第一类是产出型,包括营销、销售和产品研发,强调增长和寻找新的领域机会,并负责监测和调整产品和市场;第二类是生产型,包括生产、工程和会计工作,强调转换过程的效率;第三类是外围型,包括法律和金融等领域,而这些领域与组织的核心活动并没有完全联系。Hitt,Ireland 和 Palia(1982)[112],Carpenter 和 Fredrickson(2001)[26],Goll,Johnson 和 Rasheed(2008)[113]等将职业划分为以下几类:行政管理、生产经营、工程、研发、市场营销、法律和金融等。本书立足于企业研发投资行为,借鉴职业背景的划分,将其分为生产研发类(生产、研发)、支持类(财务、金融、法律)和外围类(人力资源管理、市场营销、行政管理)三个维度。Hitt，Ireland 和 Palia(1982)[112] 提供了类似的证据来支持组织战略与各种职业重要性之间的框架关系。李华晶和邢晓东(2007)[36] 对高管团队与公司创业战略关系进行实证研究,结果表明高管团队职业背景异质性与公司创业战略强度呈正相关关系。企业面临着不断提供创新产品和服务的挑战。高层管理者的特质会对创新背景下的战略选择产生重大影响,TMT 职业异质性通过促进战略选择,间接影响公司新产品组合的创新性和绩效,研究表明高管团队职业背景异质性对产品创新选择有显著影响(Daellenbach，McCarthy 和 Schoenecker，1999；Talke 等,2010)[114, 17]。也有学者提出不同的观点,由不同部门的高管组成的高层管理团队使公司更难将稀缺的资金投入研发等项目上,Kor(2006)[18] 认为高层管理团队的职业背景异质性与研发投资强度呈负相关。

学者们试图揭开职业背景异质性研究结论不一致背后的原因。有学者从职业背景的角度出发,将职业背景异质性分解为显性异质性和内在异质性,其中显性异质性为整个团队所能承担的知识、视角、成本和能力的广度;内在异质性为 TMT 成员中职业体验的平均广度,具有更大的认知网络结构。通过拓宽职业背景异质性的概念,随着环境不确定性的增加,TMT 内在职业异质性对企业绩效的影响变得更加积极,而显性职业异质性对企业绩效的影响将会被减弱(Cannella，Park 和 Lee，2008)[115]。也有学者从企业绩效的角度从短期绩效、长期绩效、创新绩效和海外绩效四个维度进行不同战略侧重点的研究(王雪莉、马琳和王艳丽,2013)[116]。还有学者们从动态环境的视角,针对不同的环境具体分析高管团队异质性产生的影响。陈闯、吴晓晖和卫芳(2016)[117] 指出,如果团队持有更多的股权,职业异质性正向影响企业风险行为的效应可能会被弱化。Carpenter(2002)[111] 引入国际化程度变量,实证结果表明职业背景异质性对企业绩效的影响在国际化程度低时为正,而在国际化程度高时为负。Goll，Johnson 和 Rasheed(2008)[113] 指出,在解除管制的环境中,高管团队的职业异质性与差异化战略之间的正相关关系比在管制环境中更强;在解除管制的环境中,高管团队的职业异质性与低成本战略之间的负相关关系比在管制的环境中更强。

3) 任期异质性

Pfeffer(1983)[118] 指出高管团队成员的任期是所有人口统计学变量中重要的维度之一。Finkelstein 和 Hambrick(1990)[119] 指出长期任职同一公司的高管领导往往具有以下特征:保持持久不变的战略;保持与行业平均水平相符的战略;保持与行业平均水平相符的业绩。长期任职的团队倾向于追求直接符合行业趋势的模仿策略,而短期任职的团队倾向于追求与行业模式大相径庭的新策略。相应地,拥有较长任期团队的组织表现出与行业平均水平紧密相关的企业绩效,而较短任期

第 1 章 绪 论

团队则与偏离行业趋势的绩效水平相关——要么高得多,要么低得多。

Bantel 和 Jackson(1989)[220] 发现任期异质性与企业创新绩效在实证分析中呈现不显著关系。Simons,Pelled 和 Smith(1999)[120],崔小雨、陈春花和苏涛(2018)[121] 发现高管团队任期异质性与企业绩效显著正相关。但 Tyran 和 Gibson(2008)[122] 发现,当 TMT 成员的任期非常接近时(即他们更有可能表现出相似的行为模式、信念和期望),成员会有更多的互动交流,从而产生团队认同感和凝聚力,进而获得更高的绩效。为了深入研究任期异质性对企业绩效产生影响的内部机理,学者们从任期异质性和绩效两个角度都进行了详细的分解。Murray(1989)[123] 将企业绩效分为两个维度,认为任期异质性与短期绩效呈现负相关,而与长期绩效呈现正相关。肖挺、刘华和叶芃(2013)[124] 将商业模式创新绩效进行了三维度的分解,即运营效率、客户价值和财务价值,发现任期异质性与这三个维度都呈现出显著的正相关关系。Yi 等(2018)[125] 从任期异质性的视角,将任期异质性分为任期异质性变化(与工作无关的人口统计学差异)和任期异质性分离(与工作相关的功能性差异)两部分,实证结果表明任期异质性变化、任期异质性分离与团队绩效之间呈现非线性关系,其中 TMT 任期异质性变化对团队绩效会产生积极的影响,但其影响幅度会逐渐减小;TMT 任期异质性分离会对团队绩效产生负面影响,并且其影响幅度会逐渐增加。

由于在任期异质性与企业绩效的研究过程中出现了一系列不一致的结果,学者们开始深入研究企业的投资决策过程,即侧重于组织行为方面,比如任期异质性对会计稳健性的影响(张兆国、刘永丽和谈多娇,2011)[126],对企业高管人员流动的影响(Wagner, Pfeffer 和 O'Reilly, 1984;Wiersema 和 Bird, 1993)[127-128] 以及对企业创新的影响(朱晋伟、彭瑾瑾和刘靖,2014)[129]。谢凤华、姚先国和古家军(2008)[106] 研究发现任期异质性正向影响研发绩效、生产制造绩效和营销绩效,但对创新过程绩效产生显著的负向影响。

也有学者提出了不同的环境下任期的影响也存在差异。例如,Finkelstein 和 Hambrick(1990)[119] 指出团队任期和组织产出之间的关联性在高管具有"高裁量权"的计算机行业中要比在高管具有"低裁量权"的化学和天然气行业中牢固得多。同样,团队任期和组织产出在小公司和"高松弛"的公司(比如有大量管理经验的公司)比在大公司和"低松弛"的公司有更强的对应关系。Keck(1997)[130] 认为团队结构对企业绩效的差异效应取决于企业外部环境的动荡程度。具有较少异质性、较长的平均任期、较高的分层和较少成员变动的团队在稳定的环境中预期会创造较高的公司绩效;具有较多异质性、较短平均任期、较低分层和较多成员变动的团队,预期会在动荡的环境中获得较高的企业绩效。陈闯、吴晓晖和卫芳(2016)[117] 从股权结构的角度,研究任期异质性的影响,指出如果团队持有更多的股权,任期异质性负向影响企业风险行为的效应可能会被强化。

1.3.2　组织风险偏好与企业研发投资行为

组织风险偏好与个体风险偏好有着紧密的联系,而且组织风险偏好连接着高管团队异质性与企业研发投资行为的中介关系,对本书第2、第3、第4和第5章的经济学分析和数理统计分析有着重要的指引作用。因此,本书重点集中在风险偏好的衡量、个体与组织风险偏好的影响因素以及组织风险偏好与企业研发投资行为的关系三个方面进行文献梳理,以寻求足够的文献支持。

1. 风险偏好的衡量

总结现有文献,衡量风险偏好的方法大致可以分为三种,即使用效用函数、使用问题量表形式、使用单一财务指标或者综合指标度量风险偏好。需要说明的是,一些文献中也会提到风险厌恶程度(风险容忍程度),其中风险偏好程度与风险容忍程度为互补关系,即"风险偏好程度+风险容忍程度=1"。

1) 使用效用函数度量风险偏好

决策者针对不确定性的问题作决策时往往会表现出不同的风险偏好,而对风险偏好的测度往往采用效用函数的形式。学者们根据不同的假设条件,提出不同的函数形式。例如,Arrow(1965)[131]和 Pratt(1978)[132]提出了常绝对风险厌恶(CARA)的效用函数和常相对风险厌恶(CRRA)的效用函数,Merton(1971)[133]提出了双曲绝对风险厌恶(HARA)效用函数,Saha(1993)[134]提出了 Expo-power(EP)效用函数,Xie(2000)[135]提出了幂风险厌恶(PRA)的效用函数,Conniffe(2006)[136]提出了三参(FTP)效用函数等。从各种不同的效用函数形式看,效用函数是根据如何满足具体目标来判断的,并通过一个指定的形式来实现,这个形式至少包含1~3个参数。到目前为止,提出的每一种效用函数形式都被认为是对它之前形式的改进。Arrow 和 Pratt 的 CARA 和 CRRA 效用函数中只有1个参数代表风险偏好,而且只有风险厌恶程度能够发生变化。HARA、EP、PRA 和 FTP 函数形式有2个或3个参数,并且允许风险厌恶度量的幅度、斜率和属性等发生变化,其中 FTP 效用函数是目前较为通用的效用形式,也是相对复杂的(具体的效用函数形式见表1.2)。

度量风险偏好的常用指标为绝对风险厌恶系数或者相对风险厌恶系数。尽管效用函数形式存在多样性,但它们之间具有包容性,比如可以把 CARA、CRRA 等效用函数作为 FTP 效用函数的特殊形式。也就是说,效用函数虽然不具有唯一性,但是同一个决策者的绝对或者相对风险厌恶系数却是唯一的。采用阿罗-普拉特的度量方法,一般用 $A(x) = -\dfrac{U''(x)}{U'(x)}$ 来度量绝对风险厌恶系数,其中 x 表示财富水平，$U'(x)$ 和 $U''(x)$ 分别代表效用函数关于 x 的一阶导数和二阶导数。$A(x)$ 系数越大，边界线的弯曲程度越高，决策者厌恶风险的程度越高。一般用 $R(x) = -x \dfrac{U''(x)}{U'(x)}$ 来度量相对风险厌恶系数，考虑初始财富值对风险厌恶水平的影响，实质上就是用期望效用函数的凹度来度量风险厌恶程度。

表 1.2　代表性文献中的效用函数及形式

代表性文献	效用函数	效用函数形式	风险厌恶系数
Arrow(1965) 和 Pratt(1978)	CARA	$U(x) = -e^{-\alpha x}$	$A(x) = \alpha$ $R(x) = \alpha x$
	CRRA	$U(x) = \dfrac{x^{1-\beta}}{1-\beta}$。	$A(x) = \dfrac{\beta}{x}$ $R(x) = \beta$
Merton(1971)	HARA	$U(x) = \dfrac{1-\gamma}{\gamma}\left(\dfrac{\beta x}{1-\gamma} + \mu\right)^{\gamma}$	$A(x) = \dfrac{1}{\dfrac{x}{1-\gamma} + \dfrac{\mu}{\beta}}$ $R(x) = \dfrac{1}{\dfrac{x}{1-\gamma} + \dfrac{\mu}{\beta}}x$
Saha(1993)	EP	$U(x) = \theta - \exp(-\beta x^{\alpha})$	$A(x) = \dfrac{1-\alpha+\alpha\beta x^{\alpha}}{x}$ $R(x) = 1-\alpha+\alpha\beta x^{\alpha}$
Xie(2000)	PRA	$U(x) = \dfrac{1}{\gamma}\left\{1 - \exp\left[-\gamma\left(\dfrac{x^{1-\sigma}-1}{1-\sigma}\right)\right]\right\}$	$A(x) = \dfrac{\sigma}{x} + \gamma x^{-\sigma}$ $R(x) = \sigma + \gamma x^{-\sigma+1}$
Conniffe (2006)	FTP	$U(x) = \dfrac{1}{\gamma}\left\{1 - \left[1 - k\gamma\left(\dfrac{x^{1-\sigma}-1}{1-\sigma}\right)\right]^{\frac{1}{k}}\right\}$	$A(x) = \dfrac{\sigma}{x} + \dfrac{(1-k)\gamma x^{-\sigma}}{1 - k\gamma\left(\dfrac{x^{1-\sigma}-1}{1-\sigma}\right)}$ $R(x) = \sigma + \dfrac{(1-k)\gamma x^{-\sigma+1}}{1 - k\gamma\left(\dfrac{x^{1-\sigma}-1}{1-\sigma}\right)}$

资料来源：根据 Meyer(2010)[①] 等相关文献整理，其中 $R(x)$ 表示相对风险厌恶系数，$A(x)$ 表示绝对风险厌恶系数。

---

① MEYER J. Representing risk preferences in expected utility based decision models [J]. Annals of Operations Research，2010，176(1)：179-190.

高管团队异质性与企业研发投资行为研究

2) 使用问题量表形式度量风险偏好

Hsee 和 Weber(1997)[137]基于实验经济学的基本思路,设计一系列的问题让参与者在风险选项和确定选项中进行选择和权衡,并计算出每个条件下的风险偏好指数(risk preference index,简称 RP 指数)。Holt 和 Laury(2002)[138]在实验中设计 10 对彩票,每对彩票为两种收益的彩票,即 A 彩票和 B 彩票,每对彩票中奖的概率也不相同。彩票 A 可能获得的收益为 2 美元和 1.6 美元,彩票 B 可能获得的收益为 3.85 美元和 0.1 美元,彩票 A 和 B 高收益的概率从 1/10 逐步增加到 10/10,同时低收益的概率从 9/10 逐步减少到 0/10。当高回报的概率足够大时,被试者会转向选择彩票 B,实验中的决策可以用于定义风险偏好的大小。

在个体风险偏好量表度量的基础上,学者们也深入组织或者团队内部拓展风险偏好的研究。Carlsson 等(2012)[139]使用了一个随机参数模型。在这个模型中,首先估计出每个配偶的个人选择偏好,在给定的实验选择情况下,预测作出选择的概率;其次将这些预测的概率作为解释共同决策模型中的解释变量包括在内。实验发现在 99% 的家庭中,丈夫对家庭决策的影响比妻子更大。而且在实验中,观察的是夫妻二人的选择,而不是直接的某个人的偏好。国内学者也开始采用问题量表的形式对组织风险偏好进行测度。白云涛、郭菊娥和席西民(2007)[140]安排 59 组被试团队,每组包含 4 名团队成员,实验设计 6 种投资方案,成功率从 10% 逐渐提高到 80%,风险程度逐渐递减,而且必须 3 人或 3 人以上同意该方案,才能作为决策的最终方案,否则此次决策无效。在实验过程中,对风险偏好的度量采用 5 级量表,通过不同的区间划分确定不同类型的风险程度。张应语和李志祥(2009)[141]从战略、财务、市场、运营和法律等 5 个维度设计开发出包含 16 个条目的管理风险偏好量表,并对 308 名国企高管人员进行问题调查,衡量管理人员的风险偏好。吕文栋(2014)[142]设计包含 15 个题目的管理层风险认知量表,包括宏观和微观层面的风险,将风险偏好设为 1 和 0 的虚拟变量,分别代表风险喜好型和风险规避型。

3) 使用单一财务指标或者综合指标度量风险偏好

Friend 和 Blume(1975)[143]、Guiso 和 Paiella(2008)[144]以及 Hartog 等(2002)[145]用个人在安全项目和风险项目之间分配资金的程度来估计个体的风险偏好程度。也有一些学者根据管理者的个人经历来衡量个体的风险偏好,比如 Cain 和 McKeon(2016)[146]通过观察 CEO 在公司范围之外的活动来衡量他们对风险承担的偏好,认为想要驾驶飞机的欲望代表了寻求刺激和冒险的人格特质,具体衡量过程中使用持有飞行执照的 CEO 的数据来衡量个人的冒险程度。还有部分学者从企业层面度量风险偏好,比如 Walls 和 Dyer(1996)[147],汤颖梅、王怀明和白云峰(2011)[148]，龚光明和曾照存(2013)[149]，王素莲和阮复宽(2015)[150]等使用企业风险资产占比来衡量风险偏好；程惠霞和赵敏(2014)[151]通过主成分分析法从企业资产结构、偿债能力、盈利结构、利润分配和现金流量等5个方面来衡量风险偏好；郝清民和孙雪(2015)[152]以资产负债率衡量风险偏好等。

上述风险偏好的度量方法各有利弊，也有学者同时采用2种及2种以上的方法进行度量。Abdel-Khalik(2007)[153]使用2种方法来衡量风险厌恶程度：①通过构建冯·诺伊曼-摩根斯坦的效用函数（Von Neumann-Morgenstem utility function，简称VNM效用函数），采用阿罗-普拉特的度量方法，衡量CEO对财富的风险偏好。②采用CEO人口统计数据（年龄、任期等）作为解释变量，作为综合指标来预测薪酬组合选择中隐含的潜在风险厌恶情绪。

本书综合上述三种类型方法的优势和局限，考虑团队风险偏好与个体风险偏好的异同，也采用两种方法来衡量组织风险偏好，即在经济学分析过程中采用效用函数的形式度量组织风险偏好，在后续实证分析过程中考虑选取企业风险资产作为组织风险偏好替代变量的方式，从多角度验证风险偏好度量的可靠性和稳定性。

2. 个体与组织风险偏好的影响因素

由于不同人在作出涉及风险和不确定因素的决策时存在差异，而且这些差异通常被描述为风险偏好的差异，学者们对高管团队的风险偏好进行了一系列研究，但大多为对个体风险偏好的研究，对于组织风险偏好的研究相对较少。

1）个体风险偏好的影响因素

关于个体风险偏好影响因素的研究主要集中在心理认知的研究和人口统计学的研究。有关心理认知的文献得出的结论是，个体的风险厌恶程度是会受到CEO过度自信、风险感知、心理账户等因素的影响(Grinblatt和Han，2005；Ou等，2018；董小英等，2008)[154-156]。关于人口统计学特征影响因素的文献主要集中在年龄、性别、受教育水平、任期以及职业背景等方面。Riley和Chow(1992)[157]使用大量随机抽样的美国家庭的金融数据，对个人资产配置和风险行为进行实证检验，发现随着年龄的增长，个人的风险厌恶程度通常会降低。Bajtelsmit和Bernasek(1997)[158]发现女性更倾向于规避风险以及女性对养老金的投资比男性更为保守。Roszkowski和Grable(2010)[159]研究了收入的性别差异在多大程度上可以用风险承受力来解释，发现男性随着个人收入的增加，对金融风险的容忍度也随之提高。Gupta和Govindarajan(1984)[160]发现，与追求收获策略的经理相比，追求增长策略的经理更愿意承担风险，对市场营销和销售经验的依赖更为强烈。Finkelstein和Hambrick(1990)[119]指出高层团队的任期异质性会影响团队对现状的承诺、信息多样性以及对风险的态度。也有部分文献涉及宗教信仰（Roth 和 Kroll，2007；杜兴强等，2016）[161-162]、吸烟行为（Ida 和 Goto，2009）[163]、消费文化（叶德珠等，2012）[164]、婚姻状况（Eckel 和 Grossman，2008a）[165]以及从军经历（Cain 和 McKeon，2016；赖黎、巩亚林和马永强，2016）[146, 166]等方面的风险偏好研究。

越来越多的文献探讨个人对风险的反应是否一致，个人层面的风险偏好是否随情境因素（如激励因素、时间因素等）的变化而发生改变。Camerer 和 Hogarth（1999）[167]认为当激励增加时，他们会比实际更倾向于冒险和慷慨。Andersen 等（2008）[168]考虑到风险态度和时间贴现率之间的联系，发现对贴现率的可信估计依赖于对风险和时间偏好的联合估计，而且风险偏好会受到时间的影响。

2）组织风险偏好的影响因素

组织是个体的组合，个体风险偏好与组织风险偏好存在紧密联系。到目前为止，对于组织风险偏好的研究相对较少。陈闯、吴晓晖和卫芳（2016）[117]认为职业异质性高的团队具有更广泛的知识背景，减少了未来感知的风险，从而提高企业的风险行为。Bunderson（2003）[169]认为具有不同职业背景和经验的团队成员会给他们的团队带来不同但又复杂的知识和专业知识，会产生专长效应和相似性效应，并提升团队风险预知能力。

情境因素是性别异质性对风险偏好的影响因素之一。在不确定的情况下作决定和作冒险的决定是不同的（Knight，1921）[170]。Eckel 和 Grossman（2008b）[171]发现在团队决策中个体对策略的选择可能会受到与其互动的另一个个体的性别的影响。熊艾伦等（2018）[101]认为女性的风险偏好也会受到家庭环境以及制度环境的影响，在这些情境影响下性别特征的差异也逐渐在变小。

3. 组织风险偏好与企业研发投资行为的关系

CEO 或者首席执行官本身的风险偏好行为会影响到企业的决策活动。Boone 和 De Brabander（1997）[172]从风险态度的角度关注研发战略优先行为，发现 CEO 越具有高度的情绪稳定性，越更多地追求产品创新。Cain 和 McKeon（2016）[146]指出由有飞行执照的首席执行官领导的公司有更高的股本回报率波动，超过了那些对风险承担回报的补偿因素，他们更倾向于冒险行为，比如收购、兼并等决策活动。

但对于 CEO 风险偏好行为导向的研究存在一定局限性，企业的决策行为是受到整个管理层的共同影响的，会影响企业的创新行为和创新能力，因此，管理层的风险偏好决定了企业的创新发展方向。风险偏好作为风险行为的决定因素，在情境的实际特征和感知特征中均占主导地位（Sitkin 和 Pablo，1992）[173]。唐清泉和甄丽明（2009）[174]的实证研究表明管理层风险偏好的两维度风险倾向和风险认知均与研发投入显著正相关，引入激励机制后发现，薪酬激励在管理层风险偏好与研发投入两者之间起到了显著的调节作用。唐清泉和易翠(2010)[175]认为管理层的风险偏好是影响企业研发投入水平的重要因素,只有持股达到一定比例的高管才有动机加大研发投入。白云涛等(2007)[140]采用实验的方法,也验证了高管团队风险偏好对于战略决策影响的重要性,并指出风险偏好异质性与投资决策存在显著的因果关系。郝清民和孙雪(2015)[152]提出高管团队风险偏好与创新投入具有一定的相关性,研究发现在适中的风险偏好区间内,高管团队风险偏好促进企业创新投入,但是风险过大时,则不利于创新投入。

1.3.3 高管激励与政府补贴激励

本书将激励机制划分为内部和外部两个子系统:一是包括高管薪酬激励和股权激励在内的内部激励机制;二是政府补贴激励的外部激励机制。本书在进行文献整理时,也从这两个维度进行研究。

1. 高管激励的相关研究

长期以来,企业高管激励研究的焦点是如何通过设计激励合约,来激发管理层更努力地投入工作(Calder,Ross 和 Insko,1973)[176]和诱导代理人选择委托人所期望的行为提升企业的价值(Holmstrom 和 Milgrom,1991)[177],而没有深入研究高管激励如何影响企业投资行为等。从根本上说,薪酬决定方式的差异不仅对高管和股东利益的一致程度产生影响(Jensen 和 Murphy,1990)[178],而且薪酬方式之间也存在着一定的协同效应(徐宁、徐向艺,2013)[179]。Coles,Daniel 和 Naveen(2006)[180]指出在管理层薪酬计划中,对股票波动的敏感度越高,高管们就越有动力投资风险较高的资产。阮素梅、杨善林和张琛(2013)[181]研究发现薪酬激励与股权激励都显著地影响资本结构与公司价值创造之间的关系。陈修德等(2015)[73]研究高管薪酬激励对企业研发效率的影响,实证发现高管薪酬激励能够提升企业的研发效率,而股权激励对企业研发效率的影响则存在一个最优的临界值,呈现倒 U 型。还有学者进一步分析了薪酬激励和股权激励之间的整合效应,比如徐宁和徐向艺(2013)[179]指出技术创新导向下高管股权激励与薪酬激励之间存在互补效应。

基于此,Prendergast(1999)[182]和 Gibbons(2005)[183]开始注意到早期高管激励研究的狭隘性,逐渐把影响企业业绩的人力资本特征、组织风险偏好、企业绩效等变量内生化并纳入企业激励目标研究的理论框架,从而深层次拓宽了高管激励的研究视野和现实解释力。Zajac(1990)[184]指出,管理偏好的差异意味着相同的薪酬合同可能对首席执行官产生不同的激励效应,从而对公司绩效产生不同的影响。徐经长、张璋和张东旭(2017)[185]指出合理的激励方式可以缓解股东与管理者的利益冲突,实证结果显示,高管的风险态度与不同股权激励方式存在着显著的关联。朱芳芳(2018)[186]发现,面对不同高管团队稳定性的情境,受薪酬激励的高管在可用冗余与研发投入上会作出不同的策略选择。李四海、江新峰和宋献中(2015)[187]研究高管年龄对薪酬契约的影响,发现高管年龄降低了薪酬业绩的敏感性。Wu 和 Tu(2007)[188]以行为代理为视角,研究认为富裕资源和公司绩效是影响股权激励效果的重要因素,当企业绩效较高或者企业富裕资源较多时,会调高股权激励与研发支出的相关性。李端生和王晓燕(2019)[189]研究发现薪酬激励制度强化高管团队异质性与企业研发投资行为之间的关系,而股权激励制度则弱化高管团队异质性与企业研发投资行为之间的关系。

2. 政府补贴激励的相关研究

从现有文献来看,政府补贴作为促进企业技术创新的重要激励工具之一,关于其对企业研发投资行为的影响结论并不一致。一种观点认为,政府补贴补偿了企业研发本身的风险以及其非完全专有性,能够为企业的研发投入带来积极的效果(Mamuneas 和 Nadiri,1996;Hinloopen,2000;朱平芳、徐伟民,2003;解维敏、方红星,2011;梁彤缨、冯莉和陈修德,2012)[190-194];另一种观点认为,政府补贴对研发资源的配置很可能是低效的,挤出企业研发投入,阻碍企业的创新行为(Busom,2000;Wallsten,2000;Görg 和 Strobl,2007;吕久琴、郁丹丹,2011;廖信林、顾炜宇和王立勇,2013)[195-199]。

也有学者开始区分情境进行具体分析,试图从政府补贴的情境因素分析其影响效果是否受到不同的影响。杨洋、魏江和罗来军(2015)[200]分析所有制、要素市场扭曲以及两者联合调节效应,发现所有制和要素市场的扭曲程度均会显著调节政府补贴对企业创新绩效的影响,而且所有制对政府补贴和企业创新绩效的调节作用还依赖于要素市场的扭曲程度。学者们还试图从金融发展水平、高管特征等方面分析政府补贴的影响效果。卢馨、何小华和戴歆婷(2018)[201]引入金融发展水平,认为金融发展和政府补贴的交互作用会显著促进企业加大研发投入力度。彭红星和毛新述(2017)[202]以高科技上市公司为样本,实证分析政府创新补贴与高管政治、研发技术背景的关联关系。

高管激励和政府补贴激励的相关研究为本书引入激励机制研究提供了思路借鉴,也为后文的实证分析奠定文献基础。

1.3.4 研究现状评述

通过文献梳理,研究发现现有文献主要集中从高管团队异质性、组织风险偏好、激励机制与企业研发投资行为的关系等 3 个方面进行相关研究,且关于高管团队异质性的研究一般落脚在企业绩效和战略决策等方面。虽然对于相关的机理过程也有学者从研发投资或者技术创新方面进行探索,但很少进一步针对高管团队的认知能力等隐性因素进行深入挖掘,因此,该领域还存在着较大的研究空间。

1. 关于高管团队异质性的研究

自从 Hambrick 和 Mason(1984)[14]提出高层梯队理论以来,人口统计特征在高管团队领域的研究意义已经不言而喻。通过文献梳理,本书发现高管团队异质性对战略决策、企业绩效和经营行为等会产生不同的影响。高管团队的某些人口统计异质性特征与企业绩效、组织行为等呈现不一致的结果,或正向影响,或负向影响,或不相关等。究其原因,可以解释为以下几个方面:一是学者们对高管团队的定义不同,选择高层管理者的范围不同;二是对于高管团队异质性特征的衡量,有仅从社会异质性探讨的,也有从职业异质性探讨的,但很少全方位探索高管团队异质性特征的影响,而且忽略异质性特征组合的影响;三是学者们选取的样本影响,比如制造业企业和非制造业企业、不同板块企业以及不同省份企业的选择等;四是忽略高管团队的心理因素和情境因素对组织行为的影响,比如个性、认知、价值观等心理因素的影响以及公司特征、国别环境、行业类型、竞争环境和激励机制等情境因素的影响。显然,关于高管团队异质性影响方面的研究并不是结论性的,挖掘高管团队异质性的影响机理及其背后的过程将是学者们面临的重大挑战,因此,有必要引入中介和调节变量,丰富和拓展关于高管异质性的研究。

2. 关于组织风险偏好的研究

对风险偏好的研究在传统经济学中已经有一定的研究基础,并且也有不同的度量方法,但是已有研究认为个体在一般情况下是厌恶风险的,忽略了个体的异质性并没有阐释出风险偏好的本质。因此,在相关效用函数和结论的基础上,学者们仅对个体风险厌恶的程度进行度量和检验,而行为经济学则放松了传统经济学中的"理性人"假设,并对现实中关于风险偏好的反常现象进行了一系列的研究,在一定程度上丰富了风险偏好的研究。可以看出,已有研究对风险偏好的度量、影响因素以及作用结果做了一系列探索,但还缺乏系统、深入的探讨,具体表现在:首先,以往研究过多集中在个体风险偏好的研究,对组织风险偏好的研究相对较少;其次,对风险偏好的度量,过多集中在使用问题量表的形式,在人员选取、问题设计以及数据筛选等方面存在一定的主观性;最后,关于风险偏好稳定性的研究,是一直存在争议的问题。因此,有必要综合多种度量方法,引入激励机制的情境因素,并进一步区分期望差距、成长机会和融资约束环境,探索和研究组织风险偏好的内部机理和外部情境,以丰富管理学、行为经济学和心理学的相关研究。

3. 关于激励机制的问题研究

在高管激励方面,已有文献关注高管激励与研发投资之间的关系,主要包括直接关联观、动态权变观以及系统整合观(徐宁、王帅,2013)[203],即高管激励与研发投资之间的直接关联关系、情境关联关系以及整合关系。在公司治理实践中,高管激励主要包括薪酬激励和股权激励两种形式,这两种形式会产生不同的影响效果,而且两者之间也会产生协同效应。尽管研究表明高管激励是促进整个公司行为一致性的一种手段,但同时也发现高管激励方案很少是相同的(Henderson 和 Fredrickson,2001)[204]。因此,这也就延伸出一系列问题:以往的研究过多集中在同质性群体的前提假设上,但是事实上高管团队作为一个群体,团队成员是具有不同特质的,那么不同形式高管激励的调节作用是否存在差异,以及调节程度如何等。这些问题也是本书研究的基础。在政府补贴激励方面,已有文献过多集中在"促进效应—挤出效应"的研究范式上,究其结论不一致的原因,可能是忽略企业自身的产权特点、管理者特征等。再者,作为企业的内部和外部激励机制,高管激励和政府补贴激励之间是否还存在着交互影响,目前还鲜有文献研究。

综上所述,对高管团队异质性、组织风险偏好以及激励机制等相关文献进行梳理后,发现它们作为一个单独的分支已经为学者们所关注,并形成了一系列的研究成果,但对于具体问题的研究仍然缺乏系统性和整体性。本书放松管理者"理性人"的假设,引入组织风险偏好中介和激励机制调节变量,将两者纳入高管团队异质性与企业研发投资行为的同一个分析框架中,全方位考察不同成长机会、融资约束和期望差距下高管团队异质性对企业研发投资行为的作用机理,力求更接近现实,为后续研究提供理论支撑和实践参考。

1.4 研究内容与章节安排

1.4.1 研究内容

根据研究背景、意义以及文献综述,高管团队在企业的研发投资决策中发挥着重要的作用,不同风险偏好的高管团队成员会产生不同的行为后果,如何认知和把握组织风险偏好将会对传统理论提出挑战,并在一定程度上提升企业的创新能力。基于现有的理论和需要解决的问题,本书的具体研究内容如下。

1. 高管团队异质性与企业研发投资行为的经济学分析

新古典经济学在解释研发投资的行为过程变量中往往忽略管理者的认知差异,很少关注创新的心理或认知维度。因此,为了更接近现实,本书放松高管团队成员"理性人"的假说,从个体风险偏好和组织风险偏好的效用分析着手,运用已有经济学和心理学相关理论,借助数理模型分析论证各变量之间的关系,构建高管团队异质性通过组织风险偏好影响企业研发投资行为的静态经济学模型,以及高管激励和政府补贴激励对高管团队异质性与企业研发投资行为影响的动态经济学模型(见图1.1),为后面的理论假设和实证分析奠定基础。

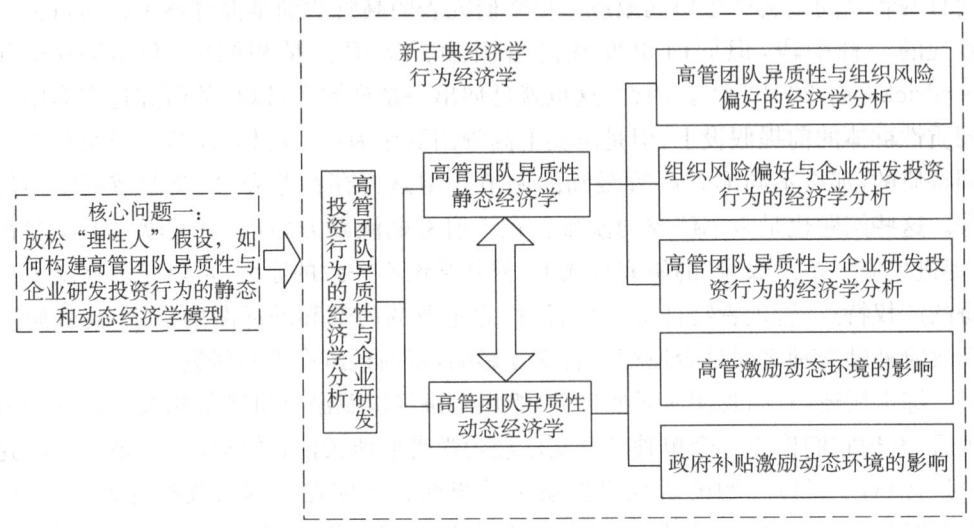

图 1.1　高管团队异质性经济学分析框架图

资料来源:作者根据研究设想绘制。

2. 组织风险偏好对高管团队异质性与企业研发投资行为的中介效应

高管团队异质性是一把"双刃剑",能够发挥积极的作用,也能够产生消极的作用。由于高管团队认知心理过程相对复杂,本书运用管理学、经济学和心理学交叉理念,基于高层梯队理论、社会认同理论、信息决策理论和前景理论,将年龄、性别、受教育水平、职业背景和任期等指标作为高管团队人口特征的代理变量,引入组织风险偏好,深入研究研发投资行为的过程机理。在探究高管团队异质性对企业研发投资的影响过程中,区分不同成长机会、融资约束以及期望差距,提出理论假设,并借鉴中介效应研究方法,按照三步回归方法,构建中介效应检验模型,以验证提出的理论假设,回答高管团队异质性与企业研发投资行为之间的关系"如何"及"为何"产生(见图1.2)。

3. 激励机制对高管团队异质性与企业研发投资行为的调节效应

管理者个人心理偏差会影响到企业研发投资行为,但是有研究发现即使高管团队特征相同也有可能会对研发投资产生不同的影响,这说明高管团队特征与研发投资行为的关系还可能受到某些情境因素的影响。委托代理理论和激励理论指出,如果公司股东能够给予管理者一定的激励,会使其自身的风险偏好、工作态度、

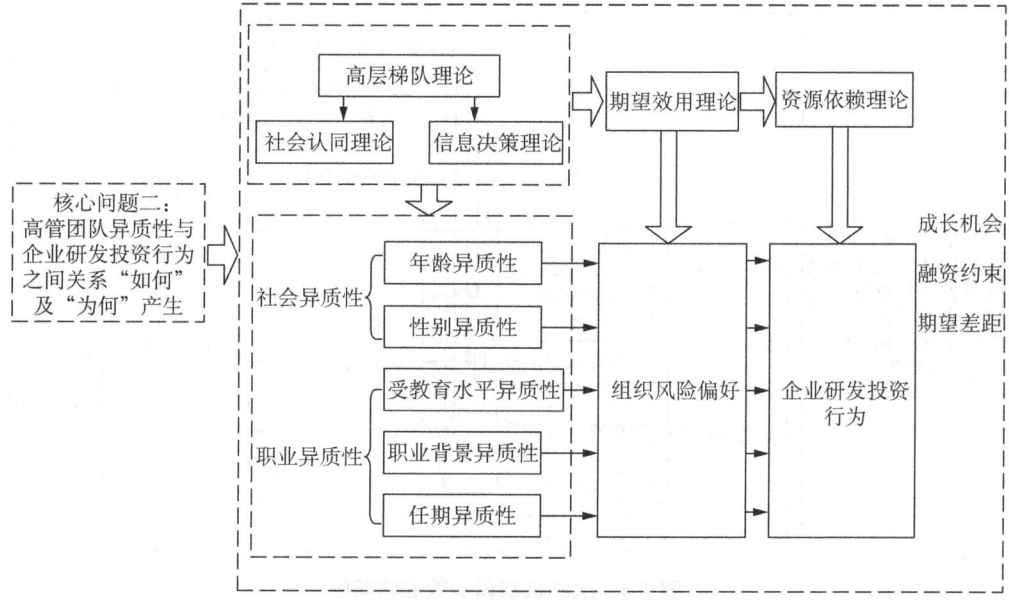

图1.2 组织风险偏好中介效应框架图

资料来源：作者根据研究设想绘制。

心理状况等特征发生一定的变化，可以缓解股东与管理者之间的代理问题。基于此，本书引入薪酬激励、股权激励和政府补贴激励，在组织风险偏好中介效应检验的基础上，理论分析和实证检验激励机制对高管团队异质性与企业研发投资行为的直接和间接调节效应，以及三者之间的交互关系，回答在不同激励机制的作用下，高管团队异质性特征与企业研发投资行为的程度和方向会发生什么样的变化，即高管团队异质性与企业研发投资行为之间的关系"何时"和"为谁"增强或减弱（见图1.3）。

4. 技术创新导向下高管团队治理结构的优化研究

有效的高管团队治理结构可以对企业的技术创新形成强有力的支持，化解企业研发投资中的风险。在技术创新导向下，本书从静态结构和动态结构两个方面进行优化研究：在静态结构优化层面，基于中介效应的实证结果分析以及熵权法客观权重的判断，主要以高管团队的年龄、性别、受教育水平、职业背景和任期等异质性特征进行权重研究；在动态结构优化层面，基于调节效应的实证结果分析，探索不同激励方式对高管团队人力资本的结构匹配问题，以及高管团队成员不同决策权重对企业研发投资行为的影响，进而提出技术创新导向下的高管团队治理结构优化框架（见图1.4）。

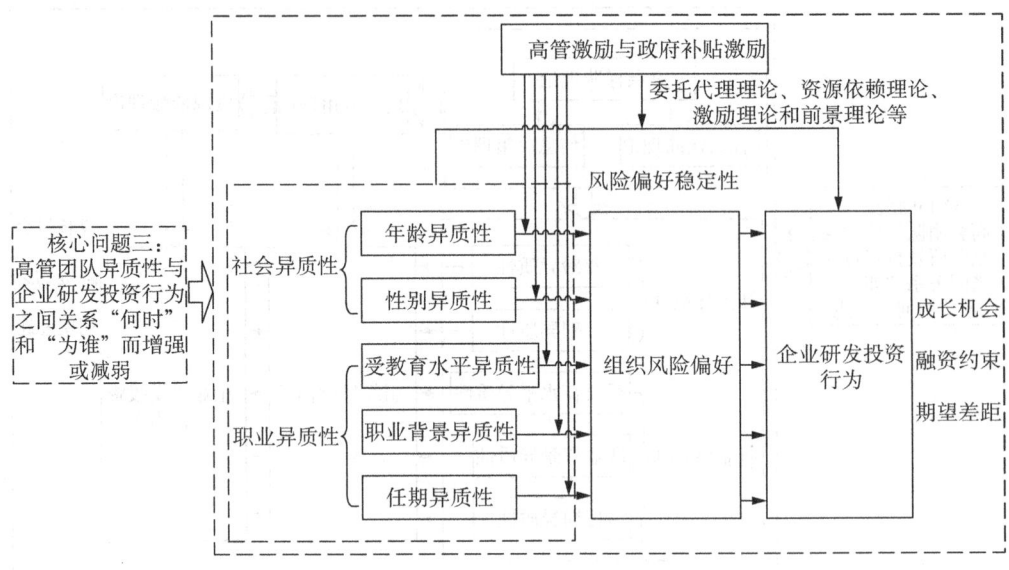

图1.3　激励机制调节效应框架图

资料来源:作者根据研究设想绘制。

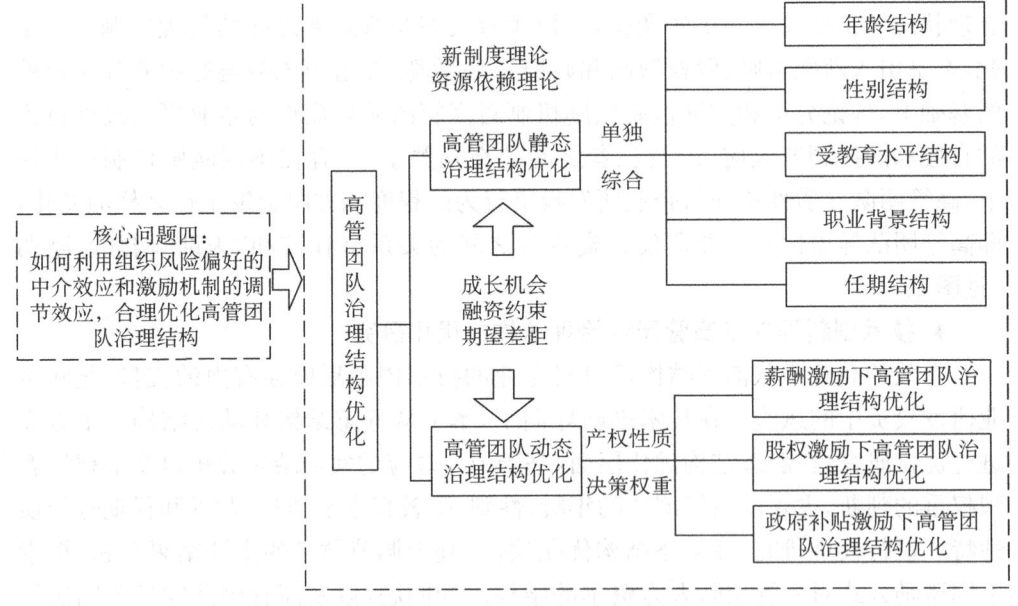

图1.4　高管团队治理结构的优化框架图

资料来源:作者根据研究设想绘制。

高管团队异质性与企业研发投资行为研究

1.4.2　章节安排

本书具体章节安排如下：

第1章，绪论。阐述本书的研究背景、研究意义，围绕高管团队异质性、组织风险偏好以及激励机制与企业研发投资行为进行文献梳理，说明本书主要内容和研究框架，对高管团队、高管团队异质性、组织风险偏好以及研发投资行为等关键词进行概念界定，详细介绍研究方法和技术路线，并提出本书的创新点。

第2章，高管团队异质性与企业研发投资行为的经济学分析。首先，立足于相关理论基础，进行个体风险偏好和组织风险偏好的效用分析；其次，从静态经济学角度分析高管团队异质性与组织风险偏好、组织风险偏好与企业研发投资行为之间的作用机理，在此基础上运用高管团队异质性与企业研发投资行为的静态经济学模型，引入高管激励与政府补贴激励，构建动态经济学模型，分析高管团队异质性与企业研发投资行为推导过程，为之后的理论假设和实证分析奠定基础。

第3章，高管团队与企业研发投资行为的现状及门槛分析。创业板作为培养中小高科技企业的平台，对于企业研发投资的相关研究具有举足轻重的作用。首先，本书对创业板中高管团队和研发投资的现状进行梳理，了解创业板的特点，便于统筹把握后续研究中理论假设和实证分析的过程；其次，本书的立脚点是研发投资行为的前置环节，因此，有必要结合创业板的研发投入数据，进行面板门槛分析，以判断创业板企业中的研发投入处于哪一个阶段，是否越多越好以及投入的空间还有多大。

第4章，高管团队异质性与企业研发投资行为——组织风险偏好的中介效应。引入组织风险偏好，理论分析和实证检验组织风险偏好的中介效应是否显著，国有企业和家族企业中是否存在差异，并进一步区分成长机会、融资约束和期望差距，判断组织风险偏好是否存在显著差异。

第5章，高管团队异质性与企业研发投资行为——激励机制的调节效应。在第4章的基础上，引入高管薪酬激励、股权激励和政府补贴激励等内外部激励制度，理论分析和实证检验激励机制对高管团队异质性与企业研发投资行为的直接和间接调节效应，以及高管激励之间、高管激励与政府补贴激励之间的综合调节效应，并进一步区分成长机会、融资约束和期望差距，判断激励机制的调节效应是否存在显著差异。

第6章，技术创新导向下高管团队治理结构的优化。基于第2～5章的分析结果，综合分析高管团队异质性特征的权重影响及高管团队成员的决策权重，构建静态和动态技术创新导向下高管团队治理结构，并提出相应的政策建议。

第7章，结论与展望。阐述本书的主要研究工作，分析研究过程中可能存在的局限性，并对未来的研究进行展望。

1.5 研究方法与技术路线

1.5.1 研究方法

1）文献研究法与归纳演绎法

本书作者在对国内外相关文献进行系统查阅的基础上，对高管团队异质性、组织风险偏好、激励机制与企业研发投资行为的相关文献进行全面梳理，掌握国内外相关研究的最新动态和研究成果，同时对高层梯队理论、社会认同理论、信息决策理论以及前景理论、激励理论等进行了归纳总结，在文献综述和理论分析的基础上，针对现有的理论分析和实证研究的矛盾及不足，深入挖掘可以进一步研究的相关问题。

2）面板门槛回归法

从创业板上市公司的研发数据来看，研发投入呈现一个递增的趋势。然而研发投入作为一种生产要素的投入，是否投入越多越好，是否存在一个或几个门槛效应？本书参照 Hansen（1999）[205]、连玉君和程建（2006）[206]、戴小勇和成力为（2013）[207]的门槛面板模型，采用 Bootstrap 自体抽样法，根据数据本身的特点划分成长区间，研究不同区间内企业研发投入与经营绩效的关系，具体模型如下。

$$Tobin_{it} = u_i + \theta' X_{it} + \beta_1 R\&D_{it} I(g_{it} \leqslant \gamma_1) + \beta_2 R\&D_{it} I(\gamma_1 < g_{it} \leqslant \gamma_2) + \\ \beta_3 R\&D_{it} I(g_{it} > \gamma_2) + \varepsilon_{it} \tag{1.1}$$

3）多元回归分析法

运用高管团队异质性与企业研发投资等相关面板数据，构建检验中介效应和调节效应的多元回归模型。首先，通过 hausman 检验，选取固定效应模型进行多元回归分析；其次，构建组织风险偏好中介变量的高管团队异质性与企业研发投资行为的多元回归模型；再次，在中介效应模型的基础上，构建激励机制直接和间接调节效应的多元回归模型；最后，在稳健性检验中，将研发投入相对于因变量的滞后一期作为解释变量引入模型，进行双向固定效应模型的回归分析，有效验证高管团队异质性对企业研发投资行为的影响。同时，在构建具体指标，如融资约束指标时，采用 Logistic 回归法判断高低融资约束组，更为客观地区分企业的融资约束状态。

4）熵权法和聚类分析法

熵权法是一种客观赋权方法。本书在确定高管团队年龄、性别、受教育水平、职业背景和任期异质性权重的过程中，根据不同指标之间的差异性，通过信息熵进一步计算出各个指标的熵权，再通过熵权对各指标的权重进行修正，从而得出高管团队异质性较为客观的指标权重,为理论研究和政策制定提供数据支撑。另外,由于高管团队成员的组织结构位置不同,决策权重也存在差异,本书通过聚类分析法和专家打分法判断团队成员的决策权重,进一步丰富高管团队异质性的研究。

1.5.2 技术路线

为了系统分析高管团队异质性对企业研发投资行为的影响机理,深入剖析组织风险偏好是否存在中介效应以及激励机制是否调节它们之间的关系,本书从高层梯队理论、资源依赖理论和委托代理理论的观点出发,分析并检验高管团队"如何"以及"何时"影响企业研发投资行为,构建由高管团队异质性、组织风险偏好、激励机制和企业研发投资组成的框架模型,研究该框架下企业研发投资行为的过程机理,并进一步挖掘不同成长机会、融资约束和期望差距下研发投资行为的差异程度。围绕研究目标、内容和方法,本书沿着"提出问题—理论基础与作用机理—实证分析—研究总结"的思路展开研究(见图1.5)。

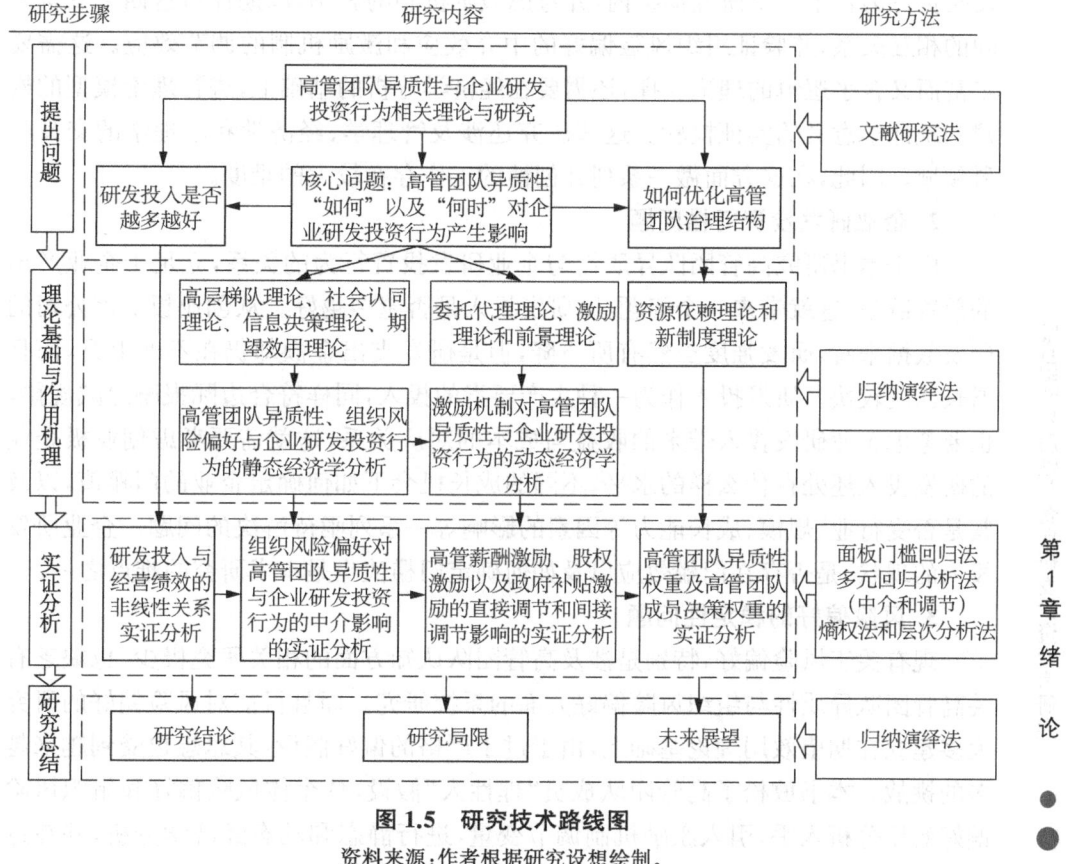

图 1.5 研究技术路线图

资料来源:作者根据研究设想绘制。

1.6 主要工作和贡献

本书主要关注高管团队成员异质性如何通过组织风险偏好的中介作用和激励机制的调节,影响企业研发投资行为,属于该领域的探索性研究,且主要涉及以下几方面的研究问题和具体工作。

1.6.1 主要的研究工作

1. 高管团队异质性与企业研发投资行为研究框架的整合问题

在 Hambrick 和 Mason(1984)[14] 提出人口统计学方法的同时,也出现一系列的质疑(Lawrence,1997;Pettigrew,2010)[208-209]。因此,核心问题是需要探索高管团队异质性对企业研发投资行为的作用机理,它可能是提供连接人口统计因素和组织结果的关键环节。本书力图将高管团队异质性、组织风险偏好以及企业研发投资行为置于一个研究框架内,并考虑激励机制的影响,以期探讨这四个变量之间的相互关系,并验证组织风险偏好的中介效应和激励机制的调节效应。这需要丰富而又合乎逻辑的理论支撑,还需要在经济学分析的基础上,进行理论模型的构建和统计学意义的实证检验。这些研究还涉及管理学、经济学和心理学的交叉学科领域。因此,在这方面做一系列开创性的工作存在较大的难度。

2. 企业研发投资门槛问题

由于本书研究高管团队异质性与企业研发投资行为的关系,立足于企业产出的前置链条,这就带来一个问题,即研发投入是否越多越好。从创业板上市公司的研发数据来看,研发强度虽然有所下降,但是研发支出金额却仍在不断上升,而且增长速度较快。研发投入作为一种生产要素的投入,同样符合边际报酬递减规律,也要考虑企业研发投入带来的收益与成本的对应关系,这就需要考虑创业板企业的研发投入还处在什么样的水平,不同的成长机会下如何确定企业的门槛值,以及其是否受行业、规模、成长能力等因素的影响等一系列亟待解决的问题。企业研发投入的现状、是否存在门槛效应以及如何确定门槛值也是本书研究的难点之一。

3. 风险偏好的稳定性问题

现有关于风险偏好,特别是涉及高管团队认知方面的相关研究极少,也缺乏有关高管团队异质性与组织风险偏好方面的系统研究。而且目前对风险偏好的研究大多建立在期望效用理论基础上,由于过于严格的偏好假设,其思想也受到越来越多的挑战。本书放松了高管团队成员"理性人"假设,从个体风险偏好和组织风险偏好效用分析入手,引入激励机制调节变量,进行静态和动态经济学分析,并在进一步区分期望差距、成长机会和融资约束的条件下,实证分析组织风险偏好是否存在显著差异,判断风险偏好的稳定性问题,努力理清组织风险偏好在研发投资行为中发挥的作用,这是一个极具难度和开拓性的工作。

4. 高管激励与政府补贴激励的研究问题

针对高管团队人力资本本身"人"的载体属性,不同的激励约束机制会对研发投资行为产生不同的效果,甚至它们之间会相互影响和作用。在本书的研究过程中,如何运用上市公司的年报数据,理论分析和实证探究不同激励机制对高管团队异质性与研发投资行为的影响方向和程度,以及不同激励机制之间存在互替效应还是互补效应,也是本书在研究激励机制的调节效应中要解决的关键问题和难点所在。

1.6.2　主要的理论贡献

本书的理论贡献在于以下 3 点。

1) 研究视角的创新

关于高管团队异质性与企业研发投资行为的研究,既有积极的也有消极的方面。积极方面包括产生更多的选择,有利于更好地预测环境变化以及绩效水平的提高(Finkelstein 和 Hambrick,1996)[210];消极方面包括决策缓慢、沟通障碍和人际交往冲突(O'Reilly,Snyder 和 Boothe,1993)[211]。为了探寻高管团队异质性与企业研发投资行为的作用机理,本书在已有研究基础上,将组织风险偏好和激励机制纳入同一个分析框架,构建高管团队异质性与研发投资之间的关系模型,研究发现,引入人口统计学代理变量以及挖掘组织风险偏好对于研发投资行为的研究是非常必要的。本书将高管团队异质性分为社会异质性和职业异质性,多维度地考察对研发投资行为的影响,识别组织风险偏好形成过程,拓展了以往研究中单一维度异质性的不足之处,解释为什么以往的高管团队异质性研究常常产生不一致的结果。同时,组织风险偏好和激励机制的引入,将管理学、经济学和心理学等不同学科领域有机结合,也丰富了不同的研究视角。

2) 研究内容的创新

传统经济学通常假定个体是风险厌恶的,忽略个体风险认知的差异,本书通过经济学分析和管理学意义的实证分析,验证了个体风险偏好是一个稳定的个体差异构念,但不同企业高管团队由于背景特征的差异,会形成不同的组织风险偏好,即当高管团队成员面临研发投资行为决策时,高管团队年龄、性别、受教育水平、职业背景和任期异质性会不同程度地通过组织风险偏好影响到企业的研发投资行为。个体风险偏好容易被许多情境因素所掩盖,但这并不意味着风险偏好的稳定个体差异就无法衡量。本书在此引入激励机制的情境,丰富了组织风险偏好的研究;同时,在分析高管激励和政府补贴激励单独的调节效应的基础上,区分国有企业、家族企业与非家族企业,分析高管薪酬激励和股权激励的综合效应,以及高管激励与政府补贴激励,即同时考虑企业的内外部激励,探析两者的交互效应,进而完善企业激励机制的研究,有效地弥补了只考虑单一激励机制的不足。

3) 研究方法的创新

首先,根据创业板数据本身的特点划分成长区间,采用 Bootstrap 自助抽样法,建立多重面板门槛模型,判断研发投入作为一种创新要素的投入,是否投入越多越好,是否存在一个或几个门槛效应;其次,引入心理学和行为经济学,放松高管团队成员风险规避的严格假设,首次采用数理演绎推理和图形判断的方法,对高管团队异质性与企业研发投资行为的作用机理进行静态和动态经济学分析;再次,采用多元回归分析法构建中介模型和调节模型,同时在实证分析过程中,对于涉及的成长机会以及融资约束等变量均采用综合指标分析法,根据创业板数据自身的特点,区分不同的高低组别;最后,采用熵权法和聚类分析法实证分析高管团队不同维度异质性的权重和高管团队成员的决策权重,为提出高管团队静态和动态治理结构优化措施提供参考。

第2章 高管团队异质性与企业研发投资行为的经济学分析

企业研发投资行为作为一项长期的投资行为,必然会涉及风险问题。研发投资行为的选择取决于决策者对于风险的认知,风险偏好则成为决策者作出行为选择的重要影响因素。在企业高管团队中,成员的个体风险偏好会不同程度地影响组织风险偏好,而且个体和组织风险偏好的效用分析是高管团队异质性与企业研发投资行为静态和动态经济学分析的重要内容。因此,本章立足于相关理论基础,从决策者的个体风险偏好和组织风险偏好效用分析着手,运用经济学和心理学模型,对高管团队异质性与企业研发投资行为的静态和动态经济学机理进行模型构建和理论推导,分析高管团队异质性如何通过组织风险偏好影响企业研发投资行为的静态影响过程,以及高管激励和政府补贴激励对高管团队异质性与企业研发投资行为的动态影响过程,为后续的理论假设和实证分析奠定坚实的经济学基础。

2.1 高管团队异质性与企业研发投资行为相关理论基础

2.1.1 高管团队行为决策相关理论

1. 高层梯队理论

Hambrick 和 Mason(1984)[14]首次提出高层梯队理论,该理论作为研究高管团队的重要理论,强调背景特征,并且将管理者背景特征与组织产出联系起来,是高层梯队理论发展的关键。由于高层管理者的认知基础、感知能力和价值观等难以测量,而年龄、性别、种族、职业背景和学历等人口统计变量能够很好地反映高管团队的部分特质,本书提出背景特征是高管经验、价值观和个性的函数,为高管团队的发展提供了应用条件。Carpenter,Geletkanycz 和 Sanders (2004)[212]整合了高层梯队理论的发展过程,并扩展了高层梯队理论框架,识别未来组织研究面临的挑战和机遇。它的显著特征包括确定高层管理团队组成的主要特征和环境因素,并引入调节变量和中介变量进行更深层次的研究(见图 2.1)。

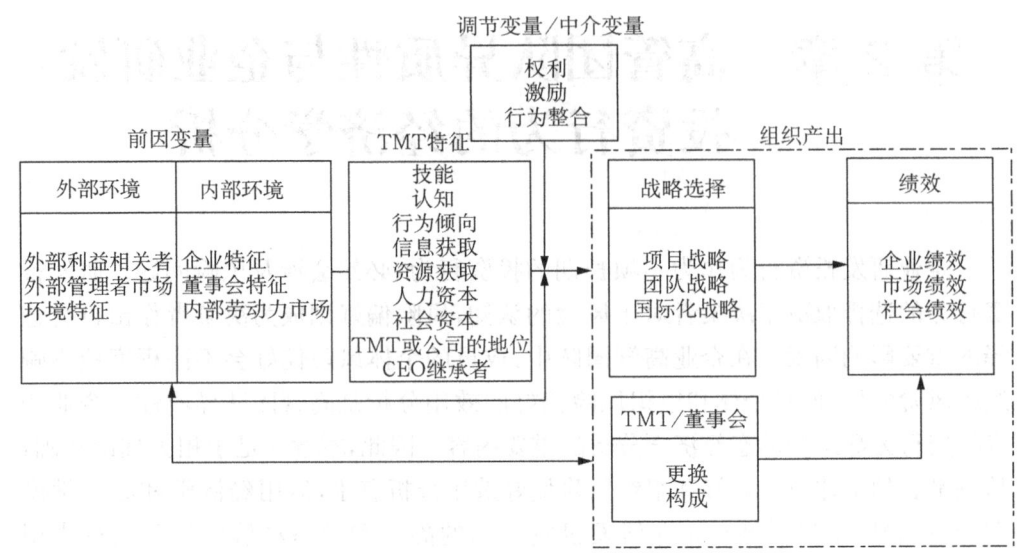

图 2.1　高层梯队理论模型的主要内容

资料来源:作者根据 Carpenter,Geletkanycz 和 Sanders(2004)绘制。

过去几十年,国内外学者对高管团队的研究兴趣激增。Hambrick 和 Mason(1984)[14]的研究在随后的 6 000 多篇参考文献中被引用,高层梯队的核心理念已经超出了管理学的范畴,也影响了心理学和经济学的相关研究(Peterson 等,2003;Bertrand 和 Schoar,2003)[213-214]。其主要在两个方面产生了巨大的影响:一是该理论是建立在管理者有限理性的基础上的,认为管理者的行为是基于他们对自身处境的不完整、过滤和高度程式化的理解,指出高管团队的不同背景特征会影响到高管的经验、价值观、动机和偏好等隐性心理。二是首席执行官(CEO)与其他团队成员共享任务,在某种程度上共享权利,高管团队的整体特征能够更好地决定企业的战略选择问题。要想了解组织的产出或者企业的投资行为,不仅要看 CEO,还要看整个高层管理团队。高层梯队理论是研究高管团队异质性的理论基础,也是本书的立论基础,本书在高层梯队理论的基础上,将企业高管团队异质性特征以及组织风险偏好变量引入研究模型,揭示高管团队决策过程,进而分析高管团队异质性与企业投资研发行为之间的内在机理。

2. 社会认同理论

社会认同理论最早是由 Tajfel(1982)[15] 提出的,该理论认为社会认同需经历类化、认同和比较三个阶段。首先,人们倾向于将自己和他人划分为不同的社会类别,如组织成员、宗教信仰、性别和年龄组,不同的个体可以使用不同的问答模式(Tafjel 和 Turner,1986)[215]。其次,社会分类使个体能够在社会环境中定位或定义自己,认同是对某一类别群体的统一性或归属感的感知,正如对他人的社会分类决定了对他人的刻板印象一样,对自己的分类和潜意识认同也决定了原型特征的归属(Turner 和 Kofoed,1984)[216]。最后,比较是将与自己具有相近或者相同特征的人标记为一类群体,与自己的不同的人被归类为另一群体,是评价自己认同的子群体相对于其他群体的优劣、地位和声誉(Ashforth 和 Mael,2004)[217]。社会认同可能导致群体价值观和规范的内化,以及态度和行为的同质性,也会影响与群体决策形成相关的结果,包括团队凝聚力、合作和利他主义以及对群体的积极评价等(Hogg 和 Turner,2010)[218]。与其他群体成员相比,个体更多地选择与自己所在群体的成员互动,避免与外群体接触,会加深群体间刻板印象和偏见,破坏团队之间的内部和谐,激化矛盾,从而影响企业的投资决策行为。

3. 信息决策理论

信息决策理论认为不同类型群体中的个体更有可能拥有范围更广的与任务相关的知识、技能和能力,有更多的机会获取信息网络资源,这不仅给不同的群体提供了更多的资源,还可能产生其他有益的影响(Williams 和 O'Reilly,1998)[16]。该理论认为团队成员个人差异给企业做决策带来一定的优势,可以使团队成员之间由于异质性碰撞出思想的火花,能够给企业提供更多具有创造性的想法和创新性的措施,带来更大范围的知识、能力的提升,不同的群体应该优于同质群体(Knippenberg 和 Ginkel,2013)[219]。为了证实这一分析,一些研究也发现异质性能够实现信息、知识、能力、技能及资源等各方面的互补,在对同一问题作判断时也会拥有完全不一样的视角,进而增加企业的创新行为以及提高企业的绩效(Bantel 和 Jackson,1989;Jehn,Northcraft 和 Neale,1999)[220-221]。

显然,社会认同理论和信息决策理论这两种理论是矛盾的、相向的,通常被孤立地应用于团队异质性研究过程。然而,也有学者发现异质性的每个维度都可能引发并形成信息决策和社会分类过程。因此,综合考虑异质性的维度,本书基于高层梯队理论的概念框架,引入中介变量和调节变量,将信息决策和社会分类重新整合,使用一个包含两种可能的影响路径综合理论模型(见图2.2)。

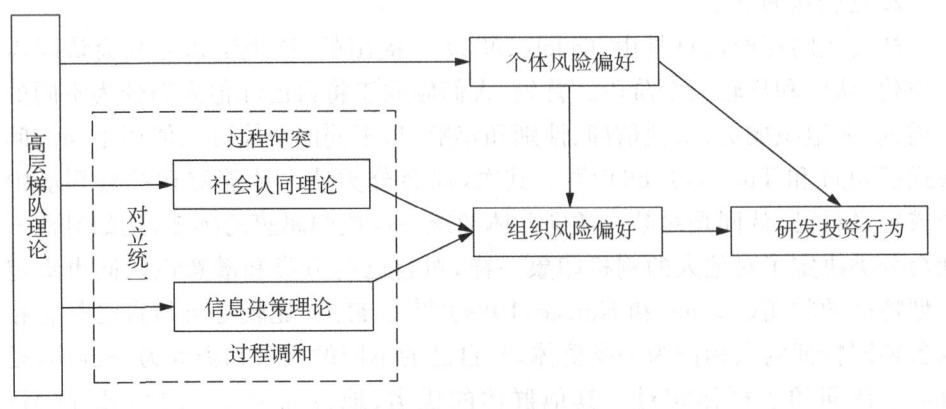

图 2.2　高管团队行为决策理论框架

资料来源:作者根据研究设想绘制。

2.1.2　组织风险偏好相关理论

1. 期望效用理论

风险偏好的相关论述最早可以追溯到 Von Neumann 和 Morgenstern (1944)[222] 提出的期望效用理论。该理论的基本内涵是在不确定的情境下,决策主体会对可能出现的结果进行加权估计得出效用水平,决策者追求的就是由此形成的最大化预期效用。假如决策主体面临一项研发投资活动,结果只有两种:以概率 p 获得收益 x_1;以概率 $1-p$ 获得收益 x_2。这样一个确定的期望值的效用为 $U[px_1+(1-p)x_2]$,而研发投资行为的期望效用函数为 $E\{U[p:x_1, x_2]\}$,即 $pU(x_1)+(1-p)U(x_2)$。期望效用理论是建立在一系列个体偏好理性假设基础上的,其中包括基数效用论和序数效用论两个大的分支。基数效用论提出效用可以计量并加总求和;而序数效用论放宽了假定,可以通过顺序或等级,借助无差异曲线进行衡量效用。期望效用理论提供了一套风险偏好理论,是研究不确定条件下如何进行合理决策的理论基础。然而,由于该理论的假设过于严格且与现实存在差异,以至于其所涉及的个体偏好思想也受到越来越多的挑战。风险偏好理论发展是随着行为经济学和实验经济学的发展而产生的,过去关于投资决策的分析是建立在传统经济学理性人和完全信息等假设基础上的,而随着有些反常现象的出现,学者们将风险及风险偏好等因素引入经济学研究范畴。

2. 前景理论

由于决策者计算、知道或记住结果和概率的能力受到限制,可能会出现偏离期望效用理论的情况(Simon, 1982)[223]。Tversky 和 Kahneman(1974)[224] 将这种违

高管团队异质性与企业研发投资行为研究

反公理一致性的现象称为行为偏差,比如偏好反转①、框架效应②等异常现象。前景理论给出了一个重要的风险决策函数(PT 函数),即 $V = \sum_{i=1}^{n} \pi(p_i) U(x_i)$。在该 PT 函数中,$p = (p_1, p_2, \cdots, p_n)$ 表示出现的概率,$x = (x_1, x_2, \cdots, x_n)$ 表示出现的结果,期望的价值 V 是由 $U(x)$(价值函数)与 $\pi(p)$(权重函数)两者决定,也被称作值函数。$\pi(p)$(权重函数)主要表达的是准确概率对研发投资价值的影响,加入主观可能性。决策者关心的从事研发活动带来的财富值是相对于参照点值的变化而取得的盈利和损失,而不是期末的财富,而且函数的"S"型图形表明人们对于损失比盈利更敏感。这种价值函数刻画了高管团队在投资决策行为过程中的 3 个典型的心理特征:第一,他们不只关注最终的企业绩效,还关注投资过程中收益和损失的参考点;第二,对研发投资活动过程中呈现的收益是风险厌恶的,但对损失却是风险偏好的;第三,他们是模糊厌恶的,也就是对研发投资活动越可能发生的结果赋予越多的权重,又称为"确定性效应"。前景理论的提出为本书引入期望差距奠定了坚实的理论基础,有助于分析不同期望差距下高管团队异质性对企业研发投资行为的影响。

2.1.3 激励机制相关理论

1. 委托代理理论与激励理论

委托代理理论产生于所有权与经营权的分离。委托人即企业的所有者,拥有企业所有权;而代理人是企业的经营者,享有企业的经营管理权,在委托人赋予的权限范围内经营管理企业。因此,代理人和委托人之间会存在信息不对称问题,当代理人的利益与委托人(即股东)的利益以及企业的整体利益产生不一致时,代理人在作决策时可能会以个人利益为重,进而损害股东的利益甚至是企业的整体利益,产生"道德风险"问题(Beatty 和 Zajac,1994)[225]。在这种矛盾下,由于企业内部信息不对称、代理成本增加,股东会考虑采取一定的手段和方法来激励代理人以股东利益和企业利益为出发点作决策,这就是委托代理理论的核心。因而如何设计合理有效的激励机制以缓解经营者和所有者在投资决策中的利益冲突,一直是学术界重点关注的问题。激励理论是把个体行为的外部性内部化,降低经营者和

---

① 偏好反转(preference reversal)现象是由心理学家 Lichtenstein 和 Slovic 提出,在期望值基本一致的选择中,人们会选择概率高而且损益值小的方案,对概率低而损益值大的方案反而定高价,所以出现选择与定价表现出不一致的偏好现象。

② 框架效应(framing effect)是由 Kahneman 和 Tversky 提出的,主要指由于受到信息表征的影响而产生的决策偏见效应。

所有者之间的利益冲突(朱国泓、方荣岳,2003)[226]。监督和激励机制的有效构建可以一定程度缓和高管与股东的矛盾关系,使委托人和代理人的目标趋于一致,进而可以有效提高代理人的工作效率,实现委托人和代理人共赢。委托代理理论侧重于如何设计激励契约以缓和利益冲突和降低信息不对称问题,激励机制则侧重于设计什么样的机制以激发管理者的积极性,两者互为补充,为研究风险偏好的稳定性问题奠定理论基础,也为研究高管团队异质性与企业研发投资行为之间的关系提供了依据。

2. 资源依赖理论与新制度理论

资源依赖理论最早是由 Wernerfelt(1984)[227] 提出的,强调企业需要从周围环境中吸取资源,需要与周围环境相互依存、相互作用才能生存和发展。企业生存和发展需要从外部环境中获取关键资源,同时也会根据环境的变化调整对环境的依赖程度。基于资源依赖理论的观点,企业管理层根据自身资源能力协调企业内部人力资源,以及有效地评估企业的优势和劣势,制定出符合企业发展的战略决策,为获得和保持竞争优势奠定坚实的基础。1990 年,Paul Romer 提出技术进步内生增长模型,把经济增长建立在内生技术进步上,指出技术进步是经济增长的核心。研发投资作为技术创新的关键环节和企业的关键资源,在提升企业自身核心竞争力方面发挥着至关重要的作用。除了企业自身研发投入资源的影响,外部资源也会影响企业的生存和创新发展。而内部和外部资源对企业的影响、企业对资源的反馈往往和新制度理论紧密联系在一起,因此,该理论与新制度理论,关注制度对企业的影响,强调合法性机制在组织内部结构以及制度环境互动中的重要作用(Salancik,1978)[228]。资源依赖理论强调企业和内外部环境的资源优势的适时调整,新制度理论则强调如何从制度建设方面为资源依赖提供保障,两者的结合为激励机制的引入和高管团队治理结构的优化提供了理论依据。

2.2 个体风险偏好与组织风险偏好的经济学效用分析

2.2.1 个体风险偏好的效用分析

具有不同特征的决策者有着不同的个体风险偏好,而个体风险偏好会影响其满意程度,即效用,效用是偏好的量化,可以通过效用函数来表示。借鉴 Von Neumann 和 Morgensten 对效用函数模型(VNM)的研究,下面描述不同类型决策者的风险偏好,$U(x)$ 表示决策者的效用函数,为增函数。

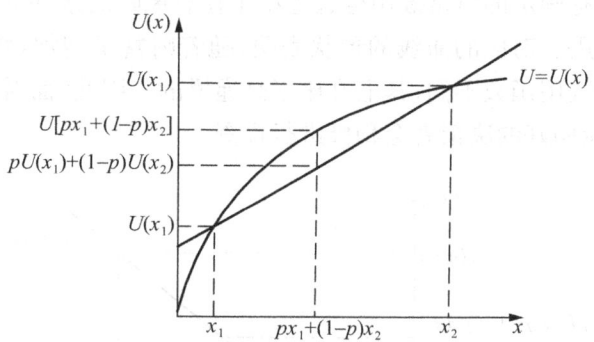

图 2.3　风险规避者凹效用曲线

资料来源：作者根据 Neumann 和 Morgensten(1944)绘制。

风险规避者：$U[px_1 + (1-p)x_2] > pU(x_1) + (1-p)U(x_2)$

从图 2.3 可以看出，严格向上凸出的曲线是期望值效用，即决策者的风险偏好，直线为风险条件下决策者的期望效用值。管理者尽量规避一切可能的损失，认为无风险条件下他们享有确定的财富效用会远远高于在有风险的条件下他们进行研发投资获得收益的效用。对应的曲线的形状表明，随着收益增加，效用也逐步上升，但是效用上升的比率是递减的。基于此，经济学一般假设在大多数情况下，人们都会规避风险，对于存在风险但是又没有相应风险补偿的投资项目都会选择放弃。

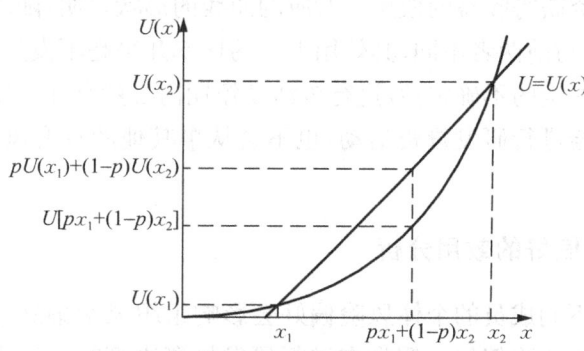

图 2.4　风险爱好者凸效用曲线

资料来源：作者根据 Neumann 和 Morgensten(1944)绘制。

风险爱好者：$U[px_1 + (1-p)x_2] < pU(x_1) + (1-p)U(x_2)$

从图 2.4 可以看出，严格向下凸出的曲线是期望值效用，即决策者的风险偏好，直线为风险条件下的期望效用值。管理者愿意承担一定程度的风险，认为无风险条件下他们享有确定的财富效用会远远小于在有风险的条件下他们进行研发投资获得收益的效用。对应的曲线的形状表明,随着财富量增加,效用也逐步上升,与风险规避者的效用函数不同,其上升比率是递增的。因此,面对有风险的研发投资行为,具有风险偏好的决策者会积极进行投资。

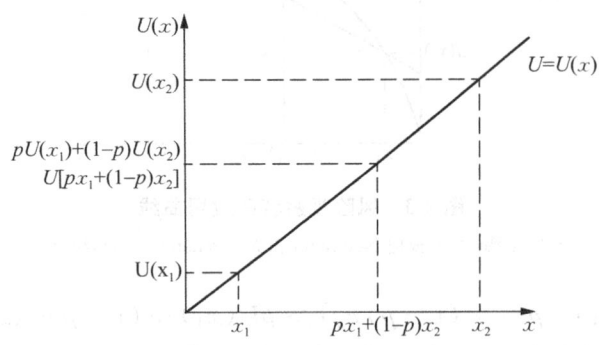

图 2.5　风险中立者效用曲线

资料来源:作者根据 Neumann 和 Morgensten(1944)绘制。

风险中立者:$U[px_1 + (1-p)x_2] = pU(x_1) + (1-p)U(x_2)$

从图 2.5 可以看出,期望值效用与期望效用值完全重合,决策者的风险偏好曲线是一条过原点的直线。管理者面对可能存在的收益或损失,既不厌恶风险,也不会偏好风险,认为无风险条件下他们享有确定的财富效用会等于有风险的条件下他们进行研发投资获得收益的效用。对应的曲线的形状表明,随着收益增加,效用也逐步上升,但是与前两者不同,其效用上升的比率几乎是不发生变化的。由于研发投资活动具有一定的不确定性,进行该活动短期内必然存在一定的损失,因此风险中立者一般不会进行研发投资活动,也不会从事其他的具有风险的活动或者不确定性的活动。

2.2.2　组织风险偏好的效用分析

高管团队中不同成员的个体风险偏好会影响组织风险偏好,其团队中的人员结构也会影响组织风险偏好。假设在进行研发投资决策行为过程中,高管团队中形成两个群体:风险爱好群体(A)和风险规避群体(B)。A 群体的效用曲线为 U_A,B 群体的效用曲线为 U_B。当面临研发投资决策时他们的风险补偿分别为 a 和 b。如果 $a<b$,则研发投资行为不会发生,因为风险爱好群体 A 为放弃研发投资需要得到的收益小于风险规避群体 B 为规避风险而愿意支付的金额;反之,如果 $a>b$,则研发投资行为会发生,因为风险爱好群体 A 为放弃研发投资需要得到的收益大于风险规避群体 B 为规避风险而愿意支付的金额（见图 2.6）。

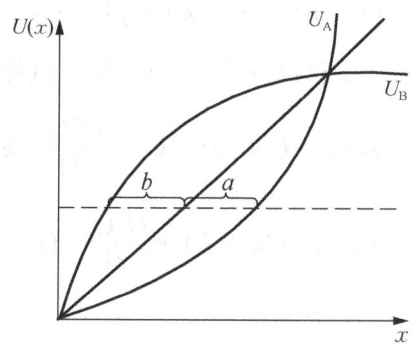

图 2.6　组织风险偏好

资料来源：作者根据相关文献绘制。

2.3　高管团队异质性与企业研发投资行为的静态经济学分析

在静态经济学分析过程中，我们通常假定在不受环境影响的情况下，高管团队成员的绝对风险厌恶随着财富的增加而减少，以获得既符合直觉又符合对理性行为观察的结果。高管团队进行研发投资行为需要考虑：一是高管团队作为决策者，能否将个人风险厌恶与个人特征联系起来；二是到底是怎样的投资时点，以及多少期的投资才能获得最大的效用，高管团队成员根据效用大小或者偏好顺序如何选择决策方案。

2.3.1　高管团队异质性与组织风险偏好的经济学分析

Von Neumann 和 Morgenstern(1944)[222] 提出的期望效用理论为风险偏好的研究提供了理论模型和计量基础。但随着实验经济学和行为经济学的发展，期望效用理论作为一种描述不确定性的理论，逐渐受到不同领域学者的质疑和挑战（Battalio，Kagel 和 Jiranyakul，1990；Harless 和 Camerer，1994）[229-230]。考虑高管团队不同结构特征的影响，在缺乏单一的显性替代模型以及不影响结果分析的情况下，我们将维持期望效用假设，假定管理层的效用函数 $U(x)$ 在 x 处二阶可微且是凹性的。根据阿罗-普拉特的度量方法，用 $\rho = -\dfrac{U''(x)}{U'(x)}$ 来度量绝对风险厌恶系数，指出确定性状态下财富 x 的效用等于不确定性状态下进行投资决策的效用，其中 π 表示进行研发投资获得的最大收益值，k 表示愿意进行研发投资的最低数额，

p 为进行研发投资成功的概率。构建如下经济学模型：

$$U(x) = (1-p)U(x-k) + pU(x+\pi-k) \tag{2.1}$$

根据泰勒公式，$U(x-k)$ 和 $U(x+\pi-k)$ 在 x 点处展开为：

$$U(x-k) = U(x) + U'(x)(-k) + \frac{U''(x)}{2!}k^2 + o(k^2) \tag{2.2}$$

$$U(x+\pi-k) = U(x) + U'(x)(\pi-k) + \frac{U''(x)}{2!}(\pi-k)^2 + o((\pi-k)^2) \tag{2.3}$$

将式(2.2)和式(2.3)代入式(2.1)，得到式(2.4)：

$$U(x) = U(x) + p\pi U'(x) - \lambda U'(x) + U''(x)((1-p)k^2 + p(\pi-k)^2/2) \tag{2.4}$$

通过移项和合并同类项，得到绝对风险厌恶系数 ρ：

$$\rho = -\frac{U''(x)}{U'(x)} = (p\pi-k)\Big/\left(\frac{k^2}{2} + \frac{p\pi^2}{2} - pk\pi\right) \tag{2.5}$$

从公式(2.5)可以看出，ρ 的变换斜率并不是常数，受到 π、k 和 p 的影响。当 $k=0$ 时，$\rho=2/\pi$；当 $k=p\pi$ 时，$\rho=0$，可以看作风险是中立的；当 $k=\pi$ 时，$\rho=-2/\pi$。π 表示进行研发投资获得的最大收益值，取决于企业面临的内外部资源环境以及企业经营管理水平，而 k 和 p 则更多地取决于高管团队成员在进行决策时的本身特征，比如任期时间、职业背景、受教育水平、性别以及年龄等异质性特征潜移默化的影响。

2.3.2 组织风险偏好与企业研发投资行为的经济学分析

我们知道高管团队对研发项目进行效用选择时，通常采用净现值投资决策分析方法进行判断，只有当 $NPV \geqslant 0$ 时该投资项目才是可行的，见公式(3.6)。而且运用此方法的前提条件是对项目的期望收益率作出准确的判断。

$$NPV = \sum_{t=0}^{n} \frac{CI_t - CO_t}{(1+i)^t} = \sum_{t=0}^{n} \frac{CF_t}{(1+i)^t} \tag{2.6}$$

其中，NPV 为净现值，CI_t 为第 t 年的现金流入，CO_t 为第 t 年的现金流出，CF_t 为第 t 年的净现金流量，i 为期望收益率。

在存在市场风险的情况下，高管团队采取任何行动的结果不仅取决于 NPV

的大小,还取决于管理层风险偏好的影响。假定存在两种待选方案,即研发投资与金融投资,而且只能在这两种方案中选择其中一种,记为 $A=\{a_1, a_2\}$。x_{ij} 为采取第 j 个行动方案时在第 i 种状态下的结果,这个结果为盈利或者亏损($j=1, 2$;$i=1, 2$);u_{ij} 表示采取第 j 个行动方案时在第 i 种状态下所获得的效用。一般而言,如果决策者属于风险规避者,则会采用极大化极小原则考察方案中可能出现的最不好的那个结果。对于第 j 个行动方案,只关注满足 $a_j^*=\min\{u_{1j}, u_{2j}\}$,$\forall j=1, 2$ 条件下的可能结果。然后,再从研发投资和金融投资 2 个 a_j^*,$\forall j=1, 2$ 中选择最大的值所对应的行动方案,也就是 $\max a_j^*$ 条件的行动方案。但也有决策者属于风险爱好者,会采用极大化极大原则来进行投资方案的选择 a_{*j}。对于第 j 个行动方案,只关注可能出现的最好的结果,满足 $a_{*j}=\max\{u_{1j}, u_{2j}\}$,$\forall j=1, 2$ 条件下的可能结果。然后,再从研发投资和金融投资 2 个 a_{*j},$\forall j=1, 2$ 中选择最大的值所对应的行动方案,也就是 $\max a_{*j}$ 条件的行动方案。如果高管团队中涉及董事会、监事会和高层管理人员,由于团队成员结构以及权力范围不同,会采取这两种准则的加权平均值来评判各个行动方案的相对优劣(Arrow 和 Hurwicz,1972)[231]。也就是高管团队可以选择满足以下条件的行动方案:$\max\{\lambda a_{*j}+(1-\lambda) a_j^*\}$,其中 λ 为风险系数,取决于高管团队内部的风险偏好程度 ρ,这也是企业进行研发投资的关键影响因素。

2.3.3 高管团队异质性与企业研发投资行为的经济学分析

通过高管团队异质性与组织风险偏好、组织风险偏好与企业研发投资行为的静态经济学机理分析,研究发现高管团队异质性会影响到组织风险偏好,而且组织风险偏好会影响到企业的研发投资行为,那么将这三者联系起来,高管团队异质性会通过组织风险偏好影响到企业的研发投资行为吗?

在不影响最终结论的前提下,基于推导方便与表达简洁的考虑,假设:

(1)高管团队可投资于研发投资和金融投资,初始财富数量为 1,进而可设其投资于研发的权重比例为 ω_1,投资于金融的权重比例为 ω_2,并令 $\omega_1+\omega_2=1$。

(2)$E(r)$ 为研发投资和金融投资所构成的资产组合产生的预期收益率,具体可表示为:$E(r)=\omega_1 E(r_1)+\omega_2 E(r_2)$。

(3)高管团队对风险资产组合 P 所估计的风险为 σ^2,其可表示为:$\sigma^2=\omega_1^2\sigma_1^2+\omega_2^2\sigma_2^2$。

高管团队在进行研发投资决策的过程中,根据自身群体的风险偏好,会选择全部进行研发投入,或者全部进行金融投入,或者兼而有之。这也就涉及最优资产组合的规划问题,具体可表示为:

$$\text{Max}S = \frac{E(r) - r_f}{\sigma}$$

$$\text{s.t.} \begin{cases} E(r) = \omega_1 \times E(r_1) + \omega_2 \times E(r_2) \\ \sigma^2 = \omega_1^2 \sigma_1^2 + \omega_2^2 \sigma_2^2 \\ \omega_1 + \omega_2 = 1 \end{cases} \tag{2.7}$$

通过公式(2.7),求解相应的最优解 ω_1^* 和 ω_2^*,具体可表示为:

$$\omega_1^* = \frac{[E(r_1) - r_f]\sigma_2^2}{[E(r_1) - r_f]\sigma_2^2 + [E(r_2) - r_f]\sigma_1^2} \tag{2.8}$$

$$\omega_2^* = \frac{[E(r_2) - r_f]\sigma_1^2}{[E(r_1) - r_f]\sigma_2^2 + [E(r_2) - r_f]\sigma_1^2} \tag{2.9}$$

并进一步根据公式(2.8)和(2.9),可以推导得到(2.10)和(2.11)。

$$\omega_1^* = \frac{[E(r_1) - r_f]}{[E(r_1) - r_f] + [E(r_2) - r_f]\dfrac{\sigma_1^2}{\sigma_2^2}} \tag{2.10}$$

$$\omega_2^* = \frac{\sigma_1^2}{\left\{ \dfrac{[E(r_1) - r_f]}{[E(r_2) - r_f]} \right\} \sigma_2^2 + \sigma_1^2} \tag{2.11}$$

从公式(2.10)和(2.11)可以看出,当 $\sigma_2^2 \gg \sigma_1^2$ 时,$\omega_1^* \approx 1$,高管团队会将初始财富全部配置在研发投资上,而完全不考虑对金融投资进行投入;当 $E(r_2) \gg E(r_1)$ 时,$\omega_2^* \approx 1$,高管团队会将全部初始财富配置在金融投资上,而完全不考虑对研发投资进行投入。从图2.7可以看出,等成本线与等产量线的切点 A_1,即为高管团队成员在进行研发投资行为决策时的最优选择,此时 $\dfrac{x_1}{y_1} = \dfrac{\omega_1^*}{\omega_2^*}$。

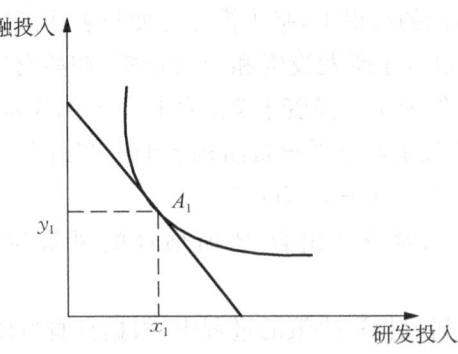

图2.7 高管团队异质性对企业研发投资行为的作用机理

资料来源:作者根据相关文献绘制。

2.4　高管团队异质性与企业研发投资行为的动态经济学分析

前面从静态经济学的角度分析了高管团队异质性会通过组织风险偏好影响企业的研发投资行为,那么高管团队异质性与企业研发投资行为之间的关系会受到内部和外部激励环境的影响吗? 尤其是高管团队作为"人"的行为决策,受到内部高管激励的调节会产生何种影响,受到外部政府补贴激励的调节会产生何种影响,这都有待于通过动态经济学机理进行深入剖析。

2.4.1　高管激励动态环境的影响

根据委托代理理论,高管团队容易产生代理问题和代理行为,而有效的高管激励则能够影响组织风险偏好,进而影响企业研发投资行为。由于本书重点研究高管薪酬激励和股权激励的影响,因此,在不影响结果分析的基础上,将固定薪酬和变动薪酬纳入高管团队成员激励体系中,涉及的经济模型变量包括高管团队成员总效应 $U(x)$,高管的总收入 $S(\pi)$,固定薪酬部分 m,变动薪酬部分 r,企业的研发产出水平 π,企业研发产出中高管团队成员的剩余分享比例 β,高管团队成员在研发投入方面的努力程度 e,经营能力 λ_e,努力成本 $C(e)$,风险偏好水平 ρ。

(1)企业研发产出的线性函数关系为:$\pi = \lambda_e e + \varepsilon$,其中 ε 为外在环境的随机变量,且 $\varepsilon \sim N(0, \sigma^2)$。研发活动的期望产出和波动为:$E(\pi) = E(\lambda_e e + \varepsilon) = \lambda_e e$,$Var(\pi) = \sigma^2$。

(2)由于高管团队成员的总效用 $U(x)$ 由固定薪酬 m 和变动薪酬 r 两部分产生的效用组成,高管团队成员的总收入目标函数可表示为:$S(\pi) = m + r = m + \beta \pi$,其中 $0 < \beta < 1$。

(3)高管团队成员的努力成本函数 $C = C(e)$,成本 C 是努力程度 e 的增函数。其中当 $e = 0$ 时,成本 $C(0) = 0$,$C'(e) > 0$,$C''(e) > 0$,表示高管团队成员不进行任何行为,则成本为 0,而且团队成员越努力,其付出的努力越高,随着努力程度的增加,耗费的边际成本是递增的。因此,可以假定努力成本函数形式为 $C(e) = \frac{1}{2} \tau_e e^2$,其中 τ_e 为成本系数。

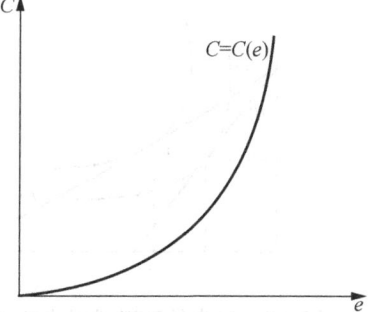

图 2.8　高管团队成员努力成本曲线

资料来源:作者根据相关文献绘制。

高管团队成员得到的收益等于他们所得到的

报酬减去所付出的成本,其收益函数形式为:$W_{TMT} = S(\pi) - C(e) = m + \beta(\lambda_e e + \varepsilon) - \frac{1}{2}\tau_e e^2$。期望收益为:$E(W_{TMT}) = E(S(\pi) - C(e)) = E\left(m + \beta(\lambda_e e + \varepsilon) - \frac{1}{2}\tau_e e^2\right) = m + \beta\lambda_e e - \frac{1}{2}\tau_e e^2 - \frac{1}{2}\rho\beta^2\sigma^2$。

由前面静态经济学分析可知,$\rho = (p\pi - k) \Big/ \left(\frac{k^2}{2} + \frac{p\pi^2}{2} - pk\pi\right)$,为实现高管团队成员期望收益最大化,以 e 为自变量,对 $E(W_{TMT})$ 求导,令 $E'(W_{TMT}) = 0$。在不影响结果的前提下,为了简化推导过程,假定 k 为 0,可得,$e = \frac{\beta^2\sigma^2 + \beta\lambda_e^2}{\tau_e\lambda}$,即高管团队成员的努力程度取决于经营能力 λ、成本系数 τ_e、外部环境的不确定性 σ 和分享系数 β。这意味着在一定程度上提高高管团队成员的分享系数 β,有助于提高团队成员的积极性,从而提高其努力水平。外部环境不确定性越强,越会提高成员的努力程度以降低信息的不对称,而这需要薪酬激励和股权激励的有效调节。但由于在此仅考虑高管团队成员自身预期收益的影响,还会受到企业融资约束环境等因素的影响,因此不能一味提高分享系数以增加激励水平,如果一味提高分享系数,则会带来其他约束条件的限制。

2.4.2 政府补贴激励动态环境的影响

企业研发投资行为具有投入资金大、回收时间长的典型特点,而且其投入的成本和获取的收益具有明显的弱对应性,具有很大的不确定性。一方面,中小高科技企业往往担心创新投资风险太大,导致研发投资不足;另一方面,由于技术创新本身涉及无形资产,具有准公共物品性和外部性,会出现"免费搭便车"的行为,这也无形中降低了企业的创新动力。而社会对研发投资的需求远远超过企业需求,也就涉及社会福利问题,这就需要政府补贴激励机制来推动高新技术产业的发展和社会的技术进步。图 2.9 分析政府补贴前后对企业研发投资决策的影响,横轴为研发投入,纵轴为金融投入。当企业在政府对研发补贴之前,等成本线为 IS_1,等产量线为 Q_1,点 A_1 为高管团队为寻求企业利润最大化的生产要素组合,

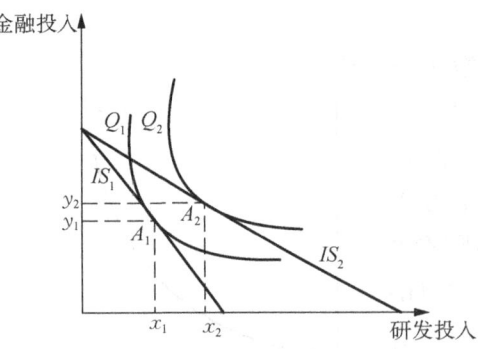

图 2.9 政府补贴激励对企业研发投资行为的作用机理

资料来源:作者根据相关文献绘制。

此时 $\frac{x_1}{y_1} = \frac{\omega_1^*}{\omega_2^*}$。当企业得到政府研发补贴之后,等成本线发生变化,由 IS_1 变为 IS_2,均衡点由 A_1 移动到 A_2,研发投入从 x_1 提高到 x_2,即研发投入增加,可见企业的研发投资活动受到了政府补贴机制的激励。

在企业研发投资过程中,私人边际收益往往要小于社会边际收益,这将导致企业技术创新的动力不足,呈现供给小于需求的现象,政府可以通过介入资源配置领域,来促进社会福利水平的提高和企业的技术进步。但政府补贴激励是否一定能产生"积极效应",激励额度和时机不同是否会影响激励的效果,产生"挤出效应",在此通过图 2.10 进一步分析。横轴 Q 为企业研发活动或产品的数量,纵轴 P 为价格,代表成本或者收益,MC 为边际成本,MB_P 为私人边际收益,MB_S 为社会边际收益。从图 2.10 来看,没有进行政府补贴前,均衡点在 $B(P_1,Q_1)$,此时企业愿意提供 Q_1 的研发活动或创新产品,而整个市场或者社会福利最大化的均衡点在 $D(P_2,Q_2)$,可以看出 $Q_1 < Q_2$,因此这时需要政府补贴激励,但政府补贴激励的最优数量是 P_2P_3CD 形成的面积,也就是合理的度,即政府补贴的边界。这也是实务界的难点所在——需要结合创业板自身的特点和技术溢出的程度,来综合预测政府补贴激励对高管团队研发投资行为的调节效果。

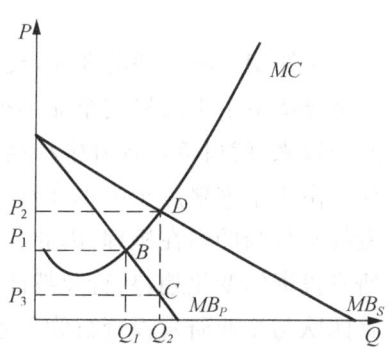

图 2.10 政府补贴激励的合理范围

资料来源:作者根据相关文献绘制。

2.5 本章小结

本章首先对个体风险偏好和组织风险偏好进行了效用分析和经济学解释,继而展开高管团队异质性与企业研发投资行为的静态和动态经济学分析,为后文的实证分析奠定坚实的理论基础。其次在静态经济学的分析过程中,本章从高管团队的效用出发,对高管团队异质性与组织风险偏好、组织风险偏好与企业研发投资行为以及将三者联系起来分析了它们之间的经济学机理。最后在静态经济学分析基础上,本章引入高管激励和政府补贴激励调节变量,构建了高管激励与政府补贴激励对高管团队异质性与企业研发投资行为的经济学模型,全方位地解释高管团队异质性对企业研发投资行为的经济学机理。

第3章 高管团队与企业研发投资行为的现状及门槛分析

在知识经济发展的今天,技术创新是企业可持续发展的先决保证,已经成为新经济环境下中小高科技企业不被淘汰的源动力。而创业板自 2009 年 10 月 23 日开板以来,就肩负着提升中小高科技企业技术创新能力和推动知识经济发展的重任。由于本书聚焦于中小高科技企业,旨在研究创业板企业高管团队异质性与研发投资行为的内在机理,因此,有必要对创业板企业中高管团队的规模、特征以及研发投资的变化趋势、行业特征和地区特征等进行现状分析,并为后文的创业板高管团队与企业研发投资行为关系的实证研究奠定坚实的基础。另外,考虑到本书研究高管团队异质性对企业研发投资行为的影响,还存在一个关键的环节,即研发投入是不是越多越好,以及创业板中不同的成长机会下企业对研发投入的多与少是否存在差异,因此,有必要进行相应的研发投资门槛分析。

3.1 创业板市场发展概况

创业板,又称二板市场即第二股票交易市场,是对主板市场的重要补充。创业板市场从 2009 年 10 月首批的 28 家公司挂牌交易以来,在发展过程中发生了诸多变化,但也形成了自己鲜明的特点(汪海粟、曾维新,2018)[232]。

一是上市公司行业和地域集中度相对较高。从创业板上市公司的数量来看,截至 2017 年 12 月 31 日,创业板上市公司数量达到 710 家(见图 3.1),呈现出逐年上升的趋势。从地域分布来看,东部地区上市公司数 561 家,占比79.01%,中部和西部地区上市公司 149 家,占比 20.99%,可见中部和西部地区企业竞争能力有待提升(见图 3.2)。从行业分布来看,2017 年创业板上市公司集中在制造业以及信息传输、软件和信息技术服务业等,公司数达到 624 家,占比87.89%(见图 3.3)。

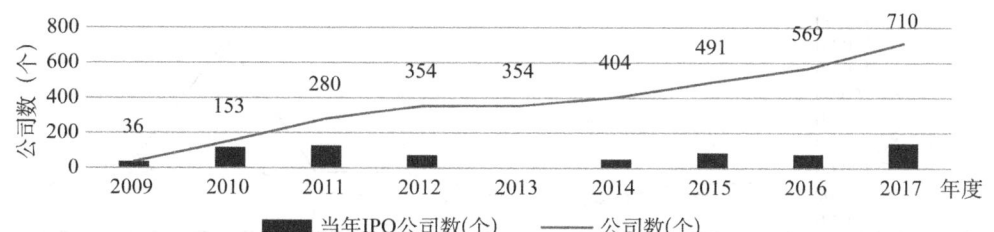

图 3.1　2009—2017 年创业板上市公司数量

数据来源:作者根据 Wind 和 CSMAR 数据库数据整理。

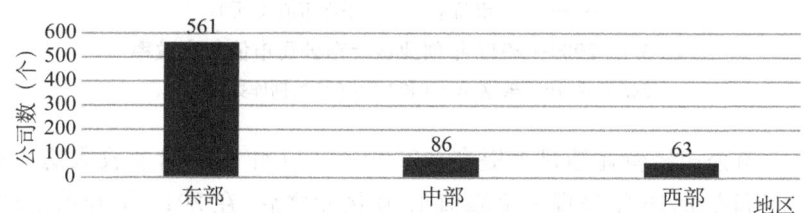

图 3.2　2017 年创业板上市公司地域分布

数据来源:作者根据 Wind 和 CSMAR 数据库数据整理。

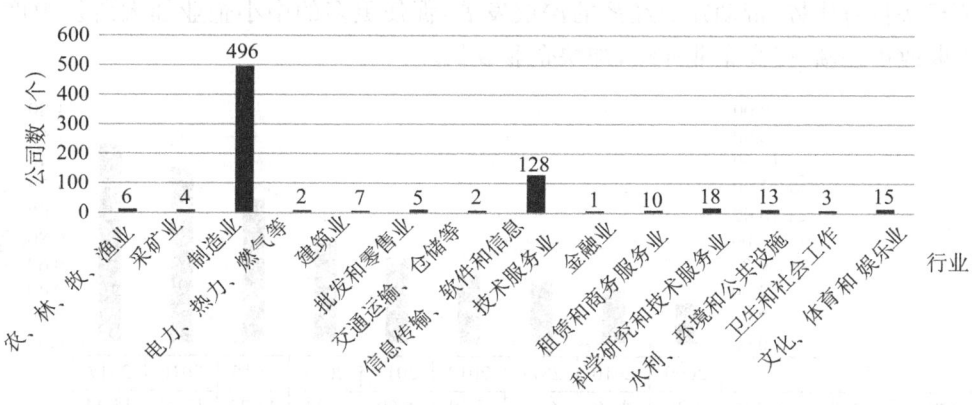

图 3.3　2017 年创业板上市公司行业分布

数据来源:作者根据 Wind 和 CSMAR 数据库数据整理。

　　二是上市公司市场波动相对较大。2015 年创业板上市公司平均市值在 115.99 亿元,市盈率为 359.75,虽然在 2009—2017 年呈现一个较大的峰值,但 2016 年、2017 年呈现下降态势,这是继 2010 年之后的一次回落(见图 3.4)。究其原因:一方面,2016 年来整个市场行情低迷,而且创业板监管力度也逐渐加大;另一方面,整个创业板上市公司的科技含量较高,上市公司研发能力正处于酝酿发展期,融资能力也正处在收紧或者回笼过程。

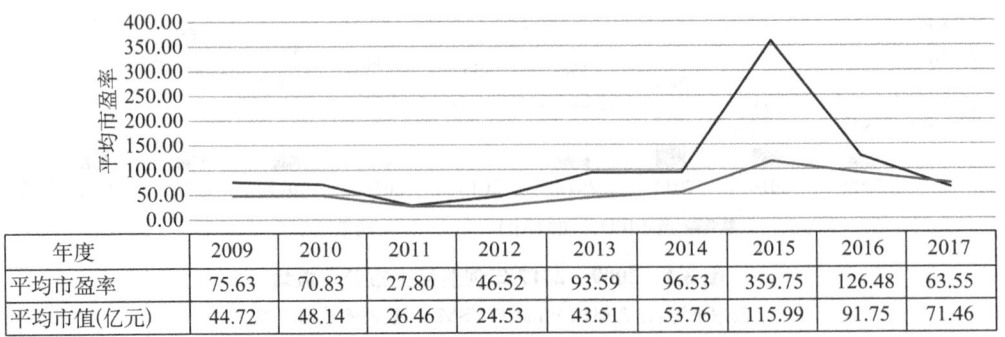

年度	2009	2010	2011	2012	2013	2014	2015	2016	2017
平均市盈率	75.63	70.83	27.80	46.52	93.59	96.53	359.75	126.48	63.55
平均市值(亿元)	44.72	48.14	26.46	24.53	43.51	53.76	115.99	91.75	71.46

—— 平均市盈率 —— 平均市值(亿元)

图 3.4　2009—2017 年创业板上市公司市值与市盈率

数据来源:作者根据 Wind 和 CSMAR 数据库数据整理。

三是上市公司经营业绩显著提高。2009—2017 年平均营业收入稳步提升,但是平均净利润在 2016 年呈现一个峰值 1.60 亿元之后,在 2017 年开始呈现下降趋势(2017 年为 1.16 亿元)。其主要原因是 2017 年新增 IPO 数量 141 家,因此平均净利润会呈现一个转折(见图 3.5)。总体来看,创业板在不断发展完善的过程中发挥板块自身优势,带动知识经济的深层发展,促使更多的中小企业加大研发力度,不断改革创新,提高企业业绩,加快企业成长。

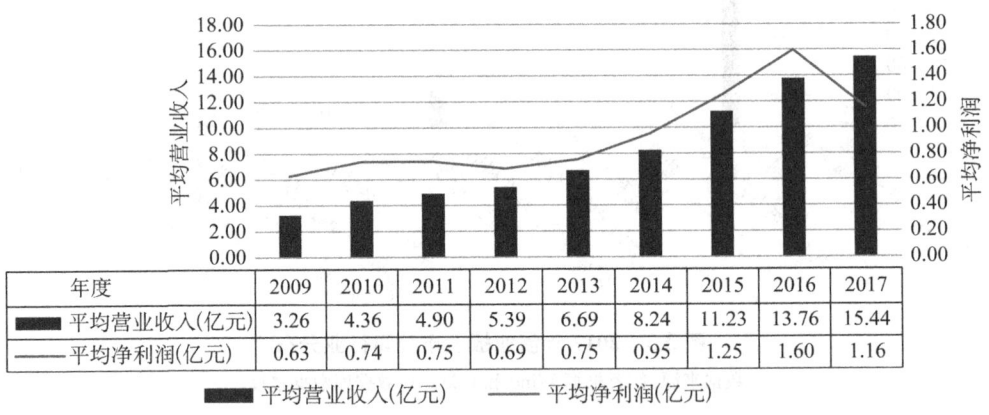

年度	2009	2010	2011	2012	2013	2014	2015	2016	2017
平均营业收入(亿元)	3.26	4.36	4.90	5.39	6.69	8.24	11.23	13.76	15.44
平均净利润(亿元)	0.63	0.74	0.75	0.69	0.75	0.95	1.25	1.60	1.16

■ 平均营业收入(亿元) —— 平均净利润(亿元)

图 3.5　2009—2017 年创业板上市公司营业收入与净利润

数据来源:作者根据 Wind 和 CSMAR 数据库数据整理。

3.2　创业板高管团队现状分析

高管团队作为决策层,是企业研发投资决策行为的重要影响因素之一,决定着企业战略决策和创新发展的方向,同时也是创业板上市公司的优质人力资源。本章以 2017 年 12 月 31 日前上市的 710 家公司为研究对象,对高管团队成员的年龄、性别、受教育水平、职业背景与任期以及持股和薪酬进行统计分析。

从高管团队的规模来看,创业板上市公司高管团队规模与公司规模具有一定的相关性,但并不是公司规模越大团队人数越多。2017 年企业平均资产为31.29 亿元,较 2016 年增长 7.52%,其中金亚科技资产总额最小,为 3.11 亿元;温氏股份资产总额最大,为 490.40 亿元,分布较多集中在 100 亿元以下(见图 3.6)。高管团队平均规模 17.56 人,最大规模是 50 人,最小规模是 9 人,分布较多集中在 13～28 人,呈右偏的偏正态分布形状(见图 3.7)。高管团队规模越大,协调沟通难度也越大,董事会、监事会和高层管理人员之间出于各自自身责任的归属会碰撞出不同的矛盾,但也会从更多角度激发企业自身的创新动力,进而探索企业创新发展新路径。

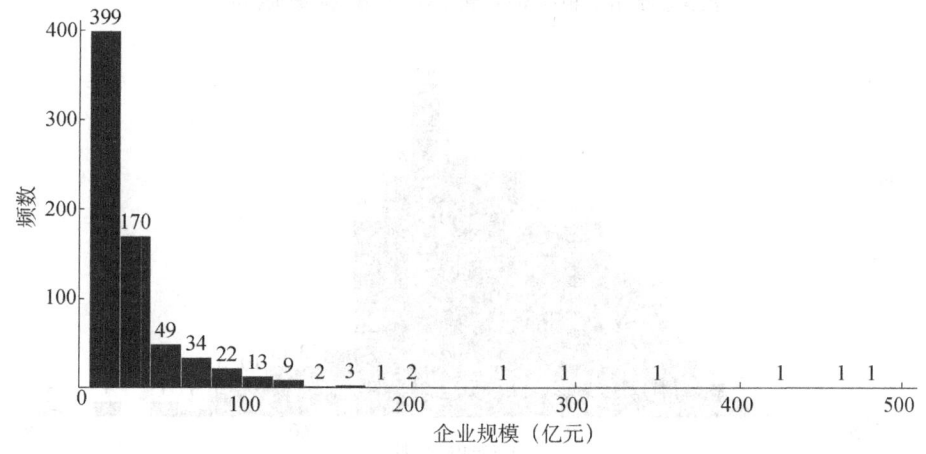

图 3.6　2017 年企业规模频数分布

数据来源:作者根据 Wind 和 CSMAR 数据库数据整理。

从高管团队成员的特征来看,2017 年高管团队成员平均年龄 47.81 岁,集中分布在 35～55 岁(见图 3.8),其中年龄最小的是先导智能(300450)的王磊,职务为董事,年龄为 25 岁;年龄最大的是金石东方(300434)的楼金,职务为副董事长,年龄为 88 岁。2017 年高管团队平均受教育水平为 3.34①,创业板上市公司的 710 个高管团队 12 468 位团队成员中本科及以上学历占 83.16%,基本符合创业板中高科技、高成长性的定位。高管团队平均任期 36.65 个月,这主要是由于创业板公司大多成立时间较短,而且高管团队成员变更相对比较频繁,平均任期相对较

① 由于受教育水平属于分类变量,其中"1"为大专及以下,"2"为本科,"3"为硕士研究生及以上。

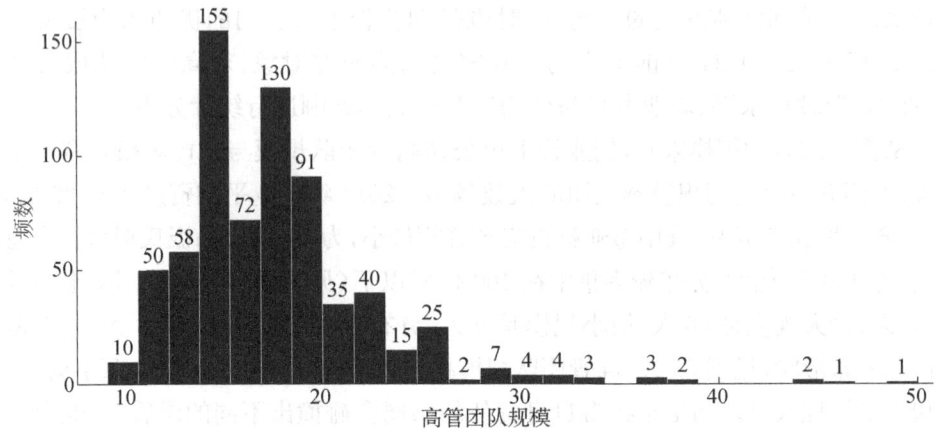

图 3.7　2017 年高管团队频数分布

数据来源:作者根据 Wind 和 CSMAR 数据库数据整理。

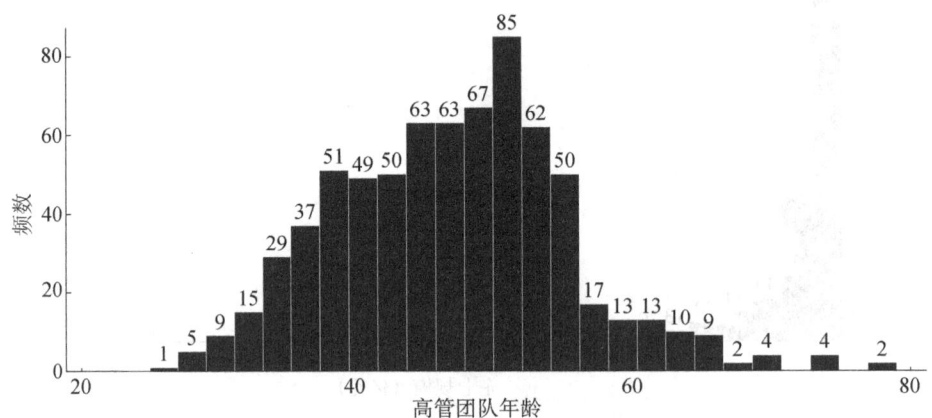

图 3.8　2017 年高管团队年龄频数分布

数据来源:作者根据 Wind 和 CSMAR 数据库数据整理。

短,企业文化的积淀还不够。从职业背景来看,从事人力资源管理、市场营销、行政管理等管理型职业的高管占比 53.28%,超过样本总数的 50%;生产、研发等生产型职业背景的高管占比 22.56%;而具有财务、金融、法律等外围型职业背景的高管占比 24.16%。可以看出,管理型职业背景的高管成员由于具有广泛的外部资源,对公司的发展起到重要的作用,有助于公司和外部建立良好的社会联系,保证公司的现金流、把控公司经营风险。但是考虑到我国创业板上市公司以中小企业为主,企业仍应以"生产、技术"为首要目标,应注重加强生产型职能背景人员的培养。

从高管团队成员的薪酬和持股来看(见图 3.9 和图 3.10),2017 年高管团队中董事、监事及高管平均薪酬总额为 27.33 万元,比 2016 上涨了 9.32%。其中,人均薪酬总额为 50 万元以下的公司最多,薪酬总额最高的是骑行天下(300146),高达 102.30 万元。2009—2017 年,创业板上市公司高管团队人均薪酬呈不断上升趋势,但 2016 年增速明显放缓。管理层持股比例逐年递增,但到 2017 年呈现下降的态势,这主要是因为 2017 年管理层持股 1.17 亿元,相比往年显著下降,而且总股数呈现近 5 年来最低水平。

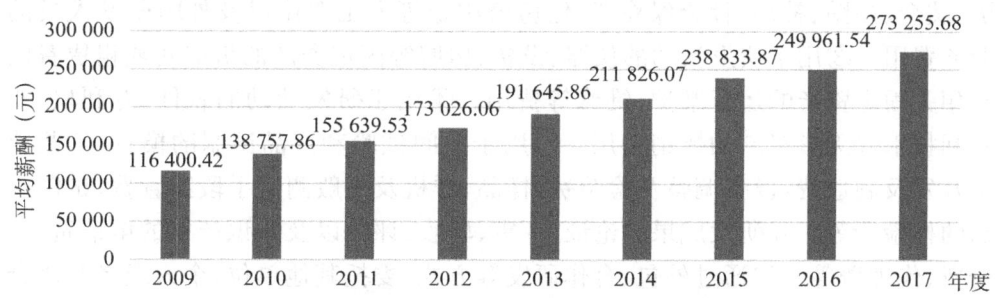

图 3.9　2009—2017 年高管团队人均薪酬

数据来源:作者根据 Wind 和 CSMAR 数据库数据整理。

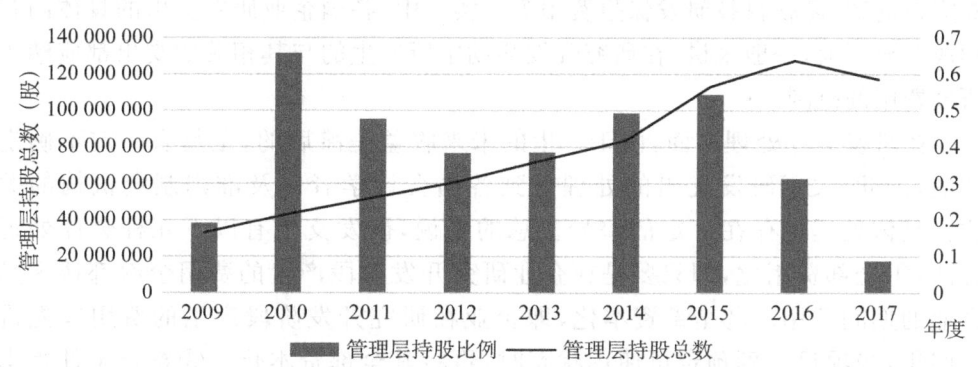

图 3.10　2009—2017 年管理层持股总数与比例

数据来源:作者根据 Wind 和 CSMAR 数据库数据整理。

3.3　创业板企业研发投资现状分析

3.3.1　研发支出会计核算和披露现状

本书关注的对象是创业板上市企业的研发活动,研究所需的数据来源于上市公司财务年报,因此,有必要对企业研发活动在会计核算、处理方式和信息披露等方面进行介绍。

1) 研发支出会计核算和处理方式

为了加强企业研发费用的管理,我国财政部于2007年9月4日发布《关于企业加强研发费用财务管理的若干意见》(财企〔2007〕194号),其中指出企业研发费用指企业在产品、技术、材料、工艺、标准的研究、开发过程中发生的各项费用,具体包括:①研发活动直接消耗的材料、燃料和动力费用。②企业在职研发人员的工资、奖金、津贴、补贴、社会保险费、住房公积金等人工费用以及外聘研发人员的劳务费用。③用于研发活动的仪器、设备、房屋等固定资产的折旧费或租赁费以及相关固定资产的运行维护、维修等费用。④用于研发活动的软件、专利权、非专利技术等无形资产的摊销费用。⑤用于中间试验和产品试制的模具、工艺装备开发及制造费,设备调整及检验费,样品、样机及一般测试手段购置费,试制产品的检验费等。⑥研发成果的论证、评审、验收、评估以及知识产权的申请费、注册费、代理费等。⑦通过外包、合作研发等方式,委托其他单位、个人或者与之合作进行研发而支付的费用。⑧与研发活动直接相关的其他费用,包括技术图书资料费、资料翻译费、会议费、差旅费、办公费、外事费、研发人员培训费、培养费、专家咨询费、高新科技研发保险费用等。实务中,各国企业研发支出的具体内容构成差异不大,一般来讲,在研究开发活动中所发生的与其相关的支出都应纳入研发费用的范围。

在研发会计处理方面,由于产生的未来收益是滞后的,是具有一定不确定性的,因此,关于研发支出的处理受到各国会计学者以及准则制定机构的关注。具体处理也存在一定的差异。总的来说,研发支出有以下几种会计处理方法:①全部费用化,即只要是在企业研究开发阶段产生的费用全部都认为是企业的期间费用。②全部资本化,即企业在研究开发阶段产生的费用首先进行归集,当项目达到预定可使用状态时,再将其全部资本化。③符合条件资本化,即企业在研究开发阶段,将研发费用分类,符合资本化条件的资本化,其他的全部费用化。

第①种方法认为研发支出会给企业带来不确定性,所以直接计入费用,但是这种操作不符合会计核算中相关配比原则,同时会使得企业的资产或者企业的价值被低估。第②种方法虽然可以减少企业支出,提高企业利润和企业价值,但却违背会计核算的谨慎性原则。2017年《企业会计准则第6号——无形资产》中明确规定,对自行开发的无形资产分为两个阶段,即研究阶段和开发阶段,企业研究阶段产生的支出,应当在支出发生时计入当期损益,进行费用化处理,记入利润表的管理费用项目;开发阶段的支出,在符合相关条件时,可进行资本化处理,研发活动完成后可当作无形资产的成本处理。该准则符合会计核算的配比原则和权责发生原则,有利于企业提高研发支出的积极性,但相应增加了高管团队中管理人员对于研发支出会计政策选择的判断。目前创业板上市公司在企业研发过程中均选择第③种方法,即条件资本化的会计处理方法。

2)研发支出信息披露

研发支出信息反映了企业的研发状况和未来的发展前景,直接影响到管理层对企业的战略投资的制定。2009 年 12 月 24 日,证监会发布了《公开发行证券的公司信息披露内容与格式准则第 30 号——创业板上市公司年度报告的内容与格式》,准则在 2012 年 12 月 14 日重新进行了修订。第 30 号准则第二章第四节董事会报告中第二十四条明确规定,对于本年度企业所进行研发的项目要进行如下说明,即阐述研究目的、项目进展程度、项目预期所达到的目的以及最终能够给企业带来的经济效应。并且,企业还应当披露在研发过程中发生的总支出以及应当予以资本化的比例、研发支出总额在营业收入中的占比,如果相关数据发生较大变化,企业还需对此变化解释说明。该准则明确提出了研发支出数据的披露要求。

通过手工查阅创业板上市公司的年报资料,并对创业板上市公司 2009—2017 年研发相关信息披露情况进行分析,本书发现现实中研发信息披露存在的问题主要表现为以下三个方面:一是对于董事会报告研发信息的披露,公司应该披露近 3 年的研发支出金额,但实际发现有部分公司并没有按要求进行披露,仅披露 1 年或者 2 年的数据。二是在研发披露的过程中,研发数据的披露主要表述为"研发投入""研发支出"和"研发费用"等不同专业术语,而且也有部分公司在管理费用明细中并没有充分披露费用化研发支出的金额,而且在开发阶段所产生的支出是计入当期损益、计入开发支出还是转入无形资产均没有进行详细披露。三是大部分创业板上市公司披露研发支出资本化以及资本化占比情况,但还存在部分公司对资本化情况以及以前年度的核销情况说明不完整。

3.3.2 创业板企业研发投资现状

1)研发投资的变化趋势

与主板市场相比,在创业板上市的公司,大多从事高科技业务,往往成立时间较短、规模较小,业绩也不突出,但有较大的成长空间。2009—2017 年,创业板上市公司从 28 家发展到 710 家,创业板市场规模不断扩大的同时,也肩负着提升中小企业技术创新水平和推动经济发展的重任。近些年来,创业板上市公司在业绩

提升的同时加大研发投入力度,企业研发投入强度①基本都维持在 4.90%~7.99%
(见图 3.11),且 2013 年之后呈现明显的下降趋势。创业板上市公司研发强度虽然
有所下降,但是研发支出金额却仍在不断上升,2009—2017 年,平均研发支出金额
从 1 448.64 万元增长至 7 150.47 万元,年均复合增长率为 19.41%,增长速度较快
(见图 3.12)。其中汉威科技(300007)作为国内最大的气体传感器及仪表制造商,
通过多年不断创新发展,始终处于行业龙头地位,并且成功入选 2018 年国家技术
创新示范企业。2009—2017 年,迈瑞医疗年均研发支出约 3 783.05 万元,截至

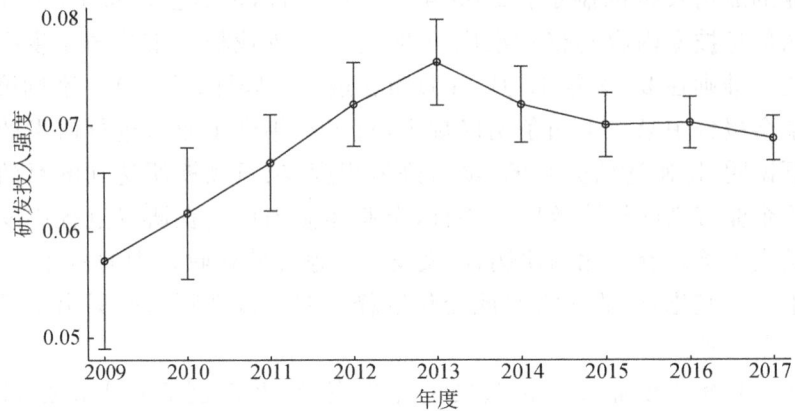

图 3.11　2009—2017 年创业板研发投入强度

数据来源:作者根据 Wind 和 CSMAR 数据库数据整理。

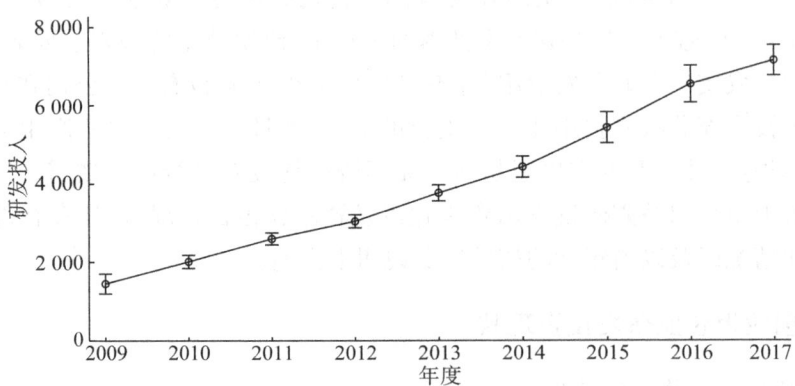

图 3.12　2009—2017 年创业板研发投入总额

数据来源:作者根据 Wind 和 CSMAR 数据库数据整理。

高管团队异质性与企业研发投资行为研究

---

① 企业研发投入强度=研发投入/营业收入

2017 年期末累计获得 347 项专利,利用资金优势加大研发投入,而且对参股公司华夏海纳发展有积极影响。以上两家代表性公司均把创新作为企业发展的源动力,通过不断研发投入使企业得到快速发展。

2) 研发投资的行业特征

从行业差异看,研发投入具有显著的行业分布特征,研发投入分布在制造业,信息传输、软件、信息技术服务业以及水利、环境和公共设施管理业等 13 个不同类型的行业中。2017 年,创业板中制造业上市公司有 502 家,占全部上市公司的 70.7%,反映了创业板上市公司中制造业资本密集和技术密集的特点。2009—2017 年,信息传输、软件和信息技术服务业平均研发投入强度最高,平均研发投入约为 7 741.59 万元,占比达到 11.81%;而交通运输、仓储和邮政业平均研发投入强度维持在 1.64%,平均研发投入约为 1 950.77 万元。虽然这些反映了与产业结构相匹配的研发投入结构,但还存在着优化的空间,从具体行业来看,5G、人工智能、半导体、大数据、环保等行业领域均是企业管理层重点关注的方向(见图 3.13)。

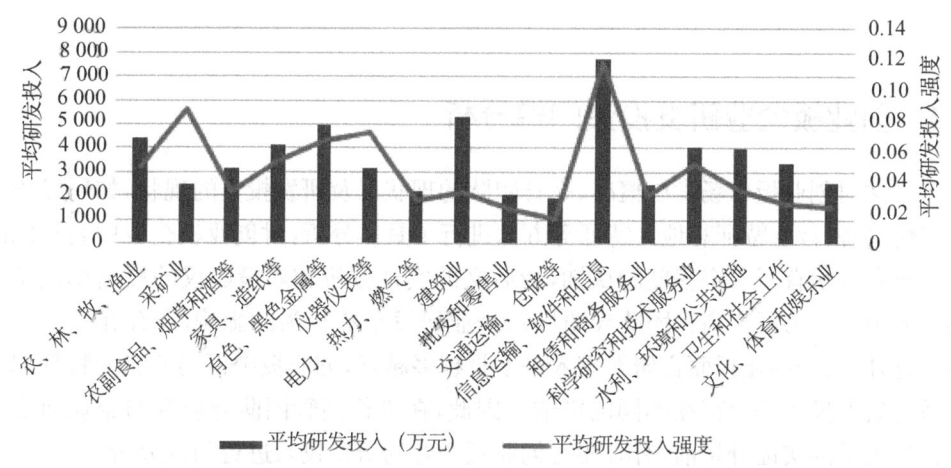

图 3.13　2009—2017 年创业板平均研发投入行业分布

数据来源:作者根据 Wind 和 CSMAR 数据库数据整理。

3) 研发投资的地区特征

从地区差异看,创业板研发投入在东中西部存在显著的地区差异,东部地区的企业对于研发投入的重视程度,普遍高于中西部。2009—2017 年,东部地区平均研发投入强度从 5.96% 增长到 7.01%,平均研发投入从 1 681.88 万元增长到 7 365.91 万元;中部地区平均研发投入强度从 5.70% 增长到 6.64%,平均研发投入从 903.95 万元增长到 7 185.07 万元;西部地区平均研发投入强度从 4.77% 增长到

5.98%,平均研发投入从 930.71 万元增长到 5 184.76 万元。可以看出,东部地区企业研发投入的力度远远高于中部和西部地区,中部和西部地区企业技术创新能力存在较高的成长空间(见图 3.14)。

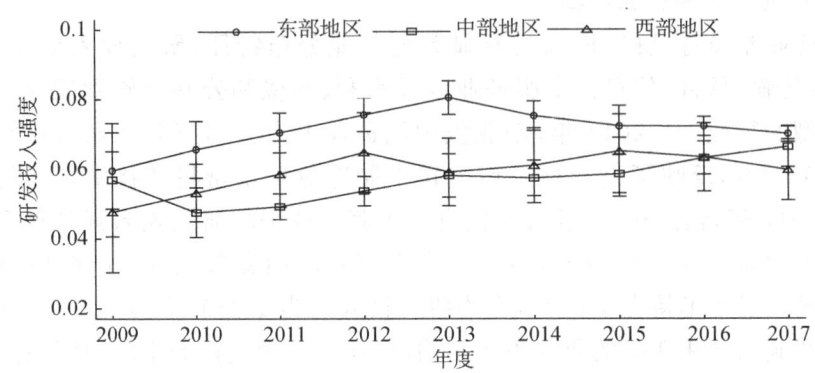

图 3.14　2009—2017 年创业板研发投入地区特征
数据来源:作者根据 Wind 和 CSMAR 数据库数据整理。

3.4　创业板企业研发投资门槛分析

　　前文对创业板市场发展概况、高管团队的现状以及研发投资的现状,如研发投资的变化趋势、行业特征和地区特征等方面进行了具体分析,对创业板企业中高管团队以及研发现状有了一定程度的认知,为后文的实证分析和对策建议的提出奠定了基础。但由于本书研究高管团队异质性对企业研发投资行为的影响,还存在一个重要的问题,即对于创业板而言研发投入是不是越多越好,创业板中不同的企业特征以及绩效对研发投入是否存在不同的影响。因此,在进行高管团队异质性与企业研发投资行为关系的实证分析前,有必要对创业板企业的研发投入进行门槛分析。

3.4.1　门槛回归方法及模型设定

　　参照 Hansen(1999)[205]、戴小勇和成力为(2013)[207]等的门槛面板模型,采用 Bootstrap 自助抽样法,根据数据本身的特点划分成长区间,研究不同区间内企业研发投入与经营绩效的关系,进而判断研发投入是不是越多越好。下面重点介绍单一面板门槛模型,进而延伸到多重面板门槛模型。

　　单一门槛模型设定如下:

$$Tobin_{it} = u_i + \theta' X_{it} + \beta_1 R\&D_{it} I(g_{it} \leqslant \gamma) + \beta_2 R\&D_{it} I(g_{it} > \gamma) + \varepsilon_{it}$$

$$(3.1)$$

其中，$i = (1, 2, \cdots, N)$ 表示不同的公司；$t = (1, 2, \cdots, T)$ 表示不同的年份；$Tobin_{it}$ 和 $R\&D_{it}$ 分别为被解释变量经营绩效和解释变量研发投入；X_{it} 为对公司经营绩效产生显著性影响的控制变量，包括企业规模、企业年龄、资本结构、资本密集度、股权集中度和市场化水平等；g_{it} 为门槛变量，为公司的成长性指标；$I(\cdot)$ 为一个指标函数，括号内的条件成立时取值为 1，否则取值为 0；u_i 为公司的个体效应，如公司文化，产权性质等；$\varepsilon_{it} \sim i.i.d N(0, \sigma_{\varepsilon}^2)$，为随机干扰项。在模型的估计中，去除个体效应，采用 OLS 得到 β_1 和 β_2 的估计值，模型的残差平方和 $S_1(\gamma)$ 和 γ 估计值，即 $\hat{\gamma} = \arg\min_{\gamma} S_1(\gamma)$。然后进行两个方面的检验：一是分析门槛效应是否存在，二是如果存在门槛效应，那么其估计值与真实值是否相等。对于第一个检验的判断，假设不存在门槛效应，即 $H_0: \beta_1 = \beta_2$，构造统计量 $F_1 = \frac{S_0 - S_1(\hat{\gamma})}{\sigma_{\varepsilon}^2}$。由于 F_1 统计量的分布是非标准的，采用 Bootstrap 方法得到的原假设 H_0 下 F_1 统计量的渐进 P 值。如果 P 值小于临界值，则拒绝原假设，即存在门槛效应。在存在门槛效应的情况下，进而判断第二个检验，原假设为门槛估计值等于真实值，即 $H_0: \gamma = \gamma_0$，构造似然比统计量 $LR_1(\gamma) = \frac{S_1(\gamma) - S_1(\hat{\gamma})}{\sigma_{\varepsilon}^2}$，由于该似然比统计量分布也是非标准的，如果 $LR_1(\gamma) \leqslant c(\alpha)$，则在 α 显著性水平上无法拒绝原假设，即在此非拒绝域内门槛估计值等于真实值，其中 $c(\alpha) = -2\ln(1 - \sqrt{1-\alpha})$。

在此基础上，将单一门槛扩展到双重或者多重门槛，双重门槛模型设定为：

$$Tobin_{it} = u_i + \theta' X_{it} + \beta_1 R\&D_{it} I(g_{it} \leqslant \gamma_1) + \beta_2 R\&D_{it} I(\gamma_1 < g_{it} \leqslant \gamma_2)$$
$$+ \beta_3 R\&D_{it} I(g_{it} > \gamma_2) + \varepsilon_{it}$$

$$(3.2)$$

双重或者多重门槛模型的假设检验与单一门槛检验情况类似，只是估计思路略有不同，即先搜索第一个门槛 γ_1，再固定第一个门槛 γ_1；然后搜索第二个门槛 γ_2，再固定第二个门槛 γ_2，重新搜索第一个门槛 γ_1，最终得到其优化后的一致估计量。

3.4.2 变量定义

1）被解释变量：经营绩效

以往大多数研究以资产收益率（ROA）作为衡量指标，未考虑企业的未来预期情况，在此借鉴姚冰湜等（2015）[233]的研究，采用当期的 $TobinQ$ 测度企业当期的经营绩效。

2）解释变量：研发投入

关于研发投入的衡量，学术界一般采用绝对数和相对数两种类型指标衡量。绝对数强调从总量上衡量企业的研发活动，相对数一般用研发支出占销售收入的比重或者研发支出占总资产的比重等比率指标衡量。虽然相对数考虑了不同企业间的差异，但由于模型中在控制变量里已经考虑了企业规模等差异性的影响，因此，本章借鉴陈修德等（2015）[73]的主张，考虑研发投资行为对经营绩效的滞后影响，选取研发投入总额自然对数的滞后一期测量企业的研发投入行为。

3）门槛变量：成长机会

关于企业成长机会的衡量主要有两种方法。一是单一指标法，比如总资产增长率、营业收入增长率等；二是综合指标法，选取反映企业成长机会的多维指标衡量。为了综合反映企业的成长机会，在此采用综合指数法衡量企业的成长机会。为了降低成长机会指标维度，同时消除变量之间的多重共线性影响，本章利用主成分分析法计算成长机会指数 Growth。借鉴曹廷求、孙文祥和于建霞（2004）[234]，孙戈兵、连玉君和胡培（2012）[235]等学者的研究，选取市净率（PB）、每股净资产（NAPS）、营业收入增长率（BRGR）、总资产增长率（TAGR）、净资产收益率增长率（ROEGR）和净利润增长率（NPGR）等变量作为反映成长机会的指标。指标选取及说明如表 3.1 所示。

表 3.1　企业成长机会的指标体系

一级指标	二级指标	指标代码	指标说明
成长机会	市净率	PB	本年每股市场价格/本年每股净资产
	每股净资产	NAPS	股东权益/总股本
	营业收入增长率	BRGR	（营业收入本年期末值－营业收入上年期末值）/（营业收入上年期末值）
	总资产增长率	TAGR	（资产总计本年期末值－资产总计上年期末值）/（资产总计上年期末值）
	净资产收益率增长率	ROEGR	（本年净资产收益率－上年净资产收益率）/上年净资产收益率
	净利润增长率	NPGR	（本年净利润金额－上年净利润金额）/（上年净利润金额）

资料来源：作者设计所得。

在进行主成分分析前，首先进行 KMO 和 SMC 检验，判定其是否适合做主成分分析。通过碎石图判定选择三个主成分因子（见图 3.15），进而第一、第二和第三主成分因子的贡献率分别为 30.50%、26.64% 和 20.66%，累计贡献率达到 77.80%，能够较好地代表成长机会的综合指标，因此，以各因子的贡献率为权重构建成长机会指数 $Growth$。

$$Growth = (\ 0.3050g_1 + 0.2664g_2 + 0.2066g_3)/0.7780 \tag{3.3}$$

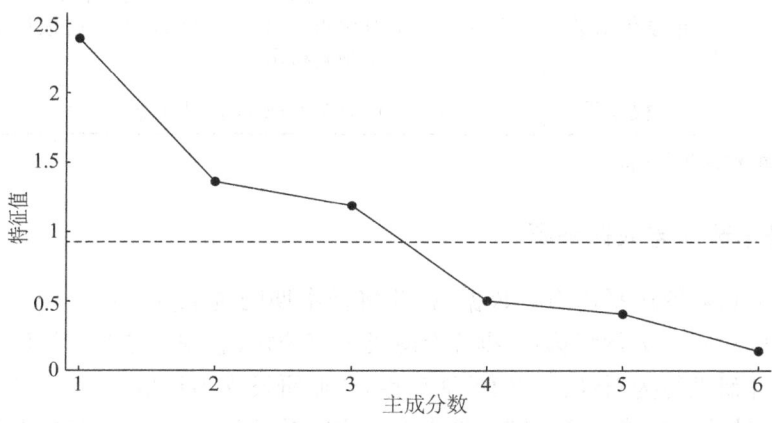

图 3.15　主成分因子碎石图

资料来源：作者根据主成分因子分析绘制。

4）控制变量

将对企业经营绩效和研发投入具有重要影响的企业规模、企业年龄、资本结构、资本密集度、股权集中度和市场化水平作为控制变量。需要说明的是，市场竞争环境能够推动企业不同程度的技术创新，也是影响企业研发投入和经营绩效的重要因素。在此采用当前广泛使用的《中国分省份市场化指数报告（2016）》中的市场化指数作为代理变量。具体变量的定义与说明如表 3.2 所示。

表 3.2　具体变量的定义与说明

变量类型	变量名称	变量代码	变量取值方法及说明
被解释变量	经营绩效	$TobinQ$	市值/总资产
解释变量	研发投入	$R\&D$	研发投入总额的自然对数
门槛变量	成长机会	$Growth$	根据主成分分析分析得出综合指标
控制变量	企业规模	$Size$	年末总资产的自然对数
	企业年龄	Age	当期年份—成立年份
	资本结构	Lev	资产负债率，即企业年末负债总额/资产总额
	资本密集度	Cap	固定资产/总资产

变量类型	变量名称	变量代码	变量取值方法及说明
控制变量	股权集中度	*Stcon*	企业第一大股东持股比例
	市场化水平	*Market*	《中国分省份市场化指数报告（2016）》中的市场化指数，2015—2017 年数据根据加权平均法预测得出
	产权性质	*Nature*	国有企业取 1，非国有企业取 0

资料来源：作者设计所得。

3.4.3 样本选择与数据来源

门槛分析需使用平衡面板数据，在此将样本期间选取为 2012—2017 年，并遵循以下原则对样本进行筛选：①剔除金融类上市公司；②剔除被 ST 和 PT 的公司；③考虑企业研发行为对经营绩效的滞后性，企业研发支出选取 2011—2016 年的数据。另外，计算发展能力指标需要考虑增长率问题，因此，以 2011 年的观测值作为基期，选取 2011—2017 年的数据，其余变量则选取 2012—2017 年连续 6 年的数据。经过数据筛选，最终选取 2012—2017 年连续 6 年的 204 家创业板上市公司的 1 224 个平衡面板数据作为研究对象。本章所使用的创业板上市公司研发数据通过 Wind 数据库获取，经营绩效和成长机会等数据通过 CSMAR 数据库获取，为了保证数据的真实和可靠性，采用 Wind 和 CSMAR 数据库交互验证的方式，存在差异部分通过手工查阅年报比对更正，部分缺失数据借助上市公司年报和巨潮资讯网等手工搜集并进行整理。对变量数据进行 1%～99% 的缩尾（winsorize）处理，以消除极端值的影响，数据分析通过 Stata 15.0 和 Excel 2016 等软件实现。

3.4.4 研发门槛实证检验与分析

1）门槛效应单一及多重选择检验

在采用面板门槛回归时，首先要检定是否存在门槛效应以及存在几个门槛值。考虑到研发投入行为对企业经营绩效存在滞后影响，采用研发投入的滞后一期进行面板门槛检验。借鉴 Hansen（1999）[205]、连玉君和程建（2006）[206]的研究，采用 Bootstrap 方法，得到相应的 F 统计量和 p 值。由表 3.3 和表 3.4 可知，在单一门槛检验情形下，F 统计量为 257.137，相应的 p 值为 0.000，说明在 1% 的显著性水平上存在单一门槛效应，且其门槛值为 0.238。在此基础上进行双重门槛检验发现，F 统计量为 80.191，相应的 p 值为 0.000，说明在 1% 的显著性水平上存在双重门槛效应，其门槛值分别为 -0.182 和 0.312。当进行三重门槛效应检验时，F 统计量

为 -75.432，p 值为 0.000，说明在 1% 的显著性水平上存在三重门槛效应，其门槛值分别为 -0.182、0.312 和 1.386。从置信区间来看，1.386 基本接近置信区间的边界，需要进一步扩大研究样本来判断。在 2011—2017 年的研究区间中双重门槛模拟效果相对较好，进一步采用两种方法进行稳健性测试：一是采用净资产收益率衡量经营绩效，二是将当期研发投入纳入自变量，稳健性检验结果均是双重门槛模拟效果较好。因此，选取双重门槛面板模型来研究研发投入对企业经营绩效的非线性影响。

表 3.3　门槛效应检验

模型	F	P-value	BS-reps	临界值		
				1%	5%	10%
单一门槛模型	257.137***	0.000	3 000	76.298	64.865	59.132
双重门槛模型	80.191***	0.000	3 000	-14.881	-28.761	-35.005
三重门槛模型	-75.432***	0.000	3 000	-141.625	-155.355	-162.744

注：(1) F 值、P 值和临界值均为采用 Bootstrap 法，反复抽样 3 000 次得到的结果；(2) ***，**，* 分别表示在 1%，5% 和 10% 的水平上显著。
资料来源：作者计算所得。

　　通过分析表 3.3 和 3.4，可以看出在双重门槛模型中，其门槛检验结果为两个门槛值 -0.182 和 0.312，均在 95% 的置信区间内，门槛估计值有效。同时结合图 3.16 和图 3.17，可以更为直观清晰地看出其门槛估计值等于真实值。其中，图中门槛估计值是指 $LR(r)=0$ 时门槛变量的取值，95% 的置信区间是 LR 值小于 5% 显著性水平的临界值 7.35 对应的区间，7.35 对应着图中虚线。因此，根据 -0.182 和 0.312 两个门槛值将创业板上市公司划分为三个成长阶段，即低成长（$Growth \leqslant -0.182$）、中低成长（$-0.182 < Growth \leqslant 0.312$）和高成长（$Growth > 0.312$）。

表 3.4　门槛估计值和置信区间

	门槛值	95% 的置信区间
单一门槛模型（$G1$）	0.238	[0.210, 0.329]
双重门槛模型（$G1$）	-0.182	[-0.362, -0.112]
双重门槛模型（$G2$）	0.312	[0.288, 0.383]
三重门槛模型（$G3$）	1.386	[-0.005, 1.411]

注：$G1$，$G2$，$G3$ 分别代表第一、第二和第三个门槛值。
资料来源：作者计算所得。

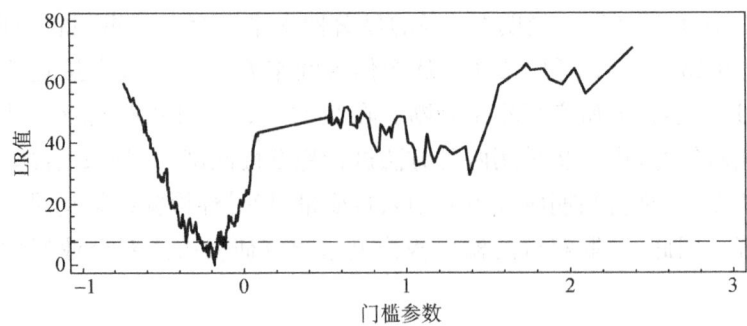

图 3.16　第一个门槛估计值与置信区间
资料来源:作者根据门槛模型绘制。

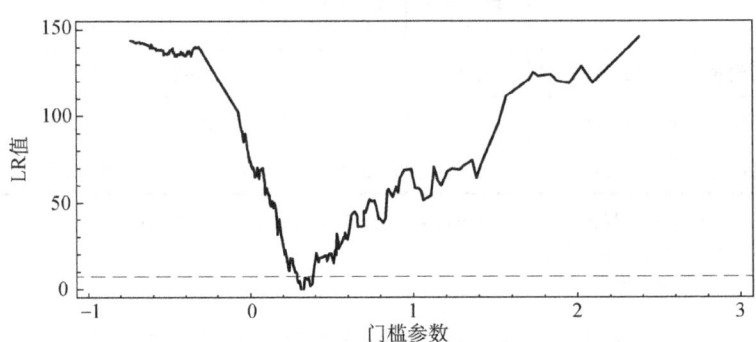

图 3.17　第二个门槛估计值与置信区间
资料来源:作者根据门槛模型绘制。

表 3.5 主要描述了不同成长区间中不同年份的样本公司数,可以看出连续 6 年中,2012 年和 2013 年有将近 50％的样本公司处于低成长阶段,20％的样本公司处于高成长阶段;2013 年之后仅有约 35％的样本公司处于低成长阶段,约 25％的样本公司处于高成长阶段。这说明对创业板上市公司的成长区间进行人为中位数或者均值划分是不合理的,而且创业板上市公司还有很大的发展空间,可以充分利用和实施企业的研发投资行为,以有效提高企业的经营绩效。

表 3.5　不同成长区间的样本公司数

成长机会	2012 年	2013 年	2014 年	2015 年	2016 年	2017 年
$Growth \leqslant -0.182$	135	107	83	55	59	89
$-0.182 < Growth \leqslant 0.312$	56	66	78	62	85	69
$Growth > 0.312$	13	31	43	87	60	46
Total	204	204	204	204	204	204

资料来源:作者计算所得。

2) 门槛估计结果分析

考虑公司个体效应的影响,通过 hausman 检验,判断适合采用固定效应模型,并在此基础上考虑异方差的影响,进行异方差稳健型估计,实证结果见表 3.6 中列(2)。由于除了受公司个体效应的影响,还会受到主要控制变量,不同年份以及行业的影响,因此进一步考年度效应的影响,见表 3.6 中列(3)。同时考虑异方差的影响,列(4)也在加入年份影响因素的前提下,进行异方差稳健型估计。

表 3.6　双重门槛模型下回归分析结果

变量	Fe	fe_robust	fe	fe_robust
	(1)	(2)	(3)	(4)
R&D	0.552***	0.552***	0.302***	0.302***
	(4.03)	(3.88)	(2.80)	(2.82)
Size	−1.721***	−1.721***	−1.438***	−1.438***
	(−10.14)	(−9.65)	(−10.75)	(−9.02)
Age	0.274***	0.274***	0.227***	0.227***
	(6.32)	(7.29)	(6.10)	(6.62)
Lev	−0.098	−0.098	−0.874*	−0.874*
	(−0.17)	(−0.16)	(−1.93)	(−1.74)
Cap	0.011	0.011	−0.081**	−0.081
	(0.22)	(0.17)	(−2.04)	(−1.46)
Stcon	−0.016	−0.016	−0.014	−0.014
	(−1.42)	(−1.65)	(−1.61)	(−1.49)
Market	0.091	0.091	0.553**	0.553***
	(0.54)	(0.68)	(2.36)	(3.05)
R&D * d1	−0.078***	−0.078***	−0.052***	−0.052***
	(−11.16)	(−8.45)	(−9.45)	(−6.96)
R&D * d2	0.044***	0.044***	0.026***	0.026***
	(6.92)	(6.95)	(5.18)	(5.63)
Year	NO	NO	YES	YES
R^2	0.287	0.287	0.566	0.566
F	45.127	29.612	100.966	44.610

注:(1)***,**,*分别表示在1%,5%和10%水平上显著。(2)括号中为标准误。(3)d1,d2代表0和1虚拟变量,其中 Growth ≤−0.182 时,d1=1,否则0;Growth>0.312 时,d2=1,否则取0。

资料来源:作者计算所得。

从表 3.6 列(1)和(2)的回归分析结果看,除了 t 值有些变化,其他基本没有影响。在低成长阶段($Growth \leqslant -0.182$),研发投入与企业经营绩效在 1% 的水平上显著为负,相对于中低成长阶段的影响系数为 -0.078;在中低成长阶段($-0.182 < Growth \leqslant 0.312$),研发投入与企业经营绩效在 1% 的水平上显著为正,影响系数为 0.552;在高成长阶段($Growth > 0.312$),研发投入与企业经营绩效在 1% 的水平上显著为正,相对于中低成长阶段的影响系数为 0.044,影响系数显著高于低成长阶段的系数值。可以看出,低成长阶段相对影响系数绝对值高于高成长阶段相对影响系数绝对值。从表 3.6 列(3)和列(4)的回归分析结果看,加入年度影响因素之后,拟合优度值 R^2 从 0.287 提升到 0.566,拟合效果加强,在低成长阶段,相对中低成长阶段影响系数为 -0.052,中低成长阶段影响系数为 0.302,高成长阶段相对影响系数为 0.026。换言之,2012—2017 年,由于企业自身成长能力的不同,研发投入对企业绩效产生不同的影响,即在低成长、中低成长和高成长阶段的研发影响系数分别为 0.250、0.302 和 0.328。在企业成长初期,想要获得持续的发展,就需要创新,而创新则需要投入大量的研发投入资金,技术扩散速度相对较慢,因此,对企业经营绩效的影响系数较低。直到企业呈现稳定增长态势,研发投入真正渗透到企业内部,发挥其研发难以被模仿和超越的价值,企业研发投入对经营绩效将呈现明显的递增趋势。

从控制变量来看,企业规模和企业的经营绩效呈现负向关系。也就是说,并不是规模越大,企业的经营绩效越高,可能还会受到企业复杂的经营管理能力等方面因素的影响。上市年份与企业的经营绩效呈现正向关系,上市时间越长,企业的筹融资能力也就越强,内部控制能力也会显著提升,从而提升企业的经营绩效。

3.5 本章小结

技术创新已经成为企业绩效增长的关键因素,创新引领企业成长已经成为全社会的共识。因此,企业应该如何提高技术创新来增强企业的竞争能力是学术界和实务界都很关注的话题,而研发投入是实现经济发展的重要手段。因此,本章以 2009—2017 年创业板上市公司的数据为研究对象,在对创业板市场发展历程回顾的基础上,分析了创业板高管团队、研发投资现状以及门槛效应,得出以下结论:

(1)对创业板市场发展概况进行分析,发现创业板在发展过程中表现出自己的特点,比如行业和地域集中度相对较高,主要集中在制造业,信息传输、软件和信息技术服务业等行业和东部地区。因此,战略制定需要充分考虑行业差异和地区差异等对企业研发投资行为的影响。而且不同行业对于技术的依赖性不同,比如通信和其他电子设备、电气机械及器材制造业和医药制造业等制造业中无形资产占比相对较高,其内部的核心技术和创新能力是企业成长的关键,而采矿业、服务业等行业技术含量相对较低,但是如果要适应社会的发展,保证长久的竞争力,就必须与时俱进,合理利用研发能力,真正实现产业技术转型。因此,高管团队制定研发投资战略时还应充分考虑行业特征及其潜在因素对研发投入的影响,合理配置研发的资源配置结构。

(2) 对创业板高管团队现状进行分析,发现高管团队作为决策层,掌握着企业的核心资源,是企业研发投资决策行为的重要影响因素之一,决定着企业战略决策和创新发展的方向。2017 年创业板 710 家上市公司中,高管团队平均规模是 17.56 人,最大规模是 50 人,最小规模是 9 人,平均年龄为 47.81 岁,集中分布在 35~55 岁,平均受教育水平为 3.34,平均任期 36.65 个月,管理型职业背景的高管占比 53.28%,生产、研发等生产型职业背景的高管占比 22.56%,董事、监事及高管平均薪酬 27.33 万元,管理层平均持股 1.17 亿元。可见,高管团队的年龄、性别、受教育水平、职业背景等人口统计学变量能够很好地衡量和反映高管团队的部分特质,而对于这个群体的内部和外部激励,是一种技术,更是一种艺术。一方面作为外部激励,政府应该发挥宏观调控功能,根据企业的内外部环境因素给予适当的研发补贴以补充企业研发投入的不足;另一方面高管层应注重自身治理结构的优化,以及薪酬激励和股权激励对研发投资行为的影响,自主引导企业的研发能力,将研发和其他资源有效的协同起来。

(3) 对创业板企业的研发投资现状以及门槛进行分析,发现截至 2017 年年底,创业板整体研发投入能力持续增长,研发投入与企业业绩呈现良性互动,创业板企业呈现出创新和成长的特点,成为我国经济发展的重要标杆。但对于创业板而言,一味地进行研发投资并不能提高企业的技术创新能力,企业更应该结合创业板本身的特点和企业不同的成长阶段,适时适度地进行研发投资,这样才能有效提高创业板的整体创新能力。而且考虑到研发投入行为对企业绩效影响的滞后性,在高成长阶段研发投入所带来的高收益可能是由于前期研发投入的渗透影响,企业既要合理规划使研发投入在不同的阶段保持在合理的水平内,也要考虑研发投入的前期影响,有效提升研发资源的配置能力。

第4章 高管团队异质性与企业研发投资行为

——组织风险偏好的中介效应

前文对创业板企业高管团队与企业研发投资行为进行了现状分析以及对研发投资进行了门槛分析,本章在此基础上回答高管团队异质性与企业研发投资行为之间的关系是如何通过组织风险偏好传导的,探究传导路径及其作用机理,并进一步区分期望差距、企业成长机会和融资约束,实证分析组织风险偏好对高管团队异质性与企业研发投资行为的中介效应是否存在差异,进而寻求充分发挥高管团队异质性正向效应和有效规避高管团队异质性负向效应的路径和方法。

4.1 理论分析与研究假设

4.1.1 高管团队异质性与企业研发投资行为

高管团队异质性的构成要素众多且不易准确度量,但一般可以分为社会异质性和职业异质性两类(李维安、刘振杰和顾亮,2014a;周虹、李端生,2018)[48-49]。根据本书的研究目标以及前文对高管团队异质性的界定和分类,本章将性别和年龄两个体现社会异质性的指标以及受教育水平、职业背景和任期三个体现职业异质性的指标作为分析对象。

1) 高管团队社会异质性对企业研发投资行为的影响

基于性别方面的一些差异,女性管理者一般比男性管理者更看重情感纽带,更善于观察和发现企业经营管理活动中的细节问题,更强调团队成员之间的相互理解和相互尊重,但也更安于满足丰衣足食的现状而不愿过度承担经营风险和责任。熊艾伦等(2018)[101]指出拥有女性管理者的企业采取创新投资决策的可能性要低于管理者均为男性的企业。由于企业的研发投资活动大多着眼于长远发展,谋求持续性经济效益,具有较大的不确定性,决策者需要具备较强的风险承受能力。虽然高管团队女性比例的提升,在一定程度上会加大团队成员之间的博弈强度和决策难度,但在高管团队男性比例较大的情况下,性别异质性的增强,很可能会多元化企业的战略决策行为,进而推动企业的研发投资行为。基于此,本章提出以下研究假设:

假设 H1a:高管团队性别异质性与企业研发投资行为正相关。

在知识更新周期不断缩短,管理手段和方法日趋进步的今天,企业高管团队成员的年龄很大程度上决定了其接受新生事物、优化知识结构、变革思维方式、创新工作模式的能力。一般来讲,年长的高管成员对新鲜事物的接受能力和决策行为能力相对较弱,决策时喜欢依赖过去的经验,更倾向于保持现状(吴家喜、吴贵生,2008)[236];而年轻的高管成员更愿意改变也更勇于抢占战略布局优势,抓住研发投资机会(Prendergast 和 Stole,1996;孙海法、姚振华和严茂胜,2006)[237-238]。企业的研发投资行为是一项试图革新生产技术、改进生产工艺、再造生产流程或创新管理模式的活动,既需要高管团队具有改变现状的决心,又需要高管团队拥有承担风险甚至失败的勇气。随着年轻成员的占比提高,高管团队年龄异质性的加大,将有助于增强企业的竞争意识,激发企业的创新思维,提升企业的创新能力,促进企业的研发投资活动。基于此,本章提出以下研究假设:

假设 H1b:高管团队年龄异质性与企业研发投资行为正相关。

2) 高管团队职业异质性对企业研发投资行为的影响

Wally 和 Baum(1994)[239]研究证实,人们的受教育水平与认知能力存在直接关系。Kimberly 和 Evanisko(1981)[240]指出受教育程度越高的人对创新的接受程度越高。当高管团队成员都拥有较高的学历时,表明他们接受正规教育的时间较长,文化知识的储备较多,对客观事物的特征及其变化规律的认知能力较强,出现内生性矛盾的概率较低,因此,在企业经营管理决策过程中容易达成共识,尽快作出决策并付诸实际行动。在高管团队平均学历水平相对较低的情况下,如果高管团队成员的学历差异较大,认识问题、分析问题的角度以及解决问题的方式往往呈现个性化和多元化,成员之间的沟通一般比较困难,内生性矛盾出现的概率相对较高,研发投资决策行为很可能被迟滞甚至搁浅。但随着平均受教育水平不断提升,受教育水平异质性超过一定限度并增强到一定程度,团队越能够意识到变化和创新的必要性,能够更好地理解各种不同信息,形成解决复杂和不确定性问题的能力,从而对团队组织行为产生积极的影响,提高企业的研发投资能力。基于此,本章提出以下研究假设:

假设 H1c:高管团队受教育水平异质性与企业研发投资行为呈 U 型关系。

管理者的职能背景一般是指其过去在企业相关职能领域工作的经验。这些经验会使管理者进行决策时受到"选择性偏见"的影响。在一家公司中出现一组拥有特定职业背景的高管并不是一个随机的过程,这种职业定位可能不会主导高管团队的战略选择,但必然会产生一定影响。管理学者 Dearborn 和 Simon 曾经以中层管理者为样本,让他们阅读一个结论不明确的商业案例,要求分析该案例中公司面临的主要问题[241]。结果发现,中层管理者中的生产主管倾向于分析生产问题,销售主管倾向于讨论销售问题,而财务主管则乐于借助有关数据查找财务问题。这表明职业背景在一定情况下会成为某种决策行为的导向性因素,不同的职业背景会导致高管团队对决策方案的选择差异。当高管团队成员的职业背景相同或相近时,观察、分析、解决问题的角度和方式类同,容易统一思想认识,形成一致意见,有助于决策方案的制定和实施;反之,当高管团队成员的职业背景差异较大时,认识不一、意见相左的现象相对较多,决策行为相对困难。可见,高管团队的职业背景异质性越大,越不利于企业研发投资行为。基于此,本章提出以下研究假设:

假设 H1d:高管团队职业背景异质性与企业研发投资行为负相关。

一般情况下,高管团队成员的任期越长,表明他们对企业的熟悉程度越高,感情越深,对企业价值的责任感更强,对组织行为的承诺更多,越有利于企业的稳定发展(Carpenter 和 Fredrickson,2001;Posner,2010)[26, 242]。与此同时,如果团队成员背负较大的承诺压力并受到情感因素的困扰,对新知识、新思维、新手段、新方法的接受能力往往会被削弱,乐于按部就班,不轻易改变现状,从而不利于企业的创新发展。企业研发投资的目的之一就是通过研究和开发行为,改善或改变企业的生产经营现状,实现企业的持续、快速、转型发展。可见,管理层内部定期引进一些新人,可以降低高管团队的平均任职时间,加大任期异质性,在一定程度上会推动企业的研发投资活动。但如果放大任期异质性,以至出现较强的断裂带时,则会影响高管团队成员之间的沟通广度和深度,增加高管团队的内部冲突,不利于企业的研发投资行为(李维安等,2014b)[85]。基于此,本章提出以下研究假设:

假设 H1e:高管团队任期异质性与企业研发投资行为呈倒 U 型关系。

4.1.2 高管团队异质性与组织风险偏好

1) 高管团队社会异质性对组织风险偏好的影响

就性别特征而言,女性管理者比男性管理者有较高的规避风险意识(熊艾伦等,2018)[101],其决策理念相对更为谨慎,决策过程更加透明,决策风险一般也更小。在创业板高管团队中男性比例较大的情况下,女性高管成员的增加会在一定程度上增大高管团队的异质性,但由于女性自身具有相对较高的风险规避特质,会降低整个高管团队的风险偏好。基于此,本章提出以下研究假设:

假设 H2a：高管团队性别异质性与组织风险偏好负相关。

就年龄特征而言，较年轻的管理者更倾向于风险战略，而较年长的管理者更倾向于保守(Hambrick 和 Mason，1984；Barker 和 Mueller，2002)[14, 12]。研发投资是有风险的，它的收益只有在长期的生产经营活动中才会产生。因此，对于研发投资行为，较年轻的管理者经历的挫折较少，有更强烈的自信心，更倾向于承担风险，喜欢尝试创新性的决策理念，也更愿意根据市场环境的变化改变自己的战略和决策。而年长的管理者由于经历的挫折较多，而且不愿意改变现状，在作决策时，会考虑稳定的收入以及个人声誉，所以其有较高的风险规避意识，不愿意做出重大的改变(Taylor，1975)[243]。但高管团队年龄差异增大，意味着倾向于规避风险的年长管理者与倾向于获取风险收益的年轻管理者可以互补，避免极端规避风险或极端偏好风险两种情况的出现，从而降低高管团队的整体组织风险偏好。基于此，本章提出以下研究假设：

假设 H2b：高管团队年龄异质性与组织风险偏好负相关。

2) 高管团队职业异质性对组织风险偏好的影响

高管团队受教育水平越高，越能够产生丰富和复杂的解决问题的想法，对风险的认知更加全面、客观，就越趋向于提高企业的风险承担能力(Barker 和 Mueller，2002)[12]。创业板中高管团队的学历水平相对较高，高管团队受教育水平异质性越高，越能提高整个团队的风险偏好能力。随着受教育水平异质性的持续增加，会形成团队之间思维的冲突和矛盾，受教育水平的高低差异能够折中并降低组织风险偏好水平。但随着高学历人才的不断引进，受教育水平异质性增加到一定限度之后，偏好及承受风险的能力反而会上升，因此创业板中高管团队的受教育水平异质性对组织风险偏好的影响会存在一个凹点。基于此，本章提出以下研究假设：

假设 H2c：高管团队受教育水平异质性与组织风险偏好非线性相关，呈 U 型关系。

拥有研发工作经验或工科职业背景的个人，即使涉及相当大的不确定性和风险，也会致力于探索新兴技术(Daellenbach 等，1999)[114]，因此，风险偏好水平较强；而会计、金融和法律等专业由于自身专业的特点，在账务处理、法律等方面对风险的敏感性较强，也更为谨慎，因此，风险偏好水平较低。Cannella 等(2008)[115]研究表明高管团队的职业背景异质性越强，有研发背景的高管团队成员比重越高，多元化的职业背景有助于增加决策的速度，提高高管团队的风险偏好水平。基于此，本章提出以下研究假设：

假设 H2d：高管团队职业背景异质性与组织风险偏好正相关。

公司较短任期的管理者缺少风险意识，为了推进他们自己的职业目标和证明自身的胜任能力,更倾向于冒险(Miller,1989)[244]。而较长任期的管理者可能对于风险性投资行为有风险规避意识,在职业生涯中可能处于一个非常重要的职业阶段,因为冒险行为可能会被视为对这种安全的威胁,他们有很小的压力去证明自己,可能基于自己的规则经营公司,不愿意去改变(Corsi,Grimm 和 Smith,1991)[245],在很长的时间里很少作出使公司进步的战略投资决策。基于这些观点,任期异质性增加到一定限度之后,公司进入稳定发展阶段,团队形成了统一的文化氛围,实现了一定的社会认同效应,任期异质性的继续增加反而会降低高管团队的整体风险偏好,边际效应也逐步减弱。基于此,本章提出以下研究假设:

假设 H2e:高管团队任期异质性与组织风险偏好非线性相关,呈倒 U 型关系。

4.1.3　组织风险偏好的中介效应

根据行为金融理论,风险偏好是管理者在进行研发投资决策时的态度,Kahneman,Lovallo 和 Sibony(2011)[246]通过风险偏好解决了一个重要而现实的问题,即进行有风险的研发投资决策行为时,是什么关键因素操控了管理层的选择。他们指出至少有两个重要的因素影响到个人对风险偏好的选择,一是对某些后果的偏好程度,二是对冒险的态度。考虑到研发投资行为本身就是一项有风险的投资,具有较大的不确定性,朱焱和张孟昌(2013)[247]指出高管团队成员不同的个人特质对研发战略产生不同的风险态度,会影响团队的前瞻性和创新性,进而影响企业的经营绩效。风险偏好作为高管团队决策行为中的重要认知属性,团队成员不同风险偏好的碰撞会影响到企业研发投资行为的选择和企业的绩效。Bernile,Bhagwat 和 Yonker(2018)[248]也指出董事会异质性的不同维度对组织风险和绩效的影响至关重要。因此,风险偏好更适合作为组织行为研究的中介变量。基于此,本章提出以下研究假设:

假设 H3:组织风险偏好在高管团队异质性与企业研发投资行为的关系中起中介作用。

4.1.4　不同成长机会下组织风险偏好中介效应的差异

在企业成长的不同阶段,高管团队治理结构以及团队内部的沟通和协调能力,对企业研发投资行为的影响是存在差别的。张玉利和杨俊(2003)[249]指出依附个体的创新和冒险精神取决于其个人特质,受成长机会的影响,进而影响创业行为。张信东和薛艳梅(2010)[250]研究发现中小板上市公司研发支出与企业成长性存在相关关系,而且在不同成长阶段,研发投资对企业成长性的影响也存在差异。可以看出,在不同的成长机会下,组织风险偏好的敏感性也存在差异。单标安等(2018)[251]指出不同维度的人格特质对企业的成长影响效果不同,企业成长初期由于政策的不确定性和市场体系的不完善,创始人具备过高的风险偏好和承担能力反而会过于冒险,消耗原本就紧缺的战略资源,但同时风险承担能力超过一定限度也会带来消极的影响。因此,在低成长机会下,企业面临着环境的不确定性,组织风险偏好的敏感性较高,其组织风险偏好对企业研发投资行为的影响效果会更强。基于此,本章提出以下研究假设:

假设 H4:不同成长机会下组织风险偏好对高管团队异质性与企业研发投资行为之间的中介效应存在显著差异,而且相对于中低成长和高成长机会,低成长机会下组织风险偏好中介变量对企业研发投资行为的影响效应更强。

4.1.5 不同融资约束下组织风险偏好中介效应的差异

由于研发投资具有资金需求多、周期长、变现慢等特点,同时还受到企业自身的融资约束的影响(刘胜强等,2015)[252]。Hall(2002)[253]研究发现,由于企业存在收益的不确定性以及管理者的逆向选择和道德风险,企业研发投资从外部融资渠道获得有效的资金支持相对困难。谢家智、刘思亚和李后建(2014)[254]研究发现融资约束对企业的研发投资行为具有显著的抑制作用。可见不同的融资约束下,企业的研发投资行为存在差异。那么不同的融资约束下,高管团队异质性如何影响企业的研发投资行为?胡志颖(2015)[255]以创业板上市公司为研究样本,指出低融资约束环境强化了女性管理者风险规避特质对融资决策的影响。周楷唐、麻志明和吴联生(2017)[256]研究了高管学术经历与企业债务融资成本的关系,指出高管学术经历越丰富,则自我约束与监督能力越强,在面对不同的融资约束环境时化解风险的能力也存在差异。相对于高融资约束环境下,低融资约束环境下企业面临的现金敏感度不高,企业所处的风险承受能力相对较强,其组织风险偏好对企业研发投资行为的影响效果更强,即组织风险偏好会增强对企业研发投资行为的影响。基于此,本章提出以下研究假设:

假设 H5:不同融资约束下组织风险偏好对高管团队异质性与企业研发投资行为之间的中介效应存在显著差异,而且相对于高融资约束,低融资约束下组织风险偏好中介变量对企业研发投资行为的影响效应更强。

4.1.6 不同期望差距下组织风险偏好中介效应的差异

前景理论指出潜在的损失或收益会影响决策者的风险决策(Kahneman 和 Tvereky,1979)[21],强调了参考点在风险选择中的作用。连燕玲等(2015)[257]指出,对于低于期望水平,即在期望落差状态下,管理者从事创新性活动的动机越强;而对于高于期望水平,即在期望顺差状态下,管理者则降低了其冒险从事创新性活动的动力。李溪、郑馨和张建琦(2018)[258]指出不同的期望差距下,CEO的任期长短对企业研发投资行为的影响存在差异,即CEO在位时间长,会强化期望落差的持续性对企业研发的促进作用,但同时也会弱化期望落差的范围性对企业研发的阻碍作用。可见,管理者由于自身背景特征存在差异,参考点或者要求的目标回报水平也存在差异,进而会形成不同程度的组织风险偏好。在期望落差与期望顺差这两种不同的状态下,创新性活动的组织风险偏好与研发投资行为之间关系的敏感性程度存在差异。相对于期望顺差,期望落差反而会激发高管团队成员的内在驱动力,突破组织阻力,产生较强的组织风险偏好,进而影响研发投资。基于此,本章提出以下研究假设:

假设H6:不同期望差距下组织风险偏好对高管团队异质性与企业研发投资行为之间的中介效应存在显著差异,而且相对于期望顺差,期望落差下组织风险偏好中介变量对企业研发投资行为的影响效应更强。

基于上述分析,本章建立了高管团队异质性、组织风险偏好与企业研发投资行为的关系模型(见图4.1)。

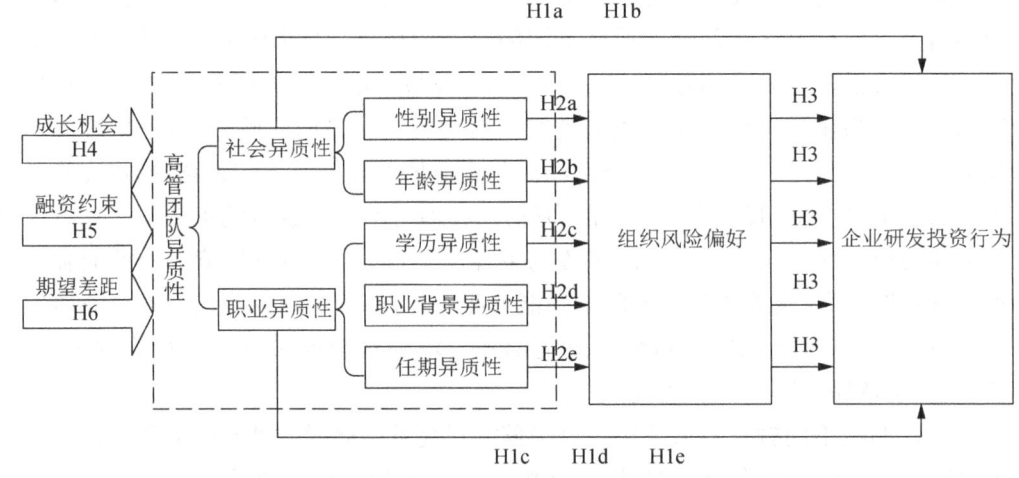

图4.1 高管团队异质性、组织风险偏好与企业研发投资行为的关系模型

4.2 研究设计

4.2.1 样本选取与数据来源

创业板中多数是从事高新技术业务的中小企业,创业板为中小企业提供了融

资、投资和发展的平台,企业研发活动对生存和发展有着重要意义。因此,本章选取 2009—2016 年创业板上市公司作为研究样本,并以 2009—2017 年的年报数据作为非平衡面板数据。之所以将 2009 年作为时间起点,原因是我国于 2009 年 10 月推出了创业板市场。但考虑到研发投资行为的延迟性特点,故选取 2010—2017 年的研发数据。为了确保研究过程的可行性和模型估计的有效性,研究对样本企业以及相关数据进行了如下筛选:①剔除 ST 和 ＊ST 的公司;②剔除公司 IPO 当年的数据,因为此类数据具有不稳定性;③剔除高管团队成员背景资料、相关财务数据和研发数据无法获取的公司。对于高管团队组成人员的界定,借鉴李华晶和邢晓东(2007)[36]、姜付秀等(2009)[37]、李端生和周虹(2017)[39]等学者的观点,将董事长、总经理、副总经理、监事和各部门总监(如财务总监、销售总监、人事总监)等管理人员纳入了研究样本。创业板上市公司高管团队背景特征的相关数据主要来源于 CSMAR 数据库中"人物特征系列"板块数据库,相关数据不全的借助 Wind 数据库中"深度资料"、证券之星、新浪财经网和巨潮资讯网等财经类网站予以补充;组织风险偏好及相关控制变量数据主要来源于 CSMAR 数据库中"公司研究系列"中"财务报表"板块,相关数据不全的借助上市公司的年度报告手工搜集和整理;研发投资数据主要来源于 Wind 数据库,相关数据不全的借助上市公司年度报告手工搜集和整理。最后,利用多种途径交互验证的方式确保样本数据准确和可靠:①对照验证 Wind、CSMAR 和 RESSET 等数据库中共有数据,如研发投入、营业收入等指标数据;②利用上市公司年报及证券之星、新浪财经网和巨潮资讯网等财经类网站对数据进行再次核实。为了消除极端值的影响,对变量数据按照 1%～99% 进行缩尾处理。

经过上述搜集、筛选和整理工作,最终取得 485 家的创业板样本公司,共 2 041 个非平衡面板数据。以此为依据,使用 Excel 2016 和 Stata 15.0 软件对相关数据进行整理与统计分析。需要说明的是,在 485 家样本公司中,制造行业占比最高,达到 68.99%,主要包括通讯设备、仪器仪表、医药、铁路运输、化学制品、电子设备等;其次是信息传输、软件和信息技术服务业,占比 18.32%。这些行业具有明显的技术创新特征,研发任务较重,研发投资较多,有利于保证研究结论的可靠性。

4.2.2　变量选择及定义

1) 研发投资

学术界关于企业研发投资行为的测度有两种主张:一是采用研发投入指标,包括研发投资总额、研发投资强度等;二是采用研发成果指标,包括研发收益、新产品数量、专利申请数等。基于本书的研究重点是高管团队异质性如何以及何时影响企业的研发投资行为,主要讨论前因而不是结果,同时考虑到我国证券市场的弱势有效特点,"研发收益"难以准确计量,甚至存在被操纵的可能,所以借鉴陈修德等(2015)[73]学者的主张,选取"研发投资总额"测量企业的研发投资行为。此外,考虑到高管团队异质性对企业研发投资行为的影响具有延迟性,采用研发投资总额前推一期的自然对数作为被解释变量①。同时,为了验证结果的稳健性,在稳健性分析中采用研发投资强度衡量企业的研发投资行为。

2)高管团队异质性

高管团队异质性主要包括年龄、性别、受教育水平、职业背景和任期异质性五个维度。对于年龄、任期等连续型变量异质性的测度,采用标准差系数(变量标准差/均值)反映差异程度。标准差系数越大,连续型变量异质性越大,即标准差系数数值与变量异质性正相关。对于性别、受教育水平和职业背景等类别型变量异质性的测度,首先进行类别编码(见表 4.1),然后采用赫芬达尔(Herfindahl)系数测量其差异程度。具体公式如下:

$$H = 1 - \sum_{i=1}^{n} p_i^2 \tag{4.1}$$

表 4.1 类别变量分类及代码表示

变量	类别	代码
性别	男	1
	女	0
受教育水平	大专及以下	1
	本科	2
	硕士研究生及以上	3
职业背景	生产、研发	1
	财务、金融、法律	2
	人力资源管理、市场营销、行政管理	3

资料来源:本表根据性别、受教育水平和职业背景②分类资料整理。

---

① 需要说明的是,在第 3 章门槛分析过程中,由于考虑的是研发投入与经营绩效之间的关联,采用了研发投入滞后期,而在本章中研究的是高管团队异质性与企业研发投资行为的关系,需考虑研发投资行为的延迟性,将研发投资总额前推一期,因此并不矛盾。

② 确定职业背景控制变量时,在综合考虑国泰安 CSMAR 数据库中的九大分类与 Hambrick 和 Mason(1984)分类方法的基础上,将职业背景划分为三种类型。其中"1"为生产、研发背景;"2"为财务、金融、法律背景;"3"为人力资源管理、市场营销、行政管理背景。

式(4.1)中,H 为赫芬达尔系数,取值范围为$[0,1]$;p_i 表示高管团队中第 i 类成员所占比重;n 为类别数量。H 值越接近于 1,其类别变量异质性越大;H 值越接近于 0,其类别变量异质性越小。H 值大小与类别变量异质性为正相关关系,H 值越大,其类别变量分布离散程度越高;H 值越小,其类别变量分布离散程度越低,异质性越小。

3) 组织风险偏好

组织风险偏好作为团队人力资本心理状态的描述,是整个团队内决策者对待风险的态度。第 2 章经济学分析过程中,基于 Von Neumann 和 Morgenstern (1944)[222]提出的期望效用函数对风险偏好的作用机理进行了分析。本章在中介效应实证分析过程中,鉴于创业板上市公司数据的可得性和可行性,以及数据的内生性考虑,认为组织风险偏好会通过企业的风险资产反映出来,Friend 和 Blume (1975)[143]、Ping 和 Hai-yan(2014)[259]等学者提出风险资产的数量代表了风险偏好的程度。借鉴 Walls 和 Dyer(1996)[147],汤颖梅、王怀明和白云峰(2011)[148],龚光明和曾照存(2013)[149]等学者的做法,本章将企业风险资产占比,即(交易性金融资产+应收账款+可供出售金融资产+持有至到期投资+投资性房地产)/资产总额,作为衡量组织风险偏好的财务指标,认为企业的风险资产比重越高,代表组织风险偏好越强。

4) 融资约束

对于融资约束指标,学者们主要采用单变量指标(股利支付率、利息保障倍数、资产负债率等)和多变量指标(KZ 指数、WW 指数、SA 指数等)两种方法衡量。本章借鉴 Kaplan 和 Zingales(1997)[260],刘胜强等(2015)[252],卢馨、郑阳飞和李建明(2013)[261]等的研究,采用多变量指标的形式,选取融资约束相关的财务指标,采用最大似然估计法(MLE)进行二元 logit 模型的估计,构造出反映创业板上市公司的融资约束指数,具体步骤如下:

首先,融资约束高低判断的样本预分组。将利息保障倍数与企业规模分别从小到大排序,各取前 33%、后 33%的创业板企业分别作为高融资约束组和低融资约束组,其中高融资约束组取 1,低融资约束组取 0。将按两个指标都包含的企业作为回归分析样本(见表 4.2)。

表 4.2   融资约束高低的样本分组

变量	融资约束	预测组观察值	公司数
利息保障倍数(Icr)	高组	1 117	429
	低组	1 117	351

变量	融资约束	预测组观察值	公司数
企业规模（Size）	高组	1 117	468
	低组	1 117	525
重叠组	高组	753	405
	低组	732	313

资料来源：作者计算。

其次，相关财务指标的选取。在变量的选取过程中，进行多个变量的联合显著性检验，最终选择资产负债率（Lev）、净资产收益率（Roe）、财务松弛（Slack）、营业收入增长率（Opg）、资本密集度（Cap）和托宾 Q 值（TobinQ）这六个指标构建融资约束指数（FCI）（见表 4.3），考虑离群值的影响，对财务指标进行 1% 水平的缩尾处理。

表 4.3　构建融资约束指数相关指标

变量	变量代码	公式说明
资产负债率	Lev	负债/资产
净资产收益率	Roe	净利润/股东权益平均余额
财务松弛	Slack	（货币资金＋交易性金融资产＋0.5×存货＋0.7×应收账款－短期借款）/资产总额
营业收入增长率	Opg	（营业收入本年金额－营业收入上年金额）/（营业收入上年金额）
资本密集度	Cap	总资产/营业收入
托宾 Q 值	TobinQ	市值/资产

资料来源：作者设计。

最后，融资约束指数逻辑回归结果见公式（4.2）。

$$FCI = 1.5029 - 5.9327Lev - 12.5259Roe + 3.8983Slack -$$
$$1.1998Opg - 0.6782Cap + 0.3730TobinQ \qquad (4.2)$$

从模型的回归结果可以看出，p 值为 0.000，$LR\ chi2$ 统计量为 481.44，自由度为 6，说明在 1% 的水平上模型的解释度是显著的。如果融资约束指数越大，表明创业板上市公司融资约束程度越高；反之，如果融资约束指数越低，则表明创业板上市公司融资约束程度越小。

5）期望差距

期望差距往往通过企业的实际业绩与期望业绩的差值来衡量,其中期望业绩可以通过历史比较、社会比较或者综合权衡等方法获得。鉴于本章考察高管团队异质性对企业研发投资行为的影响,侧重于组织的决策行为,故选择企业自身的历史业绩来衡量期望业绩,即选择历史期望业绩。另外,借鉴 Cyert 和 March (1963)[262]、李溪等(2018)[258]、贺小刚等(2017)[263]的研究,考虑到销售收入的直观性,在绩效的不同测量中采用销售收入作为业绩的衡量。具体期望差距的衡量公式如下:

历史期望业绩: $\quad A_{i,\,t-1} = (1-\alpha)P_{i,\,t-1} + \alpha P_{i,\,t-2}$ (4.3)

期望差距: $\quad D_{i,\,t} = P_{i,\,t} - A_{i,\,t-1}$ (4.4)

对于期望差距大于 0 的数据取 1,小于或者等于 0 的数据取 0。其中 $A_{i,\,t-1}$ 代表企业 i 在第 $t-1$ 期的历史期望业绩; $P_{i,\,t}$、$P_{i,\,t-1}$、$P_{i,\,t-2}$ 分别代表企业 i 在第 t 期、$t-1$ 期、第 $t-2$ 期的实际业绩; $D_{i,\,t}$ 代表期望差距; α 代表权重,取值范围为[0, 1]。本章采用连燕玲、贺小刚和高皓(2014)[264]等学者的做法,仅汇报 $\alpha = 0.4$ 的结果。

6）产权性质

按照产权性质,上市公司划分为国有企业与非国有企业,但考虑到创业板上市公司的特点,家族企业占比较高,并且家族企业创新也越来越受到学者们的关注,也是学术界的热点问题。因此,有必要将非国有企业进一步细分为家族企业和非家族企业两类。对样本企业区分国有与非国有之后,对非国有企业进一步进行如下筛选:在国泰安数据库获取民营企业数据库,选取最终控制人为自然人或家族且其控股比例大于 10% 的创业板上市公司为家族企业。

7）其他控制变量

借鉴胡望斌、张玉利和杨俊(2014)[53],毛新述和周小伟(2015)[265],卢馨、张乐乐和李慧敏(2017)[266]等研究文献,将影响企业研发投资行为的高管团队同质性特征、公司特征和其他特征作为主要控制变量。具体来讲,高管团队同质性①特征包括高管团队平均年龄($Mage$)、高管团队平均任期($Mtenu$)、高管团队平均学历($Mdeg$)和高管团队职业背景占比($Mfun$)②,公司特征包括公司规模($Size$)、高管

---

① 之所以将高管团队同质性纳入控制变量,是因为不同的平均特征水平下,高管团队特征异质性的影响也存在差异。

② 由于性别变量是 0—1 二分变量,性别同质性与性别异质性存在较高的相关性,为避免多重共线性,在控制变量高管同质性特征中未纳入高管团队性别同质性,即平均性别或者性别占比。由于职业背景也是一个分类变量,为了使高管团队成员职业背景均值表示有意义,将人力资源管理、市场营销、行政管理纳入生产、研发背景,代表财务、金融和法律等职业背景占比。

团队规模（*Tsize*）、二职合一（*Dual*）、成长机会（*Growth*）、融资约束（*FCI*）、期望差距（*DIncome*）、股权集中度（*Stcon*）、净资产收益率（*Roe*）、上市时间（*Corage*）。此外，本研究还控制了其他特征，如市场竞争力（*Market*）的影响以及行业因素（*Industry*）和年度因素（*Year*）。鉴于本章的研究样本涉及 13 个行业和 8 个年度（2010—2017）[1]的数据资料，因此，引入 12 个行业虚拟变量和 7 个年度虚拟变量来控制不同行业和不同年份对企业研发投资行为的影响。

上述相关变量的名称、符号及定义参见表 4.4。

表 4.4　变量定义与测量

变量	一级指标	二级指标	代码	变量定义与测量方式
因变量	研发投资	研发投资总额	*R&D*	研发投资总额的自然对数
自变量	高管团队异质性	年龄异质性	*Hage*	高管团队成员年龄标准差系数
		性别异质性	*Hgend*	高管团队成员性别 Herfindahl 系数
		任期异质性	*Htenu*	高管团队成员任职时间标准差系数
		受教育水平异质性	*Hdeg*	高管团队成员受教育水平 Herfindahl 系数
		职业背景异质性	*Hfun*	高管团队成员职业背景 Herfindahl 系数
中介变量	风险偏好	风险资产占比	*Riskpr*	风险偏好＝(交易性金融资产＋应收账款＋可供出售金融资产＋持有至到期投资＋投资性房地产)/资产总额
控制变量	高管团队同质性特征	平均年龄	*Mage*	高管团队成员年龄均值
		平均任期	*Mtenu*	高管团队成员任职时间均值
		平均学历	*Mdeg*	高管团队成员受教育程度均值
		职业背景占比	*Mfun*	高管团队成员职业背景均值,代表财务、金融和法律等职业背景占比[2]
	公司特征	公司规模	*Size*	公司年末总资产的自然对数
		团队规模	*Tsize*	高管团队成员人数
		二职合一	*Dual*	董事长与总经理兼任情况,其中 1 为同一人,2 为不同一人

---

[1]　考虑研发数据的延迟性,虽然研发数据选取 2010—2017 年,但研究区间还是集中在 2009—2016 年。

[2]　其中为了便于分析均值意义,将人力资源管理、市场营销、行政管理纳入生产、研发背景。

变量	一级指标	二级指标	代码	变量定义与测量方式
控制变量	公司特征	期望差距	*DIncome*	实际绩效低于历史绩效取 0,实际绩效高于历史绩效取 1
		成长机会	*Growth*	根据市净率(PB)等变量主成分因子分析获得(具体见第 4 章)
		融资约束	*FCI*	根据资产负债率(Lev)等综合指标构建
		净资产收益率	*Roe*	净资产收益率=净利润/平均净资产
		股权集中度	*Stcon*	上市公司第一大股东持股比例
		上市时间	*Corage*	上市时间=当期年份-上市年份
	其他因素	市场化水平	*Market*	《中国分省份市场化指数报告》(2016)市场化指数
		产权性质	*Naturefam*	国有企业取 1,家族企业取 2,非家族企业取 3
		行业因素	*Industry*	行业虚拟变量
		年度因素	*Year*	年份虚拟变量

资料来源:作者设计。

4.2.3 模型的构建

1) 基本原理

如果高管团队异质性通过影响组织风险偏好来影响企业研发投资行为,则组织风险偏好为中介变量,它代表一种过程或者作用机制。中介效应分析的目的就是探究高管团队异质性如何影响企业研发投资行为。借鉴温忠麟和叶宝娟(2014)[267]的研究,通过下面的回归方程来描述各变量之间的关系(图 4.2 为相应的变量路径图)。

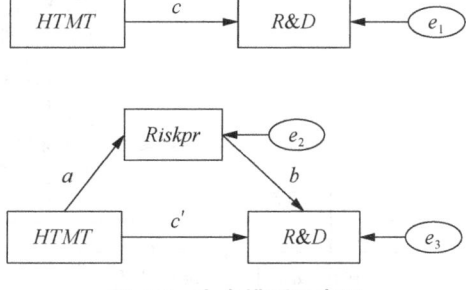

图 4.2　中介模型示意图

资料来源:作者根据中介路径设计。

$$R\&D = cHTMT + e_1 \tag{4.5}$$

$$Riskpr = aHTMT + e_2 \tag{4.6}$$

$$R\&D = c'HTMT + bRiskpr + e_3 \tag{4.7}$$

其中 $HTMT$ 为高管团队异质性;$R\&D$ 为研发投资;$Riskpr$ 为组织风险偏好,e_1,e_2,e_3 为回归残差项。系数 c 为自变量 $HTMT$ 对因变量 $R\&D$ 的总效应;系数 a 为自变量 $HTMT$ 对中介变量 $Riskpr$ 的效应;系数 b 为控制了自变量 $HTMT$ 影响后,中介变量 $Riskpr$ 对因变量 $R\&D$ 的效应;系数 c' 为控制了中介变量 $Riskpr$ 的影响后,自变量 $HTMT$ 对因变量 $R\&D$ 的直接效应;ab 为经过中介变量 $Riskpr$ 的中介效应或者间接效应①。因此,效应之间存在恒等式:总效应＝直接效应＋间接效应,即 $c = c' + ab$。

本章在检验中介效应的过程中,借鉴叶宝娟和胡竹菁(2018)[268]的研究,在 Baron 和 Kenny(1986)[269]提出的逐步法基础上,判断组织风险偏好中介效应。第一步判断总效应是否显著,检验系数 c 的显著性,即 H_0：$c=0$;第二步判断中介效应的显著性,检验 ab 的显著性,即 H_0：$ab=0$;第三步判断中介效应的强度是完全中介还是部分中介,检验系数 c' 的显著性,即 H_0：$c'=0$。其中,中介效应检验的核心部分,集中体现在第二步系数乘积 ab 的检验上。具体来讲,采用依次检验的方法,也就是依次检验 a 和 b 的显著性,即如果 $a\neq0$, $b\neq0$,则 $ab\neq0$。如果没有通过显著性检验,则进一步采用 bootstrap 法进行检验(见图 4.3)。

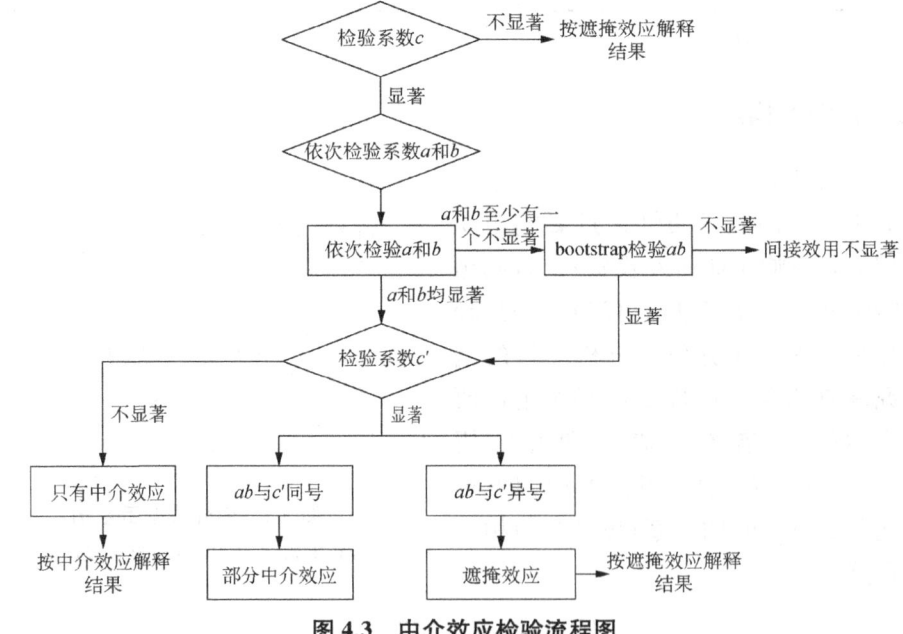

图 4.3　中介效应检验流程图

资料来源:作者根据叶宝娟和胡竹菁(2018)等文献绘制。

---

① 需要说明的是,中介效应是间接效应,但是间接效应不一定是中介效应。

2）具体模型构建

为了说明高管团队异质性对企业研发投资行为的影响,验证研究假设 H1a、H1b、H1c、H1d 和 H1e,建立以下回归模型:

$$R\&D_{it+1} = a_0 + a_1 Controlvariables_{it} + \sum Year + \sum Industry + \varepsilon_{it} \quad (4.8)$$

$$R\&D_{it+1} = b_0 + b_1 HTMT_{it} + b_2 Controlvariables_{it} + \sum Year + \sum Industry + \varepsilon_{it}$$
$$(4.9)$$

为了说明高管团队异质性对组织风险偏好的影响,验证研究假设 H2a、H2b、H2c、H2d 和 H2e,建立以下回归模型:

$$Riskpr_{it} = c_0 + c_1 HTMT_{it} + c_2 Controlvariables_{it} + \sum Year + \sum Industry + \varepsilon_{it}$$
$$(4.10)$$

为了说明组织风险偏好在高管团队异质性与企业研发投资行为的中介影响,以及不同成长能力、不同期望差距下它们的显著性差异,验证研究假设 H3、H4、H5 和 H6,建立以下回归模型:

$$R\&D_{it+1} = f_0 + f_1 HTMT_{it} + f_2 Riskpr_{it} + f_3 Controlvariables_{it} +$$
$$\sum Year + \sum Industry + \varepsilon_{it} \quad (4.11)$$

上述模型中,$HTMT$ 表示高管团队性别、年龄、受教育水平、职业背景及任期异质性,$Riskpr$ 表示组织风险偏好,$Controlvariables$ 表示控制变量,ε 为随机误差,i 表示公司样本,t 表示时间。

4.2.4 描述性统计

表 4.5 列示了主要变量的描述性统计结果。其中,①Panel A 显示样本企业的研发投资均值为 17.50,最大值为 19.66,最小值为 14.94,说明企业之间的研发投资行为存在较大差距;②Panel B 显示高管团队的性别异质性为 0.295,年龄异质性为 0.184,任期异质性为 0.509,受教育水平异质性为0.555,职业背景异质性为 0.590,说明高管团队的任期、受教育水平和职业背景的异质性相对较高;③Panel C 显示组织风险偏好的平均值为 0.175,最小值为0.010,最大值为 0.506,说明高管团队风险偏好水平差异较大;④Panel D 显示高管团队平均年龄为 47.04 岁,最大值为54.19 岁,最小值为 40.71 岁。生产、研发、人力资源、市场营销和行政管理类人员占比74.50%。受教育水平平均为 2.251,团队成员的学历大多在本科以上。平均任职年限为 41.16 个月,最小值和最大值之间相差68.06 个月,任期分布较广;从公司特征看,资

产平均总额为 20.98 亿元,高管团队平均人数为17.17 人,第一大股东持股比例平均为 31.71%,股权相对集中。另外,企业上市时间平均为 3.065 年,净资产收益率平均为 7.4%,期望顺差占比 82.6%,融资能力界于[−16.94,8.260]之间,成长机会界于[−4.076,4.638]之间,平均为 0.013,在第 50 百分位为−0.066。可以看出,创业板上市公司发展较晚,还存在着较大的成长空间。

表 4.5　主要变量描述性统计结果

变量	N	mean	p50	sd	min	max
Panel A:被解释变量						
R&D	2 041	17.50	17.47	0.900	14.94	19.66
Panel B:解释变量						
Hgend	2 041	0.295	0.305	0.122	0	0.497
Hage	2 041	0.184	0.182	0.041	0.097	0.285
Hdeg	2 041	0.555	0.567	0.0830	0.290	0.664
Hfun	2 041	0.590	0.601	0.051	0.414	0.660
Htenu	2 041	0.509	0.511	0.229	0	1.161
Panel C:中介变量						
Riskpr	2 041	0.175	0.163	0.100	0.010	0.506
Panel D:控制变量						
Mage	2 041	47.04	47.07	2.971	40.71	54.19
Mdeg	2 041	2.251	2.278	0.284	1.500	2.800
Mfun	2 041	1.255	1.250	0.076	1.091	1.444
Mtenu	2 041	41.16	41.88	13.59	8	76.06
Tsize	2 041	17.17	17	3.406	11	28
Size	2 041	20.98	13.97	25.11	3.075	414.4
Roe	2 041	0.074	0.073	0.064	−0.230	0.261
Stcon	2 041	31.71	29.99	12.42	8.774	61.50
Corage	2 041	3.065	3	1.672	1	7
Market	2 041	8.145	8.670	1.394	3.683	9.950
Dual	2 041	1.575	2	0.495	1	2
DIncome	1 160	0.826	1	0.379	0	1
Growth	2 041	0.013	−0.066	0.798	−4.076	4.638
FCI	1 950	−0.508	−0.244	2.293	−16.94	8.260

资料来源:作者计算所得。

表 4.6 对主要变量做了 Pearson 相关系数检验,结果表明解释变量和控制变量之间的相关系数绝对值均低于 0.4。出于稳健性考虑,进行方差膨胀因子分析,结果显示方差膨胀因子值(VIF)最大值为 2.76,平均值为 1.38,说明各变量之间没有出现严重的多重共线性问题。本章从社会异质性和职业异质性两个维度的五个指标进行了分析,同时控制了高管团队同质性、公司特征、行业因素、上市时间等因素的影响。由于自变量和控制变量都相对比较多,因此,还采用 Bartlett 球形检验和 KMO 检验进行了主成分因子分析,但结果显示主成分因子分析并不适合。需要说明的是,相关系数矩阵仅主要分析变量之间的相关程度,并不能准确反映变量之间的因果关系,因此,需要进一步进行因果关系的回归分析,以准确反映解释变量和被解释变量之间的方向、影响程度和显著性水平。

4.3　实证分析

本章运用层级多元回归方法(Hierarchical Regression Method),在模型中逐步加入控制变量、解释变量和中介变量进行数据分析。其中,模型 1 为基础模型,是控制变量对企业研发投资行为的回归模型;模型 2 为在模型 1 的基础上加入解释变量高管团队异质性后对企业研发投资行为的主效应回归模型;模型 3 是高管团队异质性对中介变量组织风险偏好的回归模型;模型 4 是加入解释变量、中介变量和控制变量对企业研发投资行为的中介效应回归模型。在模型构建和数据分析过程中,通过 Hausman 检验,P 值均小于 1%。考虑到年度和行业特征的影响,加入反映年度和行业特征的虚拟变量,所有的回归模型都使用双向固定效应模型。

4.3.1　基础效应和主效应检验

表 4.7 中模型 1 作为基础效应模型,仅对控制变量进行回归分析,验证了控制变量对企业研发投资行为的影响。模型 1 显示企业规模、上市时间、盈利能力的系数在 1% 的水平上显著为正,表明企业规模、盈利能力、上市时间与企业研发投资行为显著正相关,即企业规模越大,盈利能力越强,上市时间越长,越重视研发投入,管理者提升研发投资行为能力的愿望越强。股权集中度系数为负,不显著,但区分产权来看,显著度有所提高,发现股权过度集中的企业,其研发投资行为相对较差,其原因可能是其他股东的积极性被削弱,他们更倾向于追求现实利益,有效的股权制衡方式对企业研发投资行为更为必要。从高管团队同质性特征来看,年龄同质性在 10% 的水平上显著为正,职业背景同质性在 10% 的水平上显著为负,说明平均年龄越高,财会类职业背景占比越低,研发类职业背景占比越高,企业的

表4.6 主要变量的相关性分析结果

变量	R&D	Hgend	Hage	Hdeg	Hfun	Htemu	Riskpr	Roe	Market	DIncome	Growth	FCI
R&D	1	—	—	—	—	—	—	—	—	—	—	—
Hgend	−0.026	1	—	—	—	—	—	—	—	—	—	—
Hage	−0.075***	0.165***	1	—	—	—	—	—	—	—	—	—
Hdeg	−0.204***	0.023	0.072***	1	—	—	—	—	—	—	—	—
Hfun	−0.057***	−0.120***	−0.030	−0.053**	1	—	—	—	—	—	—	—
Htemu	0.102***	0.062***	0.025	−0.019	−0.028	1	—	—	—	—	—	—
Riskpr	0.150***	−0.047**	−0.080***	−0.046**	−0.044**	0.079***	1	—	—	—	—	—
Roe	0.291***	0.069***	−0.078***	−0.042*	−0.022	−0.099***	0.100***	1	—	—	—	—
Market	0.189***	0.127***	0.157***	−0.006	0.015	0.028 0	0.147***	0.093***	1	—	—	—
DIncome	0.238***	0.040	−0.030	−0.082***	−0.079***	−0.019	0.114***	0.356***	0.039	1	—	—
Growth	0.242***	0.096***	−0.047**	−0.016	−0.073***	0.073***	0.151***	0.522***	0.079***	0.381***	1	—
FCI	−0.204***	−0.008	0.004	−0.057**	0.044*	−0.183***	−0.026	−0.135***	0.018	−0.142***	−0.263***	1

资料来源：作者计算所得。

研发投入越强。另外,成长机会以及融资约束对企业的研发投入影响均在1％的水平上显著为正。可见,企业的自身条件以及外部环境均会显著影响高管团队的研发投资决策行为。

表4.7中模型2为在模型1的基础上,对高管团队异质性与企业研发投资行为之间的关系进行的回归分析,并在此基础上进一步区分产权性质,对不同产权性质下高管团队异质性与企业研发投资行为进行检验。列(2)是在控制高管团队同质性、公司规模、团队规模、盈利能力、股权集中度、上市时间、成长能力等变量的基础上,加入高管团队异质性进行全样本回归的结果。R^2 值从 0.584 增加到 0.589,区分产权性质后解释度更显著提升,说明高管团队异质性变量的加入增强了模型的解释力,高管团队异质性对企业研发投资行为的影响是比较显著的。具体分析,高管团队性别($\beta=$ 0.308,$p<0.01$)、年龄异质性($\beta=0.867$,$p<0.01$)均对企业研发投资行为产生了显著正向影响;高管团队受教育水平异质性一次项($\beta=-1.581$,$p<0.05$)、二次项系数($\beta=1.527$,$p<0.1$),与企业研发投资行为呈 U 型关系;高管团队职业背景异质性($\beta=-0.451$,$p<0.05$)与企业研发投资行为在 5％的置信水平上负相关;高管团队任期异质性一次项系数($\beta=0.239$,$p<0.01$)在 1％的水平上显著为正,二次项系数($\beta=-0.113$)为负,不显著,但从分样本回归中可以看出任期异质性二次项系数是显著为负的,与企业研发投资行为呈非线性相关,呈现倒 U 型关系。根据模型 2 的检验结果,高管团队异质性对企业研发投资行为的直接效应显著,验证了研究假设 H1a、H1b、H1c、H1d 和 H1e。进一步区分产权性质,分样本进行 chow 检验,Chow Test 值为 2.44,p 值为 0.000,在 1％的水平上拒绝了无显著结构变化的零假设,即高管团队异质性对企业研发投资行为的影响在国有企业、家族企业和非家族企业中存在显著差异。模型 2 列(3)、列(4)和列(5)是根据产权性质区分样本进行的回归结果分析。家族企业性别和年龄异质性在 1％的水平上显著为正,与全样本回归结果一致,说明高管团队性别和年龄异质性正向影响企业的研发投资行为。在性别异质性的研究中,我们发现非家族企业性别异质性与企业研发投入呈现 1％水平的显著负相关,究其原因,可能是非家族企业中性别异质性的提高,调和了男性和女性决策之间的矛盾,从而降低了整体组织风险偏好水平。国有企业中高管团队的年龄、学历和任期异质性的影响均显著,说明国有企业高管团队年龄、学历和任期异质性对企业研发投资行为的影响敏感度更高,其原因与国有企业的招聘机制、任期考核制度直接相关,这一系列机制强化了高管团队年龄、学历与任期异质性的敏感度,导致其更看重任期内的工作业绩,不愿在研发投资方面投入更多精力。因此,在不考虑政府政策对企业施加影响的前提下,高管团队异质性对企业研发投资行为的影响在国有企业、家族企业和非家族企业中存在一定差异。

表 4.7 基础效应和主效应的回归结果

变量	模型 1	模型 2			
	全样本	全样本	国有企业	家族企业	非家族企业
	(1)	(2)	(3)	(4)	(5)
$Hgend$	—	0.308***	−0.755	0.371***	−0.706***
	—	(3.491)	(−1.140)	(5.076)	(−3.756)
$Hage$	—	0.867***	5.436***	0.993***	1.041
	—	(8.539)	(3.024)	(10.274)	(0.626)
$Hdeg$	—	−1.581**	−11.551**	−0.254	6.337***
	—	(−2.072)	(−2.233)	(−0.411)	(6.633)
$Hdeg^2$	—	1.527*	9.978*	0.438	−5.730***
	—	(1.918)	(1.873)	(0.679)	(−3.692)
$Hfun$	—	−0.451**	2.030	−0.322*	0.503
	—	(−2.489)	(1.149)	(−1.706)	(1.631)
$Htenu$	—	0.239***	1.068*	0.112	1.474***
	—	(3.505)	(1.938)	(1.326)	(7.707)
$Htenu^2$	—	−0.113	−0.893**	−0.004	−1.499***
	—	(−1.197)	(−2.554)	(−0.036)	(−6.092)
$Mage$	0.008*	0.011**	−0.015	0.012**	0.016
	(1.922)	(2.290)	(−0.573)	(2.302)	(0.898)
$Mdeg$	−0.025	0.009	−2.133***	0.091	0.354
	(−0.425)	(0.181)	(−5.242)	(1.342)	(1.670)
$Mfun$	−0.237*	−0.191	1.733**	−0.343**	0.518
	(−1.685)	(−1.241)	(2.392)	(−2.180)	(1.188)
$Mtenu$	0.001	0.002	−0.001	0.002	0.008***
	(1.206)	(1.301)	(−0.341)	(1.160)	(3.357)
$Tsize$	0.002	−0.002	−0.002	−0.002	0.005
	(0.744)	(−0.636)	(−0.148)	(−0.727)	(0.827)
$Size$	0.584***	0.582***	0.753***	0.563***	0.395***
	(12.265)	(11.747)	(12.170)	(11.152)	(16.715)

变量	模型1	模型2			
	全样本	全样本	国有企业	家族企业	非家族企业
	(1)	(2)	(3)	(4)	(5)
Roe	1.665 ***	1.625 ***	1.753 **	1.800 ***	−1.233 ***
	(5.996)	(6.042)	(2.539)	(5.541)	(−5.653)
Stcon	−0.001	−0.001	−0.019 *	−0.003 *	0.010 ***
	(−0.588)	(−1.059)	(−1.884)	(−1.877)	(3.274)
Corage	0.096 ***	0.074 ***	0.080 ***	0.079 ***	0.145 ***
	(11.507)	(7.784)	(4.311)	(9.379)	(13.272)
Market	−0.052 ***	−0.052 ***	−0.340 ***	−0.046 **	−0.311 ***
	(−3.215)	(−3.005)	(−3.157)	(−2.351)	(−6.905)
Dual	0.023 **	0.019	0.524 ***	0.017	−0.071
	(2.071)	(1.544)	(3.358)	(1.191)	(−0.525)
Growth	0.036 ***	0.035 ***	0.103 **	0.027 *	−0.019
	(3.224)	(2.795)	(2.372)	(1.849)	(−1.383)
FCI	0.042 ***	0.042 ***	0.084 ***	0.042 ***	−0.034 **
	(18.635)	(17.786)	(3.879)	(16.068)	(−2.343)
Constant	5.035 ***	5.241 ***	8.086 **	5.074 ***	6.329 ***
	(5.491)	(6.452)	(2.922)	(5.770)	(8.146)
Year	Yes	Yes	Yes	Yes	Yes
Industry	Yes	Yes	Yes	Yes	Yes
Obs	1 950	1 950	66	1 771	113
Groups	478	478	14	441	37
R^2	0.584	0.589	0.801	0.595	0.721
F	124.1	67.63	77.70	229.8	129.8

注:(1) *** , ** , * 分别表示在 1%,5% 和 10% 水平上显著;(2)括号中为标准误;(3)Obs 代表观测数, Groups 代表公司样本数。

资料来源:作者计算所得。

第 4 章　高管团队异质性与企业研发投资行为

4.3.2　中介效应检验

表 4.8 列示了组织风险偏好对高管团队异质性与企业研发投资行为的中介效应检验结果,并在此基础上,进一步对不同产权性质下组织风险偏好在高管团队异质性与研发投资行为之间的中介效应进行结构性检验。由表 5.8 可知,在模型 1 和模型 2 的基础上,模型 3 反映了高管团队异质性对组织风险偏好的回归结果,即高管团队职业背景异质性($\beta=0.051$,$p<0.01$)、高管团队任期异质性一次项系数($\beta=0.047$,$p<0.01$)和二次项系数($\beta=-0.028$,$p<0.01$)均对企业研发投资行为产生显著影响,验证了假设 H2d、H2e。高管团队性别异质性的系数为 -0.016,年龄异质性为 -0.038,受教育水平异质性为 -0.025,全样本回归过程中不显著,但在分样本回归中部分验证了假设 H2a、H2b、H2c。因此,针对企业不同的发展阶段,合理制订人才招聘和培养计划,引进人才,培养企业自身的骨干力量,将有助于形成不同的风险偏好,进而影响企业的研发投资行为,促进创业板企业可持续发展。此外,本章还发现高管团队性别异质性与组织风险偏好的关系并不显著,可能是因为作为管理层的女性通常和男性一样偏好风险,性格特征也变得越来越中性(熊艾伦等,2018)[101]。因此,单纯通过增加女性的比例不能作为化解风险的唯一手段,还需要一系列配套的环境调节措施,来消除环境对性别异质性的不利影响。

模型 4 是将高管团队异质性、组织风险偏好以及控制变量同时引入模型,反映了组织风险偏好的中介效应检验结果。从模型 4 列(5)可以看出,在控制了其他变量的条件下,组织风险偏好($\beta=0.765$,$p<0.01$)对企业研发投资行为的影响在 1% 的水平上显著为正,而且性别、年龄、受教育水平、职业背景和任期异质性的直接效应均显著。可以看出,高管团队职业背景和任期异质性间接效应显著,直接效应也显著,因此,存在部分中介效应,且间接效应与直接效应的比例绝对值分别为 0.079、0.216。值得提出的是,在全样本分析中,虽然年龄异质性的系数不显著,t 值为 -1.366,接近 10% 的显著性水平,但分样本回归中均有明显的显著性,而且年龄异质性的直接效应也显著,因此,可以估计存在部分中介效应。在依次检验的过程中,高管团队性别和受教育水平异质性的影响不显著,因此,进一步采用偏差校正的非参数百分位 Bootstrap 法检验 ab 系数乘积的显著性(即检验 $H0:ab=0$)。检验结果显示高管性别和受教育水平异质性的置信区间中均不包含 0,通过了显著性测试,存在部分中介效应,从而验证了假设 H3。

高管团队异质性与企业研发投资行为研究

表 4.8 中介效应的回归结果

变量		模型 3					模型 4		
	全样本 (1)	国有企业 (2)	家族企业 (3)	非家族企业 (4)	全样本 (5)	国有企业 (6)	家族企业 (7)	非家族企业 (8)
Hgend	−0.016	0.111	−0.008	−0.111**	0.302***	−0.639	0.355***	−0.754***
	(−1.083)	(0.878)	(−0.640)	(−2.121)	(3.383)	(−1.007)	(4.438)	(−3.429)
Hage	−0.038	0.876***	−0.072**	0.723***	0.949***	5.717***	1.096***	0.113
	(−1.366)	(3.663)	(−2.467)	(10.949)	(8.931)	(3.201)	(9.178)	(0.058)
Hdeg	0.085	−0.776	0.084	1.156***	−1.546**	−12.009**	−0.222	5.830***
	(0.839)	(−1.388)	(0.878)	(4.751)	(−2.084)	(−2.629)	(−0.358)	(4.741)
Hdeg²	−0.025	1.065*	−0.021	−0.999***	1.475*	9.250*	0.389	−5.313***
	(−0.244)	(1.899)	(−0.210)	(−4.013)	(1.925)	(1.773)	(0.611)	(−2.982)
Hfun	0.051***	0.334	0.058***	0.068	−0.496**	1.773	−0.385*	0.788**
	(2.694)	(1.529)	(3.166)	(0.617)	(−2.575)	(0.871)	(−1.909)	(2.282)
Htenu	0.047***	−0.057	0.052***	0.041	0.213***	0.932**	0.083	1.515***
	(4.036)	(−0.966)	(4.783)	(1.028)	(3.268)	(2.287)	(1.081)	(7.367)
Htenu²	−0.028***	0.065	−0.031***	0.022	−0.099	−0.782***	0.011	−1.580***
	(−2.936)	(1.208)	(−2.812)	(0.484)	(−1.122)	(−3.112)	(0.092)	(−5.493)
Riskpr	—	—	—	—	0.765***	1.966***	0.743***	1.041**
	—	—	—	—	(4.422)	(4.057)	(4.023)	(2.398)

变量	模型 3				模型 4			
	全样本 (1)	国有企业 (2)	家族企业 (3)	非家族企业 (4)	全样本 (5)	国有企业 (6)	家族企业 (7)	非家族企业 (8)
$Mage$	0.003**	−0.013***	0.003**	0.008***	0.010**	−0.002	0.011**	0.012
	(2.396)	(−3.899)	(2.278)	(9.997)	(2.057)	(−0.066)	(2.108)	(0.636)
$Mdeg$	0.006	0.222	0.005	−0.053*	0.015	−2.886***	0.100	0.466**
	(0.622)	(1.631)	(0.449)	(−1.813)	(0.274)	(−16.816)	(1.401)	(2.205)
$Mfun$	0.026**	0.188	0.023	0.047	−0.192	1.184*	−0.323**	0.242
	(2.414)	(0.966)	(1.338)	(0.826)	(−1.261)	(1.826)	(−2.136)	(0.591)
$Mtenu$	0.000	0.001	0.000	−0.000	0.002	0.000	0.002	0.008**
	(0.451)	(1.087)	(0.824)	(−0.017)	(1.344)	(0.109)	(1.178)	(2.551)
$Tsize$	0.000	−0.000	−0.000	−0.002	−0.002	0.007	−0.002	0.006
	(0.173)	(−0.193)	(−0.247)	(−1.670)	(−0.734)	(0.580)	(−0.844)	(1.144)
$Size$	−0.018**	−0.045**	−0.021**	0.015	0.600***	0.784***	0.582***	0.342***
	(−2.379)	(−2.737)	(−2.507)	(1.664)	(13.417)	(10.536)	(13.161)	(17.184)
Roe	0.161***	0.333***	0.154***	−0.049	1.476***	1.273	1.660***	−1.239***
	(17.129)	(10.578)	(17.506)	(−0.500)	(6.117)	(1.436)	(5.566)	(−7.964)
$Stcom$	−0.000	−0.003	−0.000	0.001*	−0.001	−0.009	−0.003*	0.009***
	(−1.296)	(−1.304)	(−0.614)	(1.695)	(−1.025)	(−0.785)	(−1.889)	(3.006)

变量	模型 3				模型 4			
	全样本 (1)	国有企业 (2)	家族企业 (3)	非家族企业 (4)	全样本 (5)	国有企业 (6)	家族企业 (7)	非家族企业 (8)
Corage	0.014*** (8.382)	0.027*** (10.392)	0.013*** (9.315)	0.012 (1.417)	0.060*** (5.510)	0.054** (2.553)	0.066*** (6.214)	0.133*** (8.810)
Market	0.010* (1.833)	-0.038* (-1.827)	0.009** (2.110)	0.032** (2.316)	-0.058*** (-2.885)	-0.329*** (-4.231)	-0.051** (-2.445)	-0.355*** (-10.930)
Dual	-0.003 (-0.548)	-0.017 (-0.616)	-0.002 (-0.347)	-0.026 (-4.621)	0.017 (1.231)	0.617*** (4.242)	0.014 (0.892)	-0.035 (-0.260)
Growth	-0.001 (-0.658)	0.004 (1.137)	-0.002 (-1.330)	0.012*** (3.438)	0.033*** (2.660)	0.104*** (3.244)	0.026* (1.730)	-0.033*** (-2.830)
FCI	0.005*** (4.648)	0.006* (1.747)	0.005*** (3.771)	0.001 (0.128)	0.038*** (18.987)	0.102*** (4.166)	0.039*** (14.423)	-0.039*** (-2.991)
Year	Yes	Yes	Yes	Yes	Yes	Yes	Yes	Yes
Industry	Yes	Yes	Yes	Yes	Yes	Yes	Yes	Yes
Obs	2 522	89	2 285	148	1 950	66	1 771	113
Groups	568	21	519	47	478	14	441	37
R^2	0.186	0.595	0.186	0.439	0.594	0.812	0.599	0.728
F	883.5	1290	41.40	162.8	229.2	334.2	102.9	140.0

注:(1)***，**，* 分别表示在 1%、5%和 10%水平上显著;(2)括号中为标准误;(3)Obs 代表观测数,Groups 代表公司样本数。
资料来源:作者计算所得。

4.3.3　不同成长机会下组织风险偏好的中介效应检验

区分企业不同的成长机会,本书根据创业板上市公司本身的数据特征,引用第3章中的门槛回归分析方法,将企业成长分为三个阶段,即低成长、中低成长和高成长阶段。进行 chow 检验,Chow Test 值为 1.86,p 值为 0.000,在 1% 的水平上拒绝了无显著结构变化的零假设,即在不同的成长机会下组织风险偏好对高管团队异质性与企业研发投资行为的中介效应存在显著差异。表 4.9 显示,在低成长机会下,高管团队年龄异质性($\beta=1.163$,$p<0.01$),对企业研发投资行为具有显著的正向影响,受教育水平异质性($\beta=2.370$,$p<0.01$)对企业研发投资行为呈现 U 型关系;中低成长机会下年龄异质性($\beta=-0.626$,$p<0.01$)具有显著的负向影响;高成长机会下年龄异质性($\beta=2.887$,$p<0.01$)、受教育水平异质性($\beta=4.264$,$p<0.10$)、职业背景异质性($\beta=2.652$,$p<0.01$)和任期异质性($\beta=1.580$,$p<0.01$)均具有显著的影响。在其余变量不变的条件下,低成长机会下组织风险偏好对企业研发投资行为影响在 1% 的水平上显著,系数为 1.167,并且进行双变量均值检验后发现,相对于中低成长和高成长机会,低成长机会组织风险偏好中介变量对企业研发投资行为的影响效应更强,验证了假设 H4。

4.3.4　不同融资约束下组织风险偏好的中介效应检验

区分企业不同的融资约束环境,根据创业板上市公司本身的数据特征,将利息保障倍数与企业规模分别从小到大排序,各取前 33%、后 33% 的企业分别作为低融资约束组和高融资约束组,最后取按两个指标都包含的企业作为低融资约束和高融资约束组回归分析。分样本进行 chow 检验,Chow Test 值为 27.95,p 值为 0.000,在 1% 的水平上拒绝了无显著结构变化的零假设,即在不同的融资约束下组织风险偏好对高管团队异质性与企业研发投资行为的中介效应存在显著差异。表 4.10 中列(3)显示,在低融资约束条件下高管团队性别异质性($\beta=-0.736$,$p<0.05$)、年龄异质性($\beta=3.548$,$p<0.1$)、受教育水平异质性($\beta=-7.044$,$p<0.01$)、职业背景异质性($\beta=-0.781$,$p<0.1$)和任期异质性($\beta=0.372$,$p<0.1$)均具有显著的影响,但性别异质性、受教育水平异质性和任期异质性符号均发生了变化。结合列(1)和(2)的回归结果显示,高管团队性别异质性的总效应为 -0.653,直接效应为 -0.736,受教育水平异质性的总效应为 -6.473,直接效应为 -7.044,任期异质性的总效应为 0.486,直接效应为 0.372,可以判断间接效应和直接效应符号相反,而且直接效应显著大于间接效应。高管团队性别、受教育水平和任期异质性符号发生变化,可能是由于低融资约束条件下,组织风险偏好发挥中介效应的程

表 4.9 不同成长机会下中介效应的回归结果

变量	低成长机会			中低成长机会			高成长机会		
	R&D	Riskpr	R&D	R&D	Riskpr	R&D	R&D	Riskpr	R&D
	(1)	(2)	(3)	(4)	(5)	(6)	(7)	(8)	(9)
Hgend	0.044	−0.035*	0.109	0.044	−0.049***	0.088	−0.305	−0.070	−0.297
	(0.338)	(−1.827)	(0.789)	(0.186)	(−3.286)	(0.395)	(−1.028)	(−1.544)	(−1.064)
Hage	1.163***	−0.111**	1.224***	−0.626***	−0.050	−0.475**	2.887***	0.112	2.918***
	(5.373)	(−2.148)	(6.037)	(−3.070)	(−1.061)	(−2.126)	(2.874)	(0.937)	(2.784)
Hdeg	−2.676***	−0.138	−2.522***	−0.670	0.001	−0.397	−2.294	0.105	−2.579
	(−3.130)	(−1.222)	(−2.915)	(−0.654)	(0.004)	(−0.399)	(−0.974)	(0.595)	(−1.074)
Hdeg^2	2.370***	0.211*	2.134**	0.623	0.068	0.370	4.264*	−0.051	4.557*
	(2.894)	(1.750)	(2.558)	(0.573)	(0.213)	(0.347)	(1.928)	(−0.222)	(1.964)
Hfun	0.680	−0.000	0.665	−0.155	0.149**	−0.360	2.652***	−0.012	2.609***
	(1.293)	(−0.011)	(1.365)	(−0.414)	(2.143)	(−0.876)	(4.955)	(−0.160)	(5.232)
Htenu	0.311***	0.022	0.297***	0.160*	0.005	0.141	−1.432***	0.053	−1.447***
	(3.045)	(1.508)	(3.035)	(1.719)	(0.138)	(1.611)	(−5.269)	(1.175)	(−5.336)
Htenu^2	−0.283***	−0.016*	−0.271***	−0.008	0.048	−0.035	1.580***	−0.013	1.586***
	(−2.642)	(−1.710)	(−2.703)	(−0.086)	(1.257)	(−0.393)	(7.345)	(−0.376)	(7.414)
Riskpr	—	—	1.167***	—	—	0.879***	—	—	0.354*
			(6.800)			(2.903)			(1.876)
Tsize	−0.001	−0.000	−0.000	0.010***	−0.001***	0.011***	−0.006	0.002*	−0.007
	(−0.498)	(−1.241)	(−0.131)	(3.190)	(−4.444)	(3.160)	(−1.206)	(1.838)	(−1.256)

第 4 章 高管团队异质性与企业研发投资行为

（续表）

变量	低成长机会			中低成长机会			高成长机会		
	R&D	Riskpr	R&D	R&D	Riskpr	R&D	R&D	Riskpr	R&D
	(1)	(2)	(3)	(4)	(5)	(6)	(7)	(8)	(9)
Size	0.734***	−0.021***	0.752***	0.574***	−0.012	0.602***	0.319***	−0.039***	0.340***
	(12.656)	(−5.563)	(12.837)	(11.104)	(−1.403)	(10.390)	(7.294)	(−4.061)	(7.055)
Roe	0.814***	0.056***	0.686***	2.567***	0.195***	2.331***	0.743	0.193***	0.682
	(5.263)	(3.301)	(4.992)	(13.391)	(9.607)	(10.649)	(1.606)	(14.418)	(1.520)
Stcon	−0.008**	0.000	−0.009***	0.004**	−0.000	0.004	0.004	0.001*	0.004
	(−2.442)	(0.072)	(−3.009)	(2.008)	(−0.381)	(1.461)	(0.807)	(1.700)	(0.773)
Corage	0.022**	0.010***	0.006	0.032	0.005**	0.023	0.213***	0.022***	0.198***
	(2.293)	(4.753)	(0.818)	(1.596)	(2.499)	(1.047)	(5.116)	(5.344)	(5.267)
Market	0.008	0.003	−0.001	−0.081***	0.043***	−0.111***	−0.202**	0.009	−0.206**
	(0.217)	(1.103)	(−0.025)	(−2.935)	(3.924)	(−3.041)	(−2.216)	(0.539)	(−2.160)
Dual	0.041	−0.003	0.043*	−0.023*	0.003	−0.035***	−0.012	−0.007	−0.005
	(1.604)	(−1.459)	(1.725)	(−1.886)	(0.651)	(−3.095)	(−0.416)	(−0.793)	(−0.190)
Year	Yes	Yes	Yes	Yes	Yes	Yes	Yes	Yes	Yes
Industry	Yes	Yes	Yes	Yes	Yes	Yes	Yes	Yes	Yes
R^2	0.422	0.177	0.435	0.676	0.261	0.681	0.645	0.211	0.646
F	72.06	127.0	60.55	196.9	38.87	7.130	54.05	35.29	66.64

注：(1) ***，**，* 分别表示在 1%，5% 和 10% 水平上显著；(2) 括号中为标准误。
资料来源：作者计算所得。

度不同。在高融资约束条件下,职业背景异质性($\beta=-3.288$,$p<0.01$)和任期异质性($\beta=-0.408$,$p<0.01$)具有显著的影响。在低融资约束条件下,组织风险偏好在1%的水平上显著为正,系数为1.530,说明企业在资金宽松环境下,组织风险偏好提高,高管团队会更有动机去从事风险性的研发投资活动;而在高融资约束条件下组织风险偏好在1%的水平上显著为负,系数为-0.879,说明企业资金紧张环境下,将限制企业研发投资的动机,组织风险偏好反而降低了企业研发投资行为,高管团队的战略决策趋于保守。进行双变量均值检验后发现,相对于高融资约束环境,低融资约束环境下组织风险偏好中介变量对企业研发投资行为的影响效应更强,验证了假设 H5。

表 4.10 不同融资约束下中介效应的回归结果

变量	低融资约束			高融资约束		
	R&D	Riskpr	R&D	R&D	Riskpr	R&D
	(1)	(2)	(3)	(4)	(5)	(6)
Hgend	−0.653*	0.082***	−0.736**	−0.319	0.007	−0.298
	(−1.953)	(4.323)	(−2.306)	(−1.574)	(0.263)	(−1.553)
Hage	3.320**	−0.090	3.548*	−0.134	0.056	−0.068
	(1.979)	(−1.280)	(1.952)	(−0.356)	(0.441)	(−0.180)
Hdeg	7.524***	0.264*	8.087***	0.646	−0.196	0.198
	(4.694)	(1.695)	(6.077)	(1.097)	(−0.642)	(0.317)
Hdeg^2	−6.473***	−0.230	−7.044***	0.120	0.200	0.504
	(−5.186)	(−1.413)	(−7.391)	(0.176)	(0.768)	(0.689)
Hfun	−0.514	0.076**	−0.781*	−3.124***	−0.247***	−3.288***
	(−1.193)	(2.207)	(−1.910)	(−2.834)	(−3.603)	(−2.679)
Htenu	0.007	−0.040**	0.118	0.668***	−0.017	0.673***
	(0.025)	(−2.090)	(0.426)	(5.219)	(−0.905)	(5.746)
Htenu^2	0.486**	0.059***	0.372*	−0.417***	0.041*	−0.408***
	(2.347)	(3.401)	(1.718)	(−4.833)	(1.763)	(−5.318)
Riskpr	—	—	1.530***	—	—	−0.879***
	—	—	(5.622)	—	—	(−7.180)
Tsize	−0.017***	0.001***	−0.018***	−0.016*	0.000	−0.015*
	(−5.761)	(3.601)	(−6.510)	(−1.898)	(0.299)	(−1.827)

变量	低融资约束			高融资约束		
	R&D	Riskpr	R&D	R&D	Riskpr	R&D
	(1)	(2)	(3)	(4)	(5)	(6)
Size	0.367***	−0.046***	0.453***	0.397**	0.059***	0.471***
	(6.251)	(−3.535)	(9.404)	(2.314)	(3.578)	(3.082)
Roe	1.654***	0.135***	1.318***	0.587***	0.138**	0.727***
	(3.664)	(6.098)	(2.809)	(2.659)	(2.328)	(3.077)
Stcon	0.001	0.000	0.000	−0.010***	−0.000	−0.010***
	(0.209)	(0.816)	(0.172)	(−2.972)	(−0.080)	(−3.558)
Corage	0.174***	0.019***	0.133***	0.137***	0.015***	0.147***
	(4.592)	(3.554)	(2.751)	(9.453)	(4.275)	(9.934)
Market	−0.072	0.027	−0.113	−0.128***	0.016**	−0.120**
	(−0.934)	(1.062)	(−1.348)	(−2.755)	(2.217)	(−2.332)
Dual	−0.320***	−0.001	−0.311***	0.005	0.004	0.008
	(−4.378)	(−0.209)	(−4.041)	(0.129)	(0.598)	(0.220)
Growth	0.031	−0.006***	0.038*	0.030	−0.008	0.029
	(1.338)	(−3.691)	(1.792)	(1.151)	(−1.530)	(1.063)
Year	Yes	Yes	Yes	Yes	Yes	Yes
Industry	Yes	Yes	Yes	Yes	Yes	Yes
R^2	0.641	0.187	0.654	0.618	0.529	0.625
F	488.8	12.70	940.4	21.14	202.2	33.11

注:(1) ***,**,*分别表示在1%,5%和10%水平上显著;(2) 括号中为标准误。
资料来源:作者计算所得。

4.3.5 不同期望差距下组织风险偏好的中介效应检验

本章引入心理学中参照点的概念,将期望差距区分为期望顺差和期望落差。表4.11显示企业不同的期望顺差和期望落差下组织风险偏好中介效应的差异结果。本书对期望顺差和期望落差两种情况下进行 chow 检验,Chow Test 值为 6.02,p 值为 0.000,在 1% 的水平上拒绝了无显著结构变化的零假设,即在不同的期望差距下组织风险偏好对高管团队异质性与企业研发投资行为的中介效应存在显著差异。表 4.11 显示,相对于期望顺差,存在期望落差情况下高管团队性别、年龄、受教育水平、职业背景异质性和任期异质性对组织风险偏好在 1% 的水平上均具有显著的影响,组织风险偏好($\beta=1.504$,$p<0.01$)对企业研发投资行为具有显著的正向影响,即组织风险偏好在高管团队异质性与企业研发投资行为之间存在部分中介效应。列(3)和列(6)显示,在控制其他变量的条件下组织风险偏好对企业研发投资的影响在 1% 的水平上显著为正,期望落差下组织风险偏好系数为1.504,是期望顺差的 3.514 倍。并且进行双变量均值检验后发现,相对于期望顺差,期望落差下组织风险偏好中介变量对企业研发投资行为的影响效应更强,即在期望落差下管理者会有较强的风险偏好和风险承受能力,而期望顺差下管理者反而会采取相对保守的态度,具有较低的风险偏好水平,在某种程度上验证了Kahneman 提出的前景理论,并验证了假设 H6。

表 4.11 不同期望差距下中介效应的回归结果

变量	期望落差			期望顺差		
	$R\&D$	$Riskpr$	$R\&D$	$R\&D$	$Riskpr$	$R\&D$
	(1)	(2)	(3)	(4)	(5)	(6)
$Hgend$	-0.981^{***}	-0.125^{***}	-0.915^{***}	-0.371^{***}	0.000	-0.377^{***}
	(-5.247)	(-2.997)	(-5.142)	(-2.987)	(0.011)	(-3.064)
$Hage$	-0.102	-0.322^{***}	0.218	1.742^{***}	0.002	1.772^{***}
	(-0.097)	(-6.718)	(0.221)	(3.860)	(0.066)	(4.079)
$Hdeg$	-11.355^{***}	-1.131^{***}	-9.709^{***}	-0.558	0.296	-0.544
	(-6.709)	(-3.660)	(-5.560)	(-0.572)	(1.532)	(-0.557)
$Hdeg\hat{}2$	12.813^{***}	0.913^{***}	11.496^{***}	0.850	-0.247	0.812
	(8.942)	(2.727)	(7.764)	(0.817)	(-1.299)	(0.785)
$Hfun$	1.038	0.318^{***}	-0.314	0.373	0.082^{**}	0.303
	(0.759)	(3.800)	(-0.194)	(1.001)	(2.553)	(0.765)
$Htenu$	-0.224	-0.293^{***}	-0.287	0.444^{**}	0.011	0.453^{***}
	(-0.199)	(-7.367)	(-0.254)	(2.556)	(0.401)	(2.591)
$Htenu\hat{}2$	-0.322	0.293^{***}	-0.388	0.073	-0.001	0.058
	(-0.456)	(12.591)	(-0.611)	(0.631)	(-0.032)	(0.494)

变量	期望落差			期望顺差		
	R&D	*Riskpr*	*R&D*	*R&D*	*Riskpr*	*R&D*
	(1)	(2)	(3)	(4)	(5)	(6)
Riskpr	—	—	1.504***	—	—	0.428**
	—	—	(3.221)	—	—	(2.279)
Tsize	−0.011	0.002***	−0.006	−0.009***	0.000	−0.009***
	(−1.553)	(2.825)	(−0.691)	(−3.457)	(0.292)	(−3.726)
Size	0.127	−0.009*	0.128	0.369***	−0.040***	0.393***
	(0.561)	(−1.910)	(0.610)	(8.322)	(−8.316)	(8.729)
Roe	−0.201	0.140***	−0.676	1.123***	0.151***	1.042***
	(−0.110)	(3.004)	(−0.420)	(3.459)	(10.349)	(3.079)
Stcon	0.013***	0.000	0.011**	−0.003***	−0.001***	−0.003***
	(2.849)	(0.131)	(2.250)	(−9.646)	(−3.496)	(−7.238)
Corage	3.032***	0.090***	2.984***	2.015***	0.124***	1.912***
	(3.210)	(3.489)	(3.379)	(25.868)	(6.069)	(23.598)
Market	0.260	−0.028*	0.288*	−0.178***	0.005	−0.180***
	(1.516)	(−1.899)	(1.744)	(−3.221)	(1.228)	(−3.307)
Dual	−0.111	0.018***	−0.153	0.068***	−0.009	0.068***
	(−0.461)	(3.443)	(−0.697)	(4.370)	(−1.629)	(5.035)
Growth	0.005	−0.005**	0.007	0.016	−0.004***	0.016
	(0.071)	(−2.282)	(0.113)	(0.853)	(−2.893)	(0.859)
FCI	0.049*	0.005**	0.035	0.015***	0.001***	0.015***
	(1.699)	(2.444)	(1.171)	(3.334)	(3.020)	(3.200)
Year	Yes	Yes	Yes	Yes	Yes	Yes
Industry	Yes	Yes	Yes	Yes	Yes	Yes
R^2	0.382	0.369	0.402	0.562	0.113	0.563
F	322.2	35.93	28.58	14.50	13.23	14.12

注：(1) ***，**，* 分别表示在1%，5%和10%水平上显著；(2)括号中为标准误。

资料来源：作者计算所得。

4.4 稳健性检验

为了保证实证结果的可靠性,本章从三个方面进行了稳健性检验。需要说明的是,模型1为仅加入控制变量对企业研发投资的回归分析;模型2为在模型1基础上,加入解释变量高管团队异质性对企业研发投资行为的回归分析;模型3为加入控制变量和解释变量高管团队异质性后,对组织风险偏好的回归分析;模型4为加入解释变量、中介变量以及控制变量后,对企业研发投资行为的回归分析。

(1)更换替代变量。针对被解释变量,将研发投资总额的测度指标替换为研发投资强度(研发支出与营业收入的比重),重新回归后的结果与前文基本保持一致(见表4.12)。但从拟合程度看,拟合效果要比研发投入总额的自然对数要差很多,究其原因可能是研发投入强度是一个相对数的概念,对于分母的选取可以是营业收入、净利润、净资产和总资产等指标,一定程度上也会影响显著性效果。因此,在进行高管团队异质性、组织风险偏好与企业研发投资行为的实证研究过程中,控制了资产总额,选用研发投入的自然对数来衡量被解释变量更具有合理性。

表 4.12　更换替代变量的回归结果

变量	模型1	模型2	模型3	模型4		
	全样本	全样本	全样本	全样本	国有企业	家族企业
	(1)	(2)	(3)	(4)	(5)	(6)
$Hgend$	—	0.052***	−0.017	0.052***	−0.020	0.057***
	—	(3.317)	(−1.186)	(3.325)	(−1.621)	(4.598)
$Hage$	—	−0.001	−0.046*	−0.003	0.017	0.028*
	—	(−0.061)	(−1.702)	(−0.141)	(0.502)	(1.655)
$Hdeg$	—	−0.224**	0.062	−0.224**	−0.520***	−0.205***
	—	(−2.186)	(0.539)	(−2.188)	(−5.116)	(−2.781)
$Hdeg^2$	—	0.227**	−0.002	0.228**	0.526***	0.206***
	—	(2.261)	(−0.019)	(2.263)	(4.006)	(2.929)
$Hfun$	—	−0.025***	0.045**	−0.024***	−0.054	−0.025***
	—	(−2.885)	(2.200)	(−2.868)	(−1.167)	(−2.752)
$Htenu$	—	−0.016*	0.029**	−0.016*	0.065	−0.021***
	—	(−1.880)	(2.249)	(−1.867)	(1.315)	(−2.705)

变量	模型1	模型2	模型3	模型4		
	全样本	全样本	全样本	全样本	国有企业	家族企业
	(1)	(2)	(3)	(4)	(5)	(6)
$Htenu\hat{}2$	—	0.006	−0.013*	0.005	−0.047	0.007**
	—	(1.415)	(−1.690)	(1.393)	(−1.322)	(2.001)
$Riskpr$	—	—	—	−0.018	0.056*	−0.004
	—	—	—	(−1.569)	(1.811)	(−0.412)
$Tsize$	0.000	0.000	0.000	0.000	0.000	0.000
	(0.097)	(1.080)	(0.116)	(1.082)	(0.763)	(1.168)
$Size$	0.006**	0.006**	−0.023***	0.006**	−0.021***	0.007**
	(2.420)	(2.112)	(−3.613)	(2.069)	(−3.108)	(2.144)
Roe	0.024***	0.019***	0.080***	0.021***	−0.025	0.033***
	(3.191)	(3.151)	(11.072)	(3.179)	(−1.603)	(2.831)
$Stcon$	−0.000***	−0.000***	−0.000	−0.000***	−0.000	−0.001***
	(−3.451)	(−2.993)	(−1.316)	(−2.991)	(−0.845)	(−5.549)
$Corage$	0.000	0.001	0.013***	0.001	0.004	0.000
	(0.018)	(0.662)	(6.215)	(1.026)	(1.572)	(0.089)
$Market$	−0.008*	−0.007*	0.012**	−0.007*	−0.029***	−0.003
	(−1.739)	(−1.728)	(2.035)	(−1.726)	(−8.265)	(−1.376)
$Dual$	0.004	0.005*	−0.003	0.005*	−0.070***	0.003
	(1.411)	(1.729)	(−0.529)	(1.728)	(−3.615)	(1.490)
FCI	0.001	0.001	0.001	0.001	0.001	0.001
	(0.961)	(0.691)	(1.606)	(0.863)	(1.015)	(1.347)
$Growth$	−0.007***	−0.007***	0.000	−0.007***	0.000	−0.007***
	(−5.865)	(−5.553)	(0.190)	(−5.618)	(0.119)	(−4.089)
Year	Yes	Yes	Yes	Yes	Yes	Yes
Industry	Yes	Yes	Yes	Yes	Yes	Yes
R^2	0.050 1	0.060 5	0.170	0.061 1	0.551	0.071 4
F	64.96	268.9	92.65	11.80	114.3	11.94

注：(1) ***，**，*分别表示在1％,5％和10％水平上显著；(2) 括号中为标准误。

资料来源：作者计算所得。

高管团队异质性与企业研发投资行为研究

（2）增加控制变量。重要的控制变量未被纳入模型也会引起结果的不稳定。考虑到地区发展水平和文化的影响,本章引入地区变量,将我国各省划分为东、中、西部三个地区进行回归分析。从表 4.13 回归结果可知,依然支持主检验的结论。

表 4.13 增加控制变量的回归结果

变量	模型 1	模型 2	模型 3	模型 4		
	全样本	全样本	全样本	全样本	国有企业	家族企业
	(1)	(2)	(6)	(10)	(11)	(12)
$Hgend$	—	0.308***	−0.016	0.302***	−0.639	0.355***
	—	(3.491)	(−1.083)	(3.383)	(−1.007)	(4.438)
$Hage$	—	0.867***	−0.038	0.949***	5.717***	1.096***
	—	(8.539)	(−1.366)	(8.931)	(3.201)	(9.178)
$Hdeg$	—	−1.581**	0.085	−1.546**	−12.009**	−0.222
	—	(−2.072)	(0.839)	(−2.084)	(−2.629)	(−0.358)
$Hdeg^2$	—	1.527*	−0.025	1.475*	9.250*	0.389
	—	(1.918)	(−0.244)	(1.925)	(1.773)	(0.611)
$Hfun$	—	−0.451**	0.051***	−0.496**	1.773	−0.385*
	—	(−2.489)	(2.694)	(−2.575)	(0.871)	(−1.909)
$Htenu$	—	0.239***	0.047***	0.213***	0.932**	0.083
	—	(3.505)	(4.036)	(3.268)	(2.287)	(1.081)
$Htenu^2$	—	−0.113	−0.028***	−0.099	−0.782**	0.011
	—	(−1.197)	(−2.936)	(−1.122)	(−3.112)	(0.092)
$Riskpr$	—	—	—	0.765***	1.966***	0.743***
	—	—	—	(4.422)	(4.057)	(4.023)
$Tsize$	0.002	−0.002	0.000	−0.002	0.007	−0.002
	(0.744)	(−0.636)	(0.173)	(−0.734)	(0.580)	(−0.844)
$Size$	0.584***	0.582***	−0.018**	0.600***	0.784***	0.582***
	(12.265)	(11.747)	(−2.379)	(13.417)	(10.536)	(13.161)
Roe	1.665***	1.625***	0.161***	1.476***	1.273	1.660***
	(5.996)	(6.042)	(17.129)	(6.117)	(1.436)	(5.566)

变量	模型 1	模型 2	模型 3	模型 4		
	全样本	全样本	全样本	全样本	国有企业	家族企业
	(1)	(2)	(6)	(10)	(11)	(12)
Stcon	−0.001	−0.001	−0.000	−0.001	−0.009	−0.003*
	(−0.588)	(−1.059)	(−1.296)	(−1.025)	(−0.785)	(−1.889)
Corage	0.096***	0.074***	0.014***	0.060***	0.054**	0.066***
	(11.507)	(7.784)	(8.382)	(5.510)	(2.553)	(6.214)
Market	−0.052***	−0.052***	0.010*	−0.058***	−0.329***	−0.051**
	(−3.215)	(−3.005)	(1.833)	(−2.885)	(−4.231)	(−2.445)
Dual	0.023**	0.019	−0.003	0.017	0.617***	0.014
	(2.071)	(1.544)	(−0.548)	(1.231)	(4.242)	(0.892)
FCI	0.042***	0.042***	0.005***	0.038***	0.102***	0.039***
	(18.635)	(17.786)	(4.648)	(18.987)	(4.166)	(14.423)
Growth	0.036***	0.035***	−0.001	0.033***	0.104***	0.026*
	(3.224)	(2.795)	(−0.658)	(2.660)	(3.244)	(1.730)
Diqu	3.838***	3.995***	0.134	3.728***	4.734***	3.636***
	(5.491)	(6.452)	(0.884)	(7.170)	(3.393)	(6.492)
Year	Yes	Yes	Yes	Yes	Yes	Yes
Industry	Yes	Yes	Yes	Yes	Yes	Yes
R²	0.584	0.589	0.186	0.594	0.812	0.599
F	100.1	49.17	91.49	71.52	573.6	69.37

注:(1) ***,**,*分别表示在 1%,5%和 10%水平上显著;(2) 括号中为标准误。
资料来源:作者计算所得。

　　(3) 引入工具变量。考虑到内生性问题,高管团队为了企业更好地发展会在研发投资上有所作为,会有意地按其意愿组建高管团队,即高管团队的异质性特征会影响到企业的研发投资行为,而反过来企业研发投资也会影响到高管团队的治理结构。为了解决可能产生的互为因果问题,考虑到样本数据的扩大性,将研发投入的前推一期作为被解释变量,同时解释变量中加入当期研发投入,将研发投入与高管团队异质性同时作为解释变量引入模型,进行双向固定效应模型的回归分析。表4.14结果显示依然支持主检验的结论。这也进一步验证了结果的稳定性。

表 4.14　引入工具变量的回归结果

变量	模型1	模型2	模型3	模型4		
	全样本	全样本	全样本	全样本	国有企业	家族企业
	(1)	(2)	(3)	(4)	(5)	(6)
$Hgend$	—	0.193**	−0.011	0.192**	−0.577	0.237***
	—	(2.166)	(−0.767)	(2.123)	(−1.161)	(2.615)
$Hage$	—	0.744***	−0.060**	0.790***	6.135***	0.868***
	—	(5.446)	(−2.385)	(5.987)	(3.733)	(8.007)
$Hdeg$	—	−0.362	0.119	−0.363	−11.456***	0.331
	—	(−0.466)	(1.428)	(−0.469)	(−3.014)	(0.463)
$Hdeg^2$	—	0.347	−0.067	0.339	9.246*	−0.225
	—	(0.438)	(−0.852)	(0.430)	(1.994)	(−0.297)
$Hfun$	—	−0.313	0.048***	−0.338*	1.191	−0.307
	—	(−1.583)	(3.017)	(−1.664)	(0.775)	(−1.496)
$Htenu$	—	0.289***	0.043***	0.274***	0.860	0.152*
	—	(4.125)	(5.112)	(3.886)	(1.603)	(1.678)
$Htenu^2$	—	−0.189*	−0.027***	−0.181*	−0.679*	−0.077
	—	(−1.814)	(−4.045)	(−1.788)	(−1.850)	(−0.622)
$LnRD$	—	0.452***	0.020***	0.445***	−0.263	0.454***
	—	(7.175)	(3.596)	(7.217)	(−1.489)	(7.869)
$Riskpr$	—	—	—	0.420***	1.642***	0.381***
	—	—	—	(4.848)	(3.111)	(4.751)
$Tsize$	0.002	−0.006***	−0.000	−0.006***	0.007	−0.006***
	(0.744)	(−2.888)	(−0.467)	(−2.919)	(0.489)	(−2.794)
$Size$	0.584***	0.313***	−0.033***	0.327***	0.916***	0.304***
	(12.265)	(5.328)	(−3.619)	(5.782)	(7.228)	(5.678)
Roe	1.665***	0.813***	0.146***	0.742***	2.079***	0.839***
	(5.996)	(8.038)	(7.382)	(7.029)	(3.059)	(5.994)

变量	模型 1	模型 2	模型 3	模型 4		
	全样本	全样本	全样本	全样本	国有企业	家族企业
	(1)	(2)	(3)	(4)	(5)	(6)
Stcon	−0.001	−0.001	−0.000	−0.001	−0.006	−0.003**
	(−0.588)	(−1.175)	(−1.197)	(−1.152)	(−0.698)	(−2.275)
Corage	0.096***	0.033***	0.013***	0.026***	0.080***	0.028***
	(11.507)	(3.119)	(7.799)	(2.659)	(3.189)	(2.872)
Market	−0.052***	−0.042***	0.010*	−0.045***	−0.397***	−0.044**
	(−3.215)	(−2.899)	(1.846)	(−3.294)	(−9.692)	(−2.385)
Dual	0.023**	−0.003	−0.003	−0.004	0.449***	−0.005
	(2.071)	(−0.305)	(−0.675)	(−0.351)	(3.413)	(−0.366)
FCI	0.042***	0.019***	0.004***	0.018***	0.107***	0.018***
	(18.635)	(10.723)	(4.331)	(7.467)	(4.667)	(6.178)
Growth	0.036***	0.054***	0.000	0.053***	0.144***	0.054***
	(3.224)	(5.390)	(0.120)	(5.429)	(3.579)	(5.890)
Diqu	3.838***	2.721***	0.145	2.590***	4.652**	2.673***
	(5.491)	(6.372)	(1.044)	(6.674)	(2.789)	(6.015)
Year	Yes	Yes	Yes	Yes	Yes	Yes
Industry	Yes	Yes	Yes	Yes	Yes	Yes
R^2	0.584	0.664	0.205	0.665	0.818	0.673
F	100.1	54.25	186.9	54.40	463.9	49.39

注：(1) ***，**，* 分别表示在1%，5%和10%水平上显著；(2) 括号中为标准误。
资料来源：作者计算所得。

因此，可以发现稳健性检验结果与前文实证结果没有显著性差异，表明本章的实证结果具有较强的稳健性和可靠性。

4.5 本章小结

高管团队异质性对企业来讲可能是一种资源，也可能孕育着风险，如何用好这把"双刃剑"，已成为实务界和学术界共同关注的问题。研发投资作为企业的重要决策行为,在很大程度上决定企业能否实现可持续发展。基于这一考虑,本章以2009—2016年创业板上市公司作为研究样本,在分析组织风险偏好对高管团队异质性与企业研发投资行为的中介效应路径分析的基础上,进一步探讨不同成长机会、融资约束以及期望差距下组织风险偏好中介效应的显著性差异。研究结果表明:

(1)高管团队异质性对企业研发投资行为具有不同的影响效果。具体地讲,与社会关联较大的社会异质性,即性别、年龄异质性在一定程度上都会促进企业的研发投资行为;与职业或者工作关联较大的职业异质性中,受教育水平异质性与企业研发投资行为呈现 U 型关系,即存在一个凹点,在凹点之前会抑制企业的研发投资行为,而凹点之后则会通过发挥团队成员中知识水平整体提高的优势,促进企业的研发投资行为,提升企业的技术创新能力;职业背景异质性与企业研发投资行为呈现负向关系;任期异质性则存在一个凸点,即与企业研发投资行为呈现倒 U 型关系,随着高管团队任职时间的增加,研发投资活动呈现先增后降的趋势。进一步区分产权后发现,在国有企业、家族企业和非家族企业中高管团队异质性对企业研发投资行为的影响存在显著差异。家族企业中高管团队性别和年龄异质性正向影响企业的研发投资行为;非家族企业性别异质性负向影响企业的研发投资行为;国有企业中高管团队年龄、受教育水平和任期异质性对企业研发投资行为的影响在 10% 以下的水平上显著。同样,在不同的成长机会、融资约束以及期望差距下,高管团队异质性与企业研发投资行为的影响也存在显著差异。

(2)高管团队异质性对组织风险偏好具有不同的影响效果。研究结果发现,全样本中高管团队职业背景异质性与组织风险偏好显著正相关,任期异质性与组织风险偏好呈现倒 U 型关系,具有显著的非线性关系。进一步区分产权后发现,在国有企业、家族企业和非家族企业中高管团队异质性对组织风险偏好的影响存在显著差异。而且家族企业中高管团队年龄异质性与组织风险偏好显著负相关,职业背景异质性与组织风险偏好正相关,任期异质性与组织风险偏好呈现倒 U型,与全样本分析结果基本一致。可以看出,创业板上家族企业中高管团队的年龄、职业背景和任期异质性对组织风险偏好的影响显著。而且在中介效应检验中还发现,高管团队的风险偏好与研发投资行为显著正相关,也就是冒险型、激进型的高管团队有助于研发投资行为;而风险规避型更看重损失对其产生的影响,不利于研发投资行为。

(3)组织风险偏好在高管团队异质性和研发投资行为之间存在显著的部分中介效应。而且,高管团队异质性特征与企业研发投资行为的影响,以及高管团队异质性特征与组织风险偏好的影响方向存在不一致。究其原因,一是组织风险偏好会受到高管团队中个体风险偏好影响的同时,也会受到团队成员内部沟通与协调过程的影响;二是不同的高管团队异质性特征在通过组织风险偏好中介路径影响企业研发投资行为的过程中,中介程度存在差异,也就是直接效应和间接效应的占比不同,导致了两者之间的不一致。在进一步区分不同的成长机会、融资约束和期望差距的情况下,组织风险偏好的中介强度也存在差异,而且低成长机会、低融资约束和期望落差下组织风险偏好对企业研发投资行为的影响程度更强。

第5章 高管团队异质性与企业研发投资行为
——激励机制的调节效应

与其他投资活动相比,研发投资是个不可逆的过程投资,具有投入金额大和研发周期长、风险高等特点,风险规避的高管团队成员往往更加谨慎,但也缺乏内在动力,这恰恰需要适当的激励制度来调整成员之间的不同利益关注点和缓解研发投资过程中的代理冲突。因此,本章在上一章组织风险偏好的中介效应研究基础上,从激励机制的视角,将激励机制划分为内部和外部两个子系统:一是包括高管薪酬激励和股权激励在内的内部高管激励机制;二是政府补贴的外部激励机制。本章聚焦于高管激励和政府补贴激励,着重研究薪酬激励制度、股权激励制度和政府补贴激励制度对高管团队异质性与企业研发投资行为的调节效应,并进一步区分期望差距、成长机会和融资约束,实证分析高管激励和政府补贴激励机制对高管团队异质性与企业研发投资行为的调节效应是否存在显著差异。

5.1 理论分析与研究假设

5.1.1 高管激励的调节效应

1) 高管激励在高管团队异质性与企业研发投资行为中的直接调节效应

高管团队作为企业的代理人,必须履行受托责任,推动企业持续健康发展。在这种情况下,如何解决代理理论引发的高管团队困境,最佳路径就是运用激励理论,建立科学有效的高管激励制度,通过影响高管团队的风险偏好,刺激企业的研发投资行为。激励理论认为,激励作用于人们的内心活动,激发、驱动和强化当事人的行为。科学合理的激励机制有利于处理需要、动机、目标和行为四者之间的关系,充分调动当事人的积极性和创造性。Sanders 和 Hambrick(2007)[270]指出代理理论关注基于结果的高管激励,如薪酬激励和股权激励。其中,薪酬激励制度属于短期激励形式,可以保证高管团队成员获得现实收益,适当的高管薪酬激励,可以有效抑制股东与管理层的冲突,鼓励管理者从事更多的风险性项目(李春涛、宋敏,2010)[271]。股权激励作为具有长期效应的激励手段,从理论上讲,对抑制代理冲突的作用更加明显,更有助于引导高管团队减少短期行为,致力于研发投资可能带来长期收益的经营活动。唐清泉和甄丽明(2009)[174]的实证研究结果表明管理层风险偏好的两维度风险倾向和风险认知均与研发投入显著正相关,并引入了激励机制,发现薪酬激励在管理层风险偏好与研发投入两者之间起到了显著的调节作用。因此,我们认为高管激励制度在高管团队异质性与企业研发投资行为的关系当中具有一定的调节作用。

众所周知,产权性质不同的企业,无论是高管团队建设还是激励制度设计都存在较大的差异(Mullins 和 Schoar,2016)[272]。国有企业的高管团队基本由政府有关部门任免,激励制度的制定通常由其主管部门执行,缺乏独立性和自主性。尽管2006 年国资委颁布了《国有控股上市公司(境内)实施股权激励试行办法》,鼓励国有企业对薪酬管理制度和股权激励进行改革,但受现行干部管理制度、绩效考评制度的影响,激励制度特别是股权激励制度在国有企业不断改革发展中很难得到有效实施。在创业板上市公司当中,由于绝大多数高管团队是创业人员或家族成员,激励制度对高管团队异质性与企业研发投资行为的调节作用更加明显。而且他们持有公司的绝对股份,往往更倾向于追求"确定性收益",因而出现壕沟效应,抑制企业的研发投资行为。考虑到薪酬激励的短期激励效应,家族企业中薪酬激励可能会强化高管团队异质性对企业研发投资行为的影响。而对于股权激励的长期激励效应,家族企业中股权激励会弱化高管团队职业异质性对企业研发投资行为的影响。基于上述分析,本章提出以下研究假设:

假设 H1-1a:薪酬激励调节高管团队异质性与企业研发投资行为之间的直接关系。与国有企业相比,家族企业中薪酬激励强化高管团队异质性对企业研发投资行为的影响。

假设 H1-1b:股权激励调节高管团队异质性与企业研发投资行为之间的直接关系。与国有企业相比,家族企业中股权激励会弱化高管团队异质性对企业研发投资行为的影响。

2) 高管激励在高管团队异质性与企业研发投资行为中的间接调节效应

Harris 和 Raviv(1979)[273]指出管理者希望他们的薪酬结构体现更少的个人风险。高管们相对更喜欢固定的现金薪酬而不是股权薪酬,因为后者与公司的股票回报率挂钩。在公司管理层和股东之间建立一种激励机制来协调管理者和股东的风险偏好,这种风险偏好在某些程度上超出了管理者的控制,管理者的人力资本的价值也会因公司的股票表现而变化（Mehran，1995）[274]。Devers，Wiseman 和 Holmes（2008）[275]在传统的薪酬代理理论观点的基础上，扩展了行为代理理论，形成一个关于薪酬因素如何影响风险偏好的理论解释，认为高管的风险偏好受到薪酬相关约束的影响。高管激励会影响管理者的风险偏好，进而对风险决策和行为产生重要影响（黄再胜，2012）[276]。因此，薪酬激励和股权激励会调节高管团队异质性对组织风险偏好的关系，并通过组织风险偏好影响企业研发投资行为。由于不同的产权性质，激励机制的调节效果也会产生差别（李春涛、宋敏，2010）[271]。与国有企业相比，家族企业中薪酬激励会使高管团队成员更有动力谋求企业的长远发展，从而强化高管团队异质性与组织风险偏好的影响，对其研发投资行为产生间接影响。而股权激励涉及长远的利益，对于家族企业来讲，由于所有者就是经营者，股权激励在某种程度上会弱化高管团队异质性与组织风险偏好的影响，从而对其研发投资行为产生间接影响。基于上述分析，本章提出以下研究假设：

假设 H1-2a：组织风险偏好对高管团队异质性与企业研发投资行为之间的部分中介作用受到薪酬激励前半路径的调节。与国有企业相比，家族企业中的薪酬激励强化高管团队异质性与组织风险偏好的影响，从而对其研发投资行为产生间接影响。

假设 H1-2b：组织风险偏好对高管团队异质性与企业研发投资行为之间的部分中介作用受到股权激励前半路径的调节。与国有企业相比，家族企业中的股权激励弱化高管团队异质性与组织风险偏好的影响，从而对其研发投资行为产生间接影响。

3）薪酬激励和股权激励在调节高管团队异质性与研发投资行为时的互补效应

尽管薪酬激励制度和股权激励制度都对高管团队异质性与企业研发投资行为具有调节效应，但任何一种激励机制的边际效用都是递减的，过度使用则可能产生负面效应。如前文所分析的股权激励，从理论上讲可以有效解决企业中的委托代理问题，促使高管团队确立有利于企业可持续发展的战略思想和理念，但实践中能否达到预期效果往往取决于高管团队成员的持股比例。当高管团队成员持有公司的绝对股份时，采用股权激励就可能出现负面效应。同理，薪酬激励也有其作用上限，并非"重赏之下，必有勇夫"。因此，在单一激励机制的效应受到限制时就需要寻求两者之间的互补效应。薪酬激励和股权激励的组合和调整会影响组织风险偏好，进而对风险决策和研发投资行为产生重要影响（Devers 等，2008）[277]。Devers，Wiseman 和 Holmes（2008）[275]认为基于现金的薪酬补偿能够调节基于个人股权的薪酬要素对其风险偏好和行为的影响，即两者之间存在互补效应。

根据两种激励制度产生的实际效果分析,并参考徐宁和徐向艺(2013)[179]等学者的观点,我们认为两种激励机制之间可以相互促进。基于上述分析,本章提出以下研究假设:

假设 H1-3:薪酬激励和股权激励在调节高管团队异质性与研发投资行为时具有互补效应。

基于上述分析,本节在组织风险偏好中介效应的基础上,引入薪酬激励和股权激励,建立高管激励对高管团队异质性与企业研发投资行为的调节效应模型(见图 5.1)。

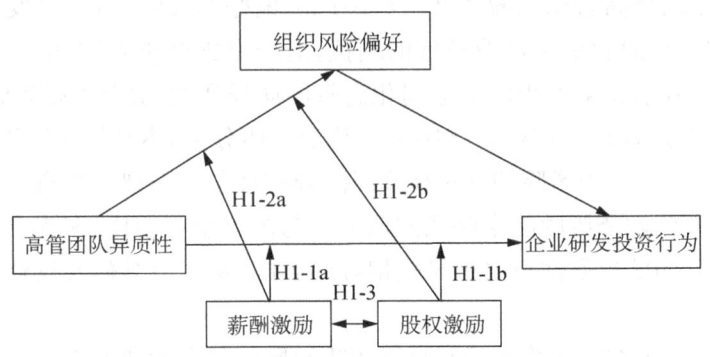

图 5.1　考虑高管激励调节的高管团队异质性与企业研发投资行为的理论框架
资料来源:作者根据研究思路设计绘制。

5.1.2　政府补贴激励的调节效应

1) 政府补贴激励在高管团队异质性与企业研发投资行为中的直接调节效应

考虑到企业的研发投资行为普遍具有不确定性和风险性,管理者进行风险承担和投资行为时需要考虑政府补贴激励的影响。政府作为国家创新活动的主导者,不仅仅是"环境营造者",同时在企业研发投资过程中也发挥着举足轻重的作用。唐跃军、左晶晶和李汇东(2014)[278]指出政府对企业进行补贴时存在信息不对称的现象,这会显著影响补贴的效果。对于政府补贴的影响结果,则存在着"促进效应—挤出效应"的研究范式,也就是说政府补贴在企业研发投资方面能提供资金支持,但也会产生不利的影响,降低资源配置,从而产生挤出效应。毛其淋和许家云(2016)[279]权衡政府补贴的利与弊,指出只有适度的补贴才能提高企业的风险承担,而高额度的政府补贴则会显著降低企业的风险承担。周明和吴翠青(2017)[280]也认为适度的补贴能提高企业的研发投资行为,即其与企业研发投资呈倒 U 型关系。因此,适度的政府补贴激励会对高管团队异质性与企业研发投资行为产生显著的影响。相对于家族企业,国有企业由于本身国有的属性,与政府关联性相对较大,政府补贴对高管团队异质性与企业研发投资行为的调节效应呈现倒 U 型趋势,即先强化后弱化的效果。基于上述分析,本章提出以下研究假设:

假设 H2-1:政府补贴激励能够调节高管团队异质性与企业研发投资行为之间的直接关系。与家族企业相比,国有企业中的政府补贴对高管团队异质性与企业研发投资行为的调节效应呈现倒 U 型趋势。

2) 政府补贴激励在高管团队异质性与企业研发投资行为中的间接调节效应

政府对于企业进行的研发补贴行为属于一种外部激励,这种行为会增加企业现有资金的参考点,可以看出政府补贴会影响到组织的风险偏好。孙秀丽、赵曙明和白晓明(2018)[281]指出高管团队冒险倾向会受到政府补贴等外部制度环境的影响。彭红星和毛新述(2017)[202]指出政府创新补贴与高管政治、研发技术背景存在显著的关联关系,即在政府补贴的影响下,高管政治、研发技术背景会提升企业的风险水平,进而提高企业的研发投资行为。基于市场失灵理论,在"看不见的手"无法有效发挥其作用的条件下,需要政府进行适当的干预,因此,政府补贴会影响高管团队异质性与组织风险偏好的关系,并通过组织风险偏好影响企业的研发投资行为。而且相比家族企业,国有企业中政府补贴的影响会存在一个凹点,在没达到凹点前会提高企业的抗风险能力,对组织风险偏好的影响效应更强,从而更大程度地影响企业的研发投资行为。但一旦超过一定的限度,政府补贴的调节效应则会减弱。基于上述分析,本章提出以下研究假设:

假设 H2-2:组织风险偏好对高管团队异质性与企业研发投资行为之间关系的部分中介作用受到政府补贴前半路径的调节。与家族企业相比,国有企业中的政府补贴对高管团队异质性与组织风险偏好的调节效应呈现倒 U 型趋势。

本节从政府补贴激励视角出发,建立了高管团队异质性与企业研发投资行为的理论框架模型(见图 5.2)。

5.1.3　高管激励与政府补贴激励的综合调节效应

企业的研发投资行为不仅受到内部激励(薪酬激励和股权激励)和外部激励(政府补贴激励)的影响,而且受到薪酬激励、股权激励和政府补贴激励彼此交互的协同影响。在治理机制中,单个激励机制的边际效用呈递减趋势,若过度使用甚至会产生不良影响,任何一种激励机制并非是独立存在的,需要与其他治理机制相配合,才能实现最优的治理结构(Ward,Brown 和 Rodriguez,2009)[282]。为了促进研发投资的经济产出,同时也提高企业承担扩大就业等社会责任,政府补贴激励对企业发挥着"看得见的手"作用。同时,政府补贴可能向外部投资者传递企业资质

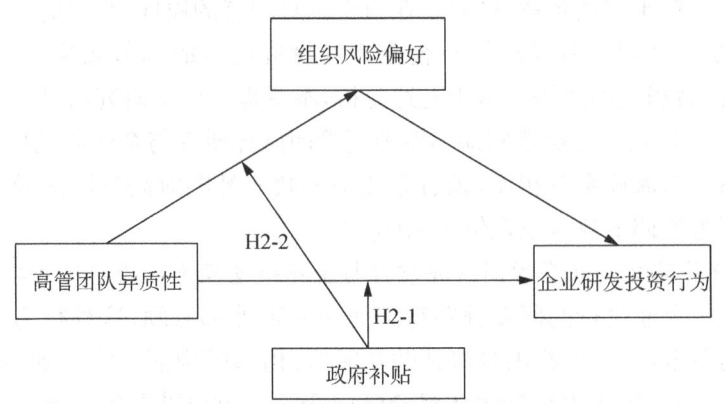

图 5.2 考虑政府补贴调节的高管团队异质性与企业研发投资行为的理论框架

资料来源:作者根据研究思路设计绘制。

良好的信号,使企业更容易获得银行贷款,从而降低外部融资成本,影响企业的研发投资行为(唐清泉、罗党论,2007)[283]。而企业内部薪酬激励和股权激励的合理组合,也会影响企业的研发投资行为。高管激励和政府补贴激励对提升公司研发投资的激励效果具有交互效应。企业外部政府行为和内部治理行为的影响,在某种程度上将会交互影响企业的研发投资行为,即高管激励和政府补贴激励的综合效果会同时影响着企业的研发投资行为。因此,对于企业研发投资行为的激励机制,股权激励机制也应该和薪酬激励与政府补贴激励相结合,组成最优的治理结构。基于上述分析,本章提出以下研究假设:

假设 H3:高管激励和政府补贴激励在调节高管团队异质性与研发投资行为时具有交互影响。而且高管激励和政府补贴激励调节高管团队异质性与企业研发投资行为的直接效应,同时也调节高管团队异质性通过组织风险偏好进而影响企业研发投资行为的部分中介效应。

5.1.4 不同成长机会下激励调节的差异

吕一博、苏敬勤和傅宇(2008)[284]强调环境作为企业的资源储备对企业成长机会的重要性,指出企业在动态和不稳定的环境中的成长机会要多于静态和相对稳定的环境。由于企业成长机会不同,面临的需求不同,高管激励和政府补贴激励会影响高管团队面临的内部和外部环境,对高管团队异质性与企业研发投资行为的影响也存在差异。处于较低成长机会的公司由于其投资扩张成本大于收益,适度的激励机制会显著提高组织风险偏好,进而提高企业的研发投资行为。低成长机会下,企业面临的不确定风险相对较低,通过激励机制识别机会,进行研发活动,成为企业早期发展的捷径。因此,相对于中低成长和高成长机会,低成长机会下激励机制对高管团队异质性与企业研发投资行为的调节效应更强。基于上述分析,本章提出以下研究假设:

假设 H4-1:不同成长机会下,薪酬激励的直接和间接调节效应存在显著差异,而且相对于中低成长和高成长机会,低成长机会下薪酬激励对组织风险偏好的影响效应更强。

假设 H4-2:不同成长机会下,股权激励的直接和间接调节效应存在显著差异,而且相对于中低成长和高成长机会,低成长机会下股权激励对组织风险偏好的影响效应更强。

假设 H4-3:不同成长机会下,政府补贴激励的直接和间接调节效应存在显著差异,而且相对于中低成长和高成长机会,低成长机会下政府补贴激励对组织风险偏好的影响效应更强。

5.1.5 不同融资约束下激励调节的差异

当企业面临不同的融资约束时,公司的投资决策可能受内部现金流敏感性的影响,使企业无法投资有利可图的项目,对于风险性的投资就会表现出不同的风险偏好(Banerjee 和 Duflo,2010)[285]。可见,中小企业中融资约束受限的话,将会影响组织的风险偏好,可能会造成风险偏好的逆转,对高管团队异质性与组织风险偏好的关系产生显著的调节作用。在高管团队异质性既定的情况下,能否有效发挥高管异质性"正能量",尽可能避免不利影响,将取决于企业不同环境下的资源配置。相比于融资约束程度高的企业,低融资约束程度企业,适当的激励机制,比如薪酬激励、股权激励以及政府补贴激励会对高管团队异质性与企业研发投资行为产生显著的直接和间接调节效果。而融资约束程度高的企业很难从银行获得贷款,企业在面对更高利润的投资项目时管理层将面临更多的资金限制,一旦获得一定的内部和外部激励调节,企业创新投资的资金可能被挪作他用,反而会降低或放缓企业的研发投资行为。基于上述分析,本章提出以下研究假设:

假设 H5-1:不同融资约束下,薪酬激励的直接和间接调节效应存在显著差异,而且相对于高融资约束,低融资约束下薪酬激励对组织风险偏好的影响效应更强。

假设 H5-2:不同融资约束下,股权激励的直接和间接调节效应存在显著差异,而且相对于高融资约束,低融资约束下股权激励对组织风险偏好的影响效应更强。

假设 H5-3:不同融资约束下,政府补贴激励的直接和间接调节效应存在显著差异,而且相对于高融资约束,低融资约束下政府补贴激励对组织风险偏好的影响效应更强。

5.1.6 不同期望差距下激励调节的差异

Lim 和 Mccann(2013)[286]指出管理者在不同的治理环境中具有不同的风险偏好,管理者代理行为的理性是有限度的,其中激励调节是一个关键的缓和因素。洪峰(2018)[287]认为高管是理性的,他们会在行为决策过程中寻找一个参照点,来调整企业的风险承担水平。李健等(2018)[288]也指出企业风险承担水平以及持续创新能力的提升会受到期望落差的影响。期望落差与企业研发投资行为的关系会受到冗余资源与竞争威胁的调节(贺小刚等,2017)[263]。因此,不同的期望差距下,激励机制对高管团队异质性与企业研发投资行为的调节效应也会存在差异。相对于期望顺差,期望落差下激励机制的调节效应更为显著,对组织风险偏好中介变量的调节效应更强。基于上述分析,本章提出以下研究假设:

假设 H6-1:不同期望差距下,薪酬激励的直接和间接调节效应存在显著差异,而且相对于期望顺差,期望落差下薪酬激励对组织风险偏好的影响效应更强。

假设 H6-2:不同期望差距下,股权激励的直接和间接调节效应存在显著差异,而且相对于期望顺差,期望落差下股权激励对组织风险偏好的影响效应更强。

假设 H6-3:不同期望差距下,政府补贴激励的直接和间接调节效应存在显著差异,而且相对于期望顺差,期望落差下政府补贴激励对组织风险偏好的影响效应更强。

5.2 研究设计

5.2.1 样本选择与数据来源

本章选取 2009—2016 年创业板上市公司为研究样本,考虑到研发投资行为的延迟性,以 2009—2017 年的年报数据作为非平衡面板数据,研究激励机制对高管团队异质性与企业研发投资行为的调节效应。高管激励的相关数据主要来源于 CSMAR 治理结构数据库,对相关数据不全的样本借助证券之星、新浪财经网、巨潮资讯网等财经网站加以补充。政府补贴数据主要来源于 Wind 数据库中财务报表附注的政府补助项目,缺失数据通过年度财务报表手工检索加以补充。为了保证数据的准确性,利用 Wind、CSMAR 和 RESSET 等数据库交互验证数据是否一致,以及为了消除极端值的影响,对变量数据按照 1%～99%进行了缩尾处理。其他数据的获取在第 4 章已作详细阐述。本章的数据分析通过 Stata 15.0 和 Excel

2016 等软件实现。

5.2.2 变量选择与定义

（1）高管激励（Pay & $Stock$）。高管激励主要包括薪酬激励和股权激励（周仁俊、杨战兵和李礼，2010；刘振、刘博，2018）[289-290]，对于薪酬激励和股权激励变量的衡量，借鉴徐宁和徐向艺（2013）[179]等学者的研究。高管薪酬激励（Pay）选用高管团队成员薪酬前三名之和，然后取自然对数进行测量；高管股权激励（$Stock$）则选取高管团队持股比例进行测量，计算方法为上市公司年报披露的高管团队持股总数除以公司总股数。

（2）政府补贴（Sub）。政府补贴是指政府向企业财政拨款、贴息以及税收返还。本章借鉴唐清泉、卢珊珊和李懿东（2008）[291]，梁彤缨、雷鹏和陈修德（2015）[292]，周明和吴翠青（2017）[280]等学者的研究，考虑政府补贴数额大小，采用政府补贴数额的自然对数衡量①。

其余变量均在第 4 章中详细说明，在此不再赘述。

5.2.3 模型构建

为了检验薪酬激励、股权激励和政府补贴激励对高管团队异质性与企业研发投资行为直接关系的调节效应，借鉴方杰等（2015）[293]，温忠麟、侯杰泰和张雷[294]的研究思路，引入自变量与调节变量交乘项，建立回归模型（5.1a）、（5.1b）和（5.1c），判断薪酬激励、股权激励和政府补贴对高管团队异质性与企业研发投资行为直接关系的调节效应，以此检验假设 H1-1a、H1-1b、H2-1。并在此模型基础上区分不同成长机会、融资约束以及期望差距，进一步检验假设 H4-1、H4-2、H4-3、H5-1、H5-2、H5-3、H6-1、H6-2、H6-3。当乘积项 $HTMT_{it} \times Pay_{it}$、$HTMT_{it} \times Stock_{it}$ 和 $HTMT_{it} \times Sub_{it}$ 的系数 a_3 显著时，说明薪酬激励对高管团队异质性和企业研发投资行为之间的直接关系具有显著的调节作用。

$$R\&D_{it+1} = a_0 + a_1 HTMT_{it} + a_2 Pay_{it} + a_3 HTMT_{it} \times Pay_{it} +$$
$$a_4 Controlvariables_{it} + \sum Year + \sum Industry + \varepsilon_{it} \quad (5.1a)$$
$$R\&D_{it+1} = a_0 + a_1 HTMT_{it} + a_2 Stock_{it} + a_3 HTMT_{it} \times Stock_{it} +$$
$$a_4 Controlvariables_{it} + \sum Year + \sum Industry + \varepsilon_{it} \quad (5.1b)$$

---

① 在实证分析过程中发现政府补贴作为自变量对企业研发投资行为的影响存在非线性特征，因此引入政府补贴和其平方项进行调节分析。

$$R\&D_{it+1} = a_0 + a_1 HTMT_{it} + a_2 Sub_{it} + a_3 HTMT_{it} \times Sub_{it} +$$
$$a_4 Controlvariables_{it} + \sum Year + \sum Industry + \varepsilon_{it} \quad (5.1c)$$

为了分析薪酬激励、股权激励与政府补贴是否调节组织风险偏好前半路径,判断组织风险偏好对高管团队异质性与企业研发投资行为之间的部分中介作用是否受到薪酬激励、股权激励与政府补贴前半路径的调节,建立回归模型(5.2a)和(5.3a)、(5.2b)和(5.3b)、(5.2c)和(5.3c)两两配对方程组。当模型(5.2a)、(5.2b)和(5.2c)中乘积项 $HTMT_{it} \times Pay_{it}$、$HTMT_{it} \times Stock_{it}$ 和 $HTMT_{it} \times Sub_{it}$ 的系数 b_3 显著时,说明薪酬激励、股权激励和政府补贴调节高管团队异质性和组织风险偏好之间关系。当模型(5.2a)、(5.2b)和(5.2c)中乘积项 $HTMT_{it} \times Pay_{it}$、$HTMT_{it} \times Stock_{it}$ 和 $HTMT_{it} \times Sub_{it}$ 的系数 b_3 显著,且模型(5.3a)、(5.3b)和(5.3c)中组织风险偏好 $Riskpr_{it}$ 的系数 c_2 显著时,说明该有调节的中介模型中前半路径的调节是存在的,以此检验假设H1-2a、H1-2b、H2-2。在此模型基础上区分不同成长机会、不同融资约束以及期望差距,可以进一步检验假设 H4-1、H4-2、H4-3、H5-1、H5-2、H5-3、H6-1、H6-2、H6-3。

$$Riskpr_{it} = b_0 + b_1 HTMT_{it} + b_2 Pay_{it} + b_3 HTMT_{it} \times Pay_{it} +$$
$$b_4 Controlvariables_{it} + \sum Year + \sum Industry + \varepsilon_{it} \quad (5.2a)$$

$$Riskpr_{it} = b_0 + b_1 HTMT_{it} + b_2 Stock_{it} + b_3 HTMT_{it} \times Stock_{it} +$$
$$b_4 Controlvariables_{it} + \sum Year + \sum Industry + \varepsilon_{it} \quad (5.2b)$$

$$Riskpr_{it} = b_0 + b_1 HTMT_{it} + b_2 Sub_{it} + b_3 HTMT_{it} \times Sub_{it} +$$
$$b_4 Controlvariables_{it} + \sum Year + \sum Industry + \varepsilon_{it} \quad (5.2c)$$

$$R\&D_{it+1} = c_0 + c_1 HTMT_{it} + c_2 Riskpr_{it} + c_3 Pay_{it} + c_4 HTMT_{it} \times Pay_{it} +$$
$$c_5 Controlvariables_{it} + \sum Year + \sum Industry + \varepsilon_{it} \quad (5.3a)$$

$$R\&D_{it+1} = c_0 + c_1 HTMT_{it} + c_2 Riskpr_{it} + c_3 Stock_{it} + c_4 HTMT_{it} \times Stock_{it} +$$
$$c_5 Controlvariables_{it} + \sum Year + \sum Industry + \varepsilon_{it} \quad (5.3b)$$

$$R\&D_{it+1} = c_0 + c_1 HTMT_{it} + c_2 Riskpr_{it} + c_3 Sub_{it} + c_4 HTMT_{it} \times Sub_{it} +$$
$$c_5 Controlvariables_{it} + \sum Year + \sum Industry + \varepsilon_{it} \quad (5.3c)$$

为了分析薪酬激励和股权激励在高管团队异质性与企业研发投资行为调节过程中的交互作用,验证研究假设 H1-3,本章将高管薪酬激励和高管股权激励同时引入,建立回归模型(5.4)、(5.5)和(5.6),考察高管团队异质性、薪酬激励和股权激励的交乘项系数符号与未加入薪酬激励和股权激励时的变量系数符号。如果符号相同,表明高管薪酬激励的边际效应随高管股权激励的增加而增加,两者之间存在互补效应;如果符号相反,表明高管薪酬激励的边际效应随股权激励的增加而递减,两者之间存在替代关系。

$$R\&D_{it+1} = d_0 + d_1 HTMT_{it} + d_2 Pay_{it} + d_3 Stock_{it} + d_4 HTMT_{it} \times Pay_{it} +$$
$$d_5 HTMT_{it} \times Stock_{it} + d_6 HTMT_{it} \times Pay_{it} \times Stock_{it} +$$
$$d_7 Controlvariables_{it} + \sum Year + \sum Industry + \varepsilon_{it} \qquad (5.4)$$

$$Riskpr_{it} = d_0 + d_1 HTMT_{it} + d_2 Pay_{it} + d_3 Stock_{it} + d_4 HTMT_{it} \times Pay_{it} +$$
$$d_5 HTMT_{it} \times Stock_{it} + d_6 HTMT_{it} \times Pay_{it} \times Stock_{it} +$$
$$d_7 Controlvariables_{it} + \sum Year + \sum Industry + \varepsilon_{it} \qquad (5.5)$$

$$R\&D_{it+1} = c_0 + c_1 HTMT_{it} + c_2 Riskpr_{it} + c_3 Pay_{it} + c_4 Stock_{it} + c_5 HTMT_{it} \times$$
$$Pay_{it} + c_6 HTMT_{it} \times Stock_{it} + c_7 HTMT_{it} \times Pay_{it} \times Stock_{it} +$$
$$c_7 Controlvariables_{it} + \sum Year + \sum Industry + \varepsilon_{it} \qquad (5.6)$$

为了检验政府补贴与高管激励对高管团队异质性与企业研发投资行为调节效果是否存在交互影响,验证研究假设 H3,本章构建模型(5.7)、(5.8)和(5.9)。

$$R\&D_{it+1} = f_0 + f_1 HTMT_{it} + f_2 Pay_{it} + f_3 Stock_{it} + f_4 Sub_{it} + f_5 HTMT_{it} \times$$
$$Pay_{it} + f_6 HTMT_{it} \times Stock_{it} + f_7 HTMT_{it} \times Sub_{it} + f_8 HTMT_{it} \times$$
$$Pay_{it} \times Stock_{it} + f_9 HTMT_{it} \times Pay_{it} \times Sub_{it} + f_{10} HTMT_{it} \times$$
$$Stock_{it} \times Sub_{it} + f_{11} HTMT_{it} \times Pay_{it} \times Stock_{it} \times Sub_{it} +$$
$$f_{12} Controlvariables_{it} + \sum Year + \sum Industry + \varepsilon_{it} \qquad (5.7)$$

$$Riskpr_{it} = f_0 + f_1 HTMT_{it} + f_2 Pay_{it} + f_3 Stock_{it} + f_4 Sub_{it} + f_5 HTMT_{it} \times$$
$$Pay_{it} + f_6 HTMT_{it} \times Stock_{it} + f_7 HTMT_{it} \times Sub_{it} + f_8 HTMT_{it} \times$$
$$Pay_{it} \times Stock_{it} + f_9 HTMT_{it} \times Pay_{it} \times Sub_{it} + f_{10} HTMT_{it} \times$$
$$Stock_{it} \times Sub_{it} + f_{11} HTMT_{it} \times Pay_{it} \times Stock_{it} \times Sub_{it} +$$
$$f_{12} Controlvariables_{it} + \sum Year + \sum Industry + \varepsilon_{it} \qquad (5.8)$$

$$R\&D_{it+1} = f_0 + f_1 HTMT_{it} + f_2 Riskpr_{it} + f_3 Pay_{it} + f_4 Stock_{it} + f_5 Sub_{it} +$$
$$f_6 HTMT_{it} \times Pay_{it} + f_7 HTMT_{it} \times Stock_{it} + f_8 HTMT_{it} \times$$
$$Sub_{it} + f_9 HTMT_{it} \times Pay_{it} \times Stock_{it} + f_{10} HTMT_{it} \times Pay_{it} \times$$
$$Sub_{it} + f_{11} HTMT_{it} \times Stock_{it} \times Sub_{it} + f_{12} HTMT_{it} \times Pay_{it} \times$$
$$Stock_{it} \times Sub_{it} + f_{13} Controlvariables_{it} + \sum Year +$$
$$\sum Industry + \varepsilon_{it} \qquad (5.9)$$

上述模型中 $HTMT$ 代表高管团队性别、年龄、受教育水平、职业背景及任期异质性，$Riskpr$ 代表组织风险偏好，Pay 代表高管薪酬激励，$Stock$ 代表高管股权激励，Sub 代表政府补贴，$Controlvariable$ 代表高管同质性特征、公司规模、团队规模、成长性、资产收益率、股权集中度、公司上市时间等控制变量，ε 为随机误差，i 表示公司样本，t 表示公司年份，Year 代表年度因素，Industry 代表行业因素。同时，在以上多元回归的调节效应分析中，为了避免产生多重共线性，本章借鉴 Dalal 和 Zickar(2012)[295] 等学者的做法，将产生交乘项的变量，如高管团队异质性和政府补贴、薪酬激励、股权激励进行中心化处理，但这对调节效应的检验结果并没有影响。

5.2.4 描述性统计

考虑到上一章对主要解释变量、自变量、因变量以及控制变量已进行了描述性统计和相关性分析，为了便于对本章的调节变量做描述性统计和相关性分析，表 5.1区分产权性质对薪酬激励、股权激励和政府补贴激励等主要变量进行描述性分析。高管团队平均持股 33.5%，董事、监事及高管薪酬前三名自然对数平均值为14.140，最大值为 15.650，最小值为 12.950，反映高管激励制度尚有发挥空间。政府补贴均值为 15.580，最小值为 12.250，最大值为 18.410，表明政府对不同类型和规模的企业补贴力度存在显著差别。区分产权性质，从薪酬激励均值来看，家族企业薪酬均值为 14.120 和非家族企业的薪酬均值为 14.530，都高于国有企业14.050，说明家族和非家族企业偏重于薪酬激励；从股权激励均值来看，家族企业的股权激励均值为 0.350，高于国有企业 0.059 和非家族企业 0.254，说明家族企业由于本身所有权与经营权高度统一，管理层持股水平较高；从政府补贴均值来看，国有企业政府补贴力度为 15.970，高于家族企业 15.550 和非家族企业 15.770，说明国有企业受到的政府补贴激励行为高于家族企业和非家族企业，政府部门会将研发补贴金额更多地倾向于国有企业。

表 5.1　主要变量描述性统计结果

样本类型	variables	N	Mean	p50	Sd	Min	max
全样本	Pay	2 041	14.140	14.110	0.544	12.950	15.650
	$Stockrate$	2 036	0.335	0.369	0.209	0	0.705
	Sub	2 034	15.580	15.610	1.114	12.250	18.410
国有企业	Pay	67	14.050	14.030	0.423	12.950	15.250
	$Stockrate$	67	0.059	0.015	0.109	0	0.563
	Sub	64	15.970	15.890	1.165	13.300	18.410

样本类型	variables	N	Mean	p50	Sd	Min	max
家族企业	*Pay*	1 858	14.120	14.100	0.538	12.950	15.650
	Stockrate	1 854	0.350	0.383	0.204	0	0.705
	Sub	1 855	15.550	15.59	1.093	12.250	18.410
非家族企业	*Pay*	116	14.530	14.650	0.552	13.200	15.63
	Stockrate	115	0.254	0.244	0.214	0	0.705
	Sub	115	15.770	15.770	1.341	12.25	18.41

资料来源：作者计算所得。

为了检验各变量之间是否存在多重共线性，有必要对各变量进行 Pearson 相关系数检验，表 5.2 对解释变量、自变量、因变量以及调节变量等主要变量进行相关性分析，在此不再对控制变量进行赘述。结果表明解释变量和控制变量之间的相关系数绝对值均没有超过 0.5，也就是主要变量之间不存在严重的多重共线性。出于稳健性考虑，进行方差膨胀因子分析，结果显示方差膨胀因子值（VIF）最大值为 2.82，平均值为 1.49，说明各变量之间没有出现严重的多重共线性问题。由于相关性分析并不能准确反映变量之间的因果关系，因此需进一步结合提出的假设，验证各变量之间的关系。

5.3 实证分析

5.3.1 高管激励的调节检验

1）薪酬激励和股权激励的直接调节检验

表 5.3 中列（1）显示，在控制高管团队同质性、企业规模、盈利能力等变量的基础上，高管团队性别异质性与薪酬激励的交乘项系数（$\beta=-0.390$，$p<0.01$）、受教育水平异质性与薪酬激励的交乘项系数（$\beta=0.486$，$p<0.01$）、职业背景异质性与薪酬激励的交乘项系数（$\beta=-0.608$，$p<0.05$）、任期异质性与薪酬激励的交乘项系数（$\beta=0.246$，$p<0.01$）均在 10% 以下的水平显著，年龄异质性与薪酬激励的交乘项系数（$\beta=-0.351$）虽然没有通过显著性测试，但在非家族企业样本中通过显著性测试，验证了薪酬激励调节高管团队异质性与企业研发投资行为之间的直接关系。进一步根据产权性质区分样本进行 chow 检验，Chow Test 值为 2.11，p 值为 0.000，在 1% 的水平上拒绝了无显著变化的零假设，即国有企业、家族企业和非家族企业三个分样本之间薪酬激励机制的调节效应存在显著差异。列（2）、列（3）

表 5.2 主要变量相关性分析结果

	R&D	Hgend	Hage	Hdeg	Hfun	Htenu	Pay	Stock	Sub
R&D	1	—	—	—	—	—	—	—	—
Hgend	−0.026	1	—	—	—	—	—	—	—
Hage	−0.075***	0.165***	1	—	—	—	—	—	—
Hdeg	−0.204***	0.023	0.072***	1	—	—	—	—	—
Hfun	−0.057***	−0.120***	−0.030	−0.053**	1	—	—	—	—
Htenu	0.102***	0.062***	0.025	−0.019	−0.028	1	—	—	—
Pay	0.413***	0.027	−0.062***	−0.164***	−0.148***	0.087***	1	—	—
Stock	−0.140***	0.078***	0.042*	0.054**	0.068***	−0.123***	−0.177***	1	—
Sub	0.441***	−0.019	−0.076***	−0.102***	−0.132***	0.100***	0.299***	−0.193***	1

资料来源:作者计算所得。

表 5.3 高管激励调节高管团队异质性与企业研发投资的直接回归结果

变量	薪酬激励				股权激励			
	全样本	国有企业	家族企业	非家族企业	全样本	国有企业	家族企业	非家族企业
	(1)	(2)	(3)	(4)	(5)	(6)	(7)	(8)
$Hgend$	0.285***	-0.524	0.353***	-1.022**	0.382***	-0.181	0.426***	-0.003
	(3.191)	(-1.096)	(5.326)	(-2.663)	(4.259)	(-0.117)	(6.017)	(-0.016)
$Hage$	0.821***	6.923***	0.942***	-0.233	0.790***	-6.879	0.885***	4.594
	(6.391)	(3.967)	(9.178)	(-0.108)	(6.731)	(-0.933)	(8.990)	(1.649)
$Hdeg^2$	-0.000	0.244	0.210	1.085**	-0.059	6.616***	0.149	-0.424
	(-0.002)	(0.310)	(1.411)	(2.182)	(-0.537)	(5.918)	(0.893)	(-0.882)
$Hfun$	-0.359**	2.060**	-0.243	2.632**	-0.345**	22.140**	-0.270	0.809
	(-2.128)	(3.005)	(-1.369)	(2.557)	(-2.059)	(2.306)	(-1.379)	(0.906)
$Htenu^2$	0.084**	0.156*	0.089**	-0.171	0.061*	0.111	0.068**	-0.259**
	(1.983)	(2.081)	(2.084)	(-1.258)	(1.725)	(0.737)	(2.027)	(-2.241)
$Lnpay$	0.010	0.932***	0.019	0.136	—	—	—	—
	(0.362)	(4.099)	(0.988)	(1.003)	—	—	—	—
$Hgend \times Pay$	-0.390***	2.547	-0.434***	-0.389	—	—	—	—
	(-9.442)	(1.148)	(-6.374)	(-0.934)	—	—	—	—
$Hage \times Pay$	-0.351	5.264	-0.418	3.549**	—	—	—	—
	(-0.610)	(1.706)	(-0.724)	(2.225)	—	—	—	—
$Hdeg \times Pay$	0.486***	2.030	0.451***	0.116	—	—	—	—
	(3.413)	(1.311)	(3.572)	(0.124)	—	—	—	—

（续表）

变量	薪酬激励				股权激励			
	全样本 (1)	国有企业 (2)	家族企业 (3)	非家族企业 (4)	全样本 (5)	国有企业 (6)	家族企业 (7)	非家族企业 (8)
$Hfun \times Pay$	−0.608**	−1.890	−0.425	−2.908***	—	—	—	—
	(−2.079)	(−1.360)	(−1.317)	(−3.338)				
$Htenu \times Pay$	0.246***	1.013***	0.291***	0.878**	—	—	—	—
	(2.920)	(4.634)	(2.942)	(2.513)				
$Stock$	—	—	—	—	0.123	−2.381	0.129**	−0.583
					(1.356)	(−1.246)	(2.220)	(−0.717)
$Hgend \times Stock$	—	—	—	—	0.905***	4.158	0.650**	4.409***
					(3.208)	(0.859)	(2.095)	(3.672)
$Hage \times Stock$	—	—	—	—	1.258*	−33.560*	1.573**	−13.566
					(1.690)	(−1.930)	(2.391)	(−1.679)
$Hdeg \times Stock$	—	—	—	—	0.609***	24.547***	0.402	−8.656***
					(3.232)	(8.655)	(1.172)	(−6.249)
$Hfun \times Stock$	—	—	—	—	3.327***	67.764**	3.355***	4.333**
					(3.921)	(2.417)	(4.984)	(2.122)
$Htenu \times Stock$	—	—	—	—	−0.497***	0.466	−0.609***	1.669***
					(−9.286)	(0.399)	(−7.461)	(3.367)
$Tsize$	−0.001	0.001	−0.001	0.011	−0.000	0.002	−0.000	0.011**
	(−0.245)	(0.149)	(−0.514)	(1.191)	(−0.210)	(0.178)	(−0.323)	(2.292)

变量	薪酬激励				股权激励			
	全样本	国有企业	家族企业	非家族企业	全样本	国有企业	家族企业	非家族企业
	(1)	(2)	(3)	(4)	(5)	(6)	(7)	(8)
Size	0.573***	0.362***	0.557***	0.343***	0.586***	0.734***	0.567***	0.291***
	(12.554)	(3.855)	(11.513)	(4.941)	(12.353)	(6.689)	(11.778)	(11.415)
Roe	1.679***	0.704**	1.810***	-0.947***	1.669***	3.561***	1.836***	-1.852***
	(5.551)	(2.949)	(5.230)	(-4.564)	(5.736)	(10.526)	(5.471)	(-4.584)
Stcom	-0.001	-0.024**	-0.003*	0.013***	-0.001	0.014	-0.002	0.016**
	(-0.892)	(-2.322)	(-1.886)	(4.950)	(-0.472)	(1.051)	(-1.392)	(2.450)
Corage	0.085***	0.195***	0.086***	0.171***	0.082***	0.096**	0.086***	0.172***
	(10.201)	(5.303)	(10.937)	(7.288)	(10.453)	(2.922)	(14.620)	(9.056)
Market	-0.055***	-0.326***	-0.046***	-0.438***	-0.051***	-0.258***	-0.042**	-0.203***
	(-4.426)	(-4.436)	(-2.764)	(-4.353)	(-2.968)	(-3.409)	(-2.156)	(-9.734)
Dual	0.027**	0.036	0.020	-0.111	0.033***	0.889***	0.026*	0.057
	(2.570)	(0.152)	(1.605)	(-0.825)	(2.713)	(3.762)	(1.859)	(0.379)
FCI	0.042***	0.006	0.043***	-0.013	0.041***	0.100***	0.041***	-0.039***
	(17.686)	(0.307)	(17.918)	(-0.984)	(16.536)	(4.932)	(13.345)	(-3.117)
Growth	0.036***	-0.011	0.031*	-0.038**	0.037***	0.174***	0.029*	0.014
	(2.695)	(-0.369)	(1.928)	(-2.818)	(2.913)	(4.607)	(1.946)	(0.750)
R^2	0.594	0.844	0.601	0.723	0.594	0.842	0.601	0.747

注：(1) ***，**，* 分别表示在 1%、5% 和 10% 水平上显著；(2) 括号中为标准误；(3) 考虑到平方项以及调节的交乘项会产生多重共线性问题，未将受教育水平以及任期的一次项系数纳入回归模型。

资料来源：作者计算所得。

和列(4)区分产权性质分析了薪酬激励的调节作用,结果发现受教育水平与薪酬激励的交乘项系数符号($\beta=0.451$,$p<0.10$)、任期异质性与薪酬激励的交乘项系数符号($\beta=0.291$,$p<0.10$)与各自对应的异质性符号相同,即家族企业薪酬激励的效果在某种程度上强化了高管团队异质性对企业研发投资行为的影响,但也发现由于存在女性和男性共同作为管理层的情况,其本身的特征属性也存在了融合,因此,交乘结果反而与其自身异质性符号相反,这有待于进一步的验证,因此,部分验证了本章研究假设 H1-1a。

表 5.3 中列(5)显示,在控制高管团队同质性、企业规模、盈利能力等变量的基础上,高管团队性别异质性与股权激励交乘项系数($\beta=0.905$,$p<0.01$)、年龄异质性与股权激励的交乘项系数($\beta=1.258$,$p<0.10$)、职业背景异质性与股权激励的交乘项系数($\beta=3.327$,$p<0.01$)、受教育水平异质性与股权激励交乘项系数($\beta=0.609$,$p<0.01$)、任期异质性与股权激励的交乘项系数($\beta=-0.497$,$p<0.01$)均在 10% 以下的水平显著,验证了股权激励调节高管团队异质性与企业研发投资行为之间的直接关系。进一步根据产权性质区分样本进行分组差异的 chow 检验,Chow Test 值为 2.26,p 值为 0.000,在 1% 的水平上拒绝了无显著变化的零假设,即国有企业、家族企业和非家族企业三个样本之间股权激励机制的调节效应存在显著差异。列(6)、列(7)和列(8)发现家族企业中股权激励某种程度上弱化高管团队异质性对研发投资行为的直接影响,部分验证了本章研究假设 H1-1b。

2) 薪酬激励和股权激励的间接调节检验

薪酬激励和股权激励的间接调节效应通过联立方程组进行判断,回归结果分别如表 5.4 和表 5.5 所示。表 5.4 列(1)显示薪酬激励对高管团队异质性与组织风险偏好的前半路径中介调节的结果。薪酬激励与高管团队年龄异质性交乘项($\beta=-0.091$,$p<0.05$),与高管团队受教育水平异质性交乘项($\beta=-0.049$,$p<0.10$),与高管团队职业背景异质性交乘项($\beta=0.067$,$p<0.10$),与高管团队任期异质性交乘项($\beta=0.035$,$p<0.01$)均在 10% 以下的水平上显著,列(5)显示组织风险偏好($\beta=0.744$,$p<0.01$)在 1% 的水平上显著,因此可以判断除高管团队性别异质性的交乘项($\beta=0.015$)不显著外,组织风险偏好对高管团队异质性与企业研发投资行为关系的部分中介作用受到薪酬激励前半路径的调节。分样本进行回归分析发现,相比于国有企业,家族企业的薪酬激励调节效应较为显著,家族企业薪酬激励强化了高管团队异质性对组织风险偏好的关系,并对企业研发投资行为产生间接影响,验证了本章研究假设 H1-2a。

表 5.5 列(1)显示股权激励对高管团队异质性与企业研发投资行为的前半路径调节结果。股权激励与年龄异质性交乘项($\beta=0.186$,$p<0.05$),与高管团队受

表 5.4 薪酬激励调节高管团队异质性与企业研发投资的间接回归结果

变量	全样本 Riskpr (1)	国有企业 Riskpr (2)	家族企业 Riskpr (3)	非家族企业 Riskpr (4)	全样本 R&D (5)	国有企业 R&D (6)	家族企业 R&D (7)	非家族企业 R&D (8)
Hgend	0.003 (0.160)	-0.094** (-2.694)	0.022 (1.401)	-0.271*** (-2.958)	0.283*** (3.197)	-0.341 (-0.742)	0.337*** (4.933)	-0.837* (-1.701)
Hage	-0.102*** (-5.467)	-0.241 (-1.286)	-0.137*** (-6.220)	0.401*** (3.402)	0.897*** (7.362)	7.392*** (3.811)	1.037*** (9.128)	-0.507 (-0.214)
Hdeg2	0.026** (2.111)	0.785*** (3.148)	0.026* (1.902)	0.275*** (4.333)	-0.020 (-0.166)	-1.283 (-1.518)	0.192 (1.358)	0.897* (1.949)
Hfun	0.055** (2.387)	-0.117 (-0.724)	0.080*** (3.276)	0.268 (1.441)	-0.400** (-2.241)	2.288** (2.505)	-0.299 (-1.567)	2.450** (2.311)
Htenu2	0.010*** (2.747)	0.001 (0.057)	0.011*** (2.760)	0.040*** (3.734)	0.077* (1.869)	0.154** (2.724)	0.082** (1.975)	-0.198 (-1.415)
Riskpr	—	—	—	—	0.744*** (4.211)	1.946*** (8.843)	0.701*** (3.689)	0.682 (0.948)
Pay	0.004** (2.564)	-0.032 (-0.700)	0.005*** (2.933)	-0.040*** (-3.330)	0.007 (0.246)	0.994*** (5.159)	0.016 (0.816)	0.164 (1.095)
Hgend×Pay	0.015 (1.447)	-0.061 (-0.336)	0.006 (0.544)	0.547*** (3.678)	-0.401*** (-11.140)	2.665 (1.358)	-0.438*** (-6.774)	-0.762 (-1.238)

变量	全样本 Riskpr (1)	国有企业 Riskpr (2)	家族企业 Riskpr (3)	非家族企业 Riskpr (4)	全样本 R&D (5)	国有企业 R&D (6)	家族企业 R&D (7)	非家族企业 R&D (8)
$Hage \times Pay$	-0.091**	-0.583	-0.139***	0.834***	-0.283	6.398*	-0.321	2.980**
	(-2.257)	(-1.542)	(-2.672)	(3.955)	(-0.496)	(1.888)	(-0.559)	(2.152)
$Hdeg \times Pay$	-0.049*	0.439	-0.067**	-0.619***	0.523***	1.177	0.498***	0.538
	(-1.847)	(1.258)	(-2.491)	(-4.190)	(3.491)	(0.764)	(3.815)	(0.421)
$Hfun \times Pay$	0.067*	0.345	0.075**	-0.191	-0.657**	-2.561*	-0.478	-2.777***
	(1.851)	(0.828)	(2.324)	(-0.966)	(-2.366)	(-1.833)	(-1.522)	(-3.195)
$Htemu \times Pay$	0.035***	0.137***	0.037***	0.165***	0.220***	0.747**	0.266***	0.765*
	(6.038)	(3.655)	(6.166)	(5.716)	(2.683)	(2.739)	(2.700)	(1.781)
$Tsize$	0.001***	-0.005***	0.001***	-0.000	-0.001	0.011	-0.001	0.011
	(4.904)	(-4.076)	(5.565)	(-0.227)	(-0.413)	(1.216)	(-0.783)	(1.188)
$Size$	-0.024***	-0.005	-0.026**	0.061***	0.591***	0.372***	0.575***	0.301***
	(-2.693)	(-0.140)	(-2.581)	(10.945)	(14.400)	(7.566)	(13.506)	(5.493)
Roe	0.195***	0.298**	0.185***	0.136*	1.533***	0.124	1.680***	-1.040***
	(8.448)	(2.455)	(7.967)	(2.028)	(5.686)	(0.291)	(5.328)	(-4.260)
$Stcon$	-0.000	-0.003**	0.000	0.001	-0.001	-0.018*	-0.003*	0.013***
	(-0.487)	(-2.432)	(0.506)	(0.813)	(-0.854)	(-2.070)	(-1.886)	(4.622)

变量	全样本	国有企业	家族企业	非家族企业	全样本	国有企业	家族企业	非家族企业
	$Riskpr$	$Riskpr$	$Riskpr$	$Riskpr$	$R\&D$	$R\&D$	$R\&D$	$R\&D$
	(1)	(2)	(3)	(4)	(5)	(6)	(7)	(8)
$Corage$	0.019***	0.015**	0.019***	0.005*	0.071***	0.166***	0.073***	0.167***
	(37.343)	(2.766)	(41.692)	(1.747)	(6.540)	(5.078)	(6.626)	(6.924)
$Market$	0.007**	−0.004	0.005**	0.031***	−0.060***	−0.317***	−0.050***	−0.459***
	(2.005)	(−0.329)	(2.226)	(11.539)	(−4.243)	(−4.017)	(−2.933)	(−4.745)
$Dual$	0.003	0.113	0.003	−0.055***	0.025**	−0.183	0.017	−0.074
	(0.733)	(1.486)	(1.011)	(−8.136)	(2.070)	(−0.741)	(1.245)	(−0.455)
FCI	0.005***	−0.012***	0.005***	0.008**	0.039***	0.029*	0.040***	−0.019
	(5.544)	(−4.556)	(5.148)	(2.703)	(20.039)	(1.874)	(16.033)	(−1.087)
$Growth$	0.003***	−0.001	0.003***	0.006	0.034**	−0.008	0.029*	−0.042***
	(4.025)	(−0.216)	(6.424)	(0.682)	(2.471)	(−0.420)	(1.761)	(−3.940)
$Year$	Yes	Yes	Yes	Yes	Yes	Yes	Yes	Yes
$Industry$	Yes	Yes	Yes	Yes	Yes	Yes	Yes	Yes
R^2	0.237	0.817	0.239	0.674	0.599	0.853	0.605	0.725
F	8.786	46.12	24.39	23.84	951.2	43.86	233.8	15.30

注：（1）****，***，*分别表示在1%、5%和10%水平上显著；（2）括号中为标准误；（3）考虑到平方项以及调节以及乘项会产生严重共线性问题，未将受教育水平以及任期的一次项系数纳入回归模型。

资料来源：作者计算所得。

第 5 章　高管团队异质性与企业研发投资行为

131

表5.5 股权激励调节高管团队异质性与企业研发投资的间接回归结果

变量	全样本 Riskpr (1)	国有企业 Riskpr (2)	家族企业 Riskpr (3)	非家族企业 Riskpr (4)	全样本 R&D (5)	国有企业 R&D (6)	家族企业 R&D (7)	非家族企业 R&D (8)
$Hgend$	0.005 (0.243)	0.194 (1.664)	0.020 (1.175)	-0.038 (-1.162)	0.378*** (4.142)	-0.300 (-0.193)	0.411*** (5.427)	0.041 (0.189)
$Hage$	-0.109*** (-5.215)	-0.038 (-0.031)	-0.149*** (-5.101)	0.849*** (4.651)	0.877*** (7.288)	-6.855 (-0.900)	1.000*** (8.214)	3.601 (1.189)
$Hdeg^2$	0.026*** (2.798)	1.466*** (8.608)	0.034*** (2.991)	0.115*** (2.736)	-0.080 (-0.774)	5.715** (2.868)	0.123 (0.774)	-0.558 (-1.316)
$Hfun$	0.060*** (2.990)	0.704 (0.357)	0.091*** (4.517)	-0.115 (-0.864)	-0.393** (-2.204)	21.708*** (2.378)	-0.341 (-1.619)	0.943 (1.073)
$Htenu^2$	0.006* (1.949)	0.057** (2.253)	0.007** (2.248)	0.018 (0.725)	0.057 (1.648)	0.077 (0.490)	0.062* (1.940)	-0.281** (-2.608)
$Riskpr$	—	—	—	—	0.800*** (4.730)	0.615 (0.952)	0.773*** (4.396)	1.168** (2.240)
$Stock$	0.004 (0.310)	-0.076 (-0.352)	-0.020* (-1.840)	-0.016 (-0.272)	0.120 (1.256)	-2.335 (-1.250)	0.144** (2.399)	-0.565 (-0.655)
$Hgend \times Stock$	-0.044 (-0.856)	1.308*** (4.572)	-0.069 (-1.228)	-0.354*** (-2.907)	0.940*** (3.057)	3.354 (0.741)	0.704** (2.090)	4.823*** (3.760)

变量	全样本 Riskpr (1)	国有企业 Riskpr (2)	家族企业 Riskpr (3)	非家族企业 Riskpr (4)	全样本 R&D (5)	国有企业 R&D (6)	家族企业 R&D (7)	非家族企业 R&D (8)
$Hage \times Stock$	0.186**	-0.505	0.269***	0.489	1.110	-33.249*	1.365**	-14.137
	(2.397)	(-0.114)	(2.945)	(0.326)	(1.454)	(-1.837)	(2.060)	(-1.547)
$Hdeg \times Stock$	-0.304***	2.429***	-0.311***	-0.367***	0.852***	23.053***	0.643**	-8.227***
	(-5.061)	(4.712)	(-4.833)	(-4.685)	(4.671)	(5.472)	(1.989)	(-5.320)
$Hfun \times Stock$	-0.076*	1.721	-0.190***	0.807**	3.388***	66.705**	3.502***	3.390*
	(-1.858)	(0.305)	(-3.342)	(2.450)	(4.117)	(2.525)	(5.337)	(1.758)
$Htenu \times Stock$	-0.009	0.308**	-0.020	-0.052	-0.491***	0.276	-0.594***	1.730***
	(-0.719)	(2.430)	(-1.423)	(-0.809)	(-9.842)	(0.229)	(-7.454)	(4.131)
$Tsize$	0.001***	-0.004**	0.001***	-0.000	-0.001	0.004	-0.001	0.011**
	(4.250)	(-3.097)	(6.083)	(-0.374)	(-0.444)	(0.515)	(-0.767)	(2.400)
$Size$	-0.023***	-0.016	-0.025**	0.054***	0.605***	0.744***	0.586***	0.228***
	(-2.596)	(-0.486)	(-2.427)	(11.924)	(14.320)	(7.093)	(14.097)	(4.152)
Roe	0.196***	0.294*	0.186***	0.013	1.513***	3.380***	1.692***	-1.868***
	(9.503)	(2.122)	(9.340)	(0.244)	(5.710)	(6.859)	(5.431)	(-5.173)
$Stcom$	-0.000	-0.001	0.000	0.001	-0.001	0.015	-0.002	0.015**
	(-0.135)	(-1.615)	(1.458)	(1.236)	(-0.469)	(1.072)	(-1.491)	(2.049)

第 5 章 高管团队异质性与企业研发投资行为

（续表）

变量	全样本 Risk pr (1)	国有企业 Risk pr (2)	家族企业 Risk pr (3)	非家族企业 Risk pr (4)	全样本 R&D (5)	国有企业 R&D (6)	家族企业 R&D (7)	非家族企业 R&D (8)
Corage	0.020***	0.018**	0.019***	0.017*	0.066***	0.085**	0.071***	0.152***
	(22.417)	(2.627)	(24.455)	(1.890)	(6.319)	(2.800)	(8.096)	(8.647)
Market	0.008**	0.013	0.007**	0.026***	-0.058***	-0.266***	-0.047**	-0.234***
	(2.014)	(1.417)	(2.306)	(3.284)	(-2.811)	(-3.404)	(-2.235)	(-9.978)
Dual	0.002	0.007	0.003	-0.039***	0.031**	0.884***	0.023	0.103
	(0.407)	(0.396)	(0.825)	(-3.478)	(2.298)	(3.870)	(1.483)	(0.658)
FCI	0.005***	-0.006**	0.005***	0.004	0.037***	0.104***	0.037***	-0.044***
	(5.415)	(-2.639)	(5.196)	(1.303)	(17.236)	(4.417)	(11.918)	(-3.865)
Growth	0.002***	0.007**	0.002***	0.012*	0.035***	0.169***	0.028*	0.000
	(2.714)	(2.624)	(3.953)	(1.711)	(2.781)	(4.173)	(1.814)	(0.015)
Year	Yes	Yes	Yes	Yes	Yes	Yes	Yes	Yes
Industry	Yes	Yes	Yes	Yes	Yes	Yes	Yes	Yes
R^2	0.233	0.818	0.235	0.581	0.599	0.843	0.605	0.755
F	21.25	355.0	32.98	25.53	141.6	57.55	98.56	107.8

注：(1)***，**，*分别表示在1%，5%和10%水平上显著；(2)括号中为标准误；(3)考虑到平方项以及调节的交乘项会产生多重共线性问题，未将受教育水平以及任期的一次项系数纳入回归模型。

资料来源：作者计算所得。

教育水平异质性交乘项($\beta=-0.304$，$p<0.01$)，与高管团队职业背景异质性交乘项($\beta=-0.076$，$p<0.10$)均在 10% 以下的水平上显著。列(5)显示组织风险偏好($\beta=0.800$，$p<0.01$)在 1% 的水平上显著。因此，可以判断组织风险偏好对高管团队年龄异质性、受教育水平异质性、职业背景异质性与企业研发投资行为之间的部分中介作用受到薪酬激励前半路径的调节。分样本进行回归分析发现，相比国有企业，家族企业股权激励对年龄、受教育水平和职业背景的调节效果较为显著，且股权激励弱化了高管团队异质性对组织风险偏好的关系，并对企业研发投资行为产生间接影响，验证了本章研究假设 H1-2b。

另外，控制变量的结果显示，企业的规模与组织风险偏好负相关，说明随着企业规模的增加，整个团队组织的风险偏好会降低，具有趋于确定性投资收益的倾向。企业的净资产收益率、上市年份、成长机会、市场竞争力、融资约束程度与组织风险偏好正相关，说明随着时间的推移，企业盈利能力越强，融资约束程度越高，竞争程度越强，成长机会越高，高管团队管理层会试图挖掘企业的潜力，从而提高了组织风险偏好，进而寻求促进企业可持续发展的风险性项目。

3) 薪酬激励和股权激励的综合调节检验

表 5.6 显示高管薪酬激励和股权激励的交互作用回归分析结果，其中列(1)为高管激励组合对高管团队异质性与企业研发投资行为的全样本调节回归结果，列(2)为高管激励组合对高管团队异质性与组织风险偏好的全样本调节回归结果，列(3)为高管激励组合调节高管团队异质性对企业研发投资行为的前半路径的回归结果。结果显示，高管团队异质性、薪酬激励和股权激励的系数均在 10% 以下的水平上显著，而且从列(1)可以看出，高管团队薪酬激励、股权激励和高管团队异质性交乘项与其对应各异质性系数的符号相同，验证了高管薪酬激励和股权激励组合在调节高管团队性别、年龄、受教育水平、职业背景和任期异质性与研发投资行为的直接关系时存在互补效应。从列(2)和列(3)可以看出，高管薪酬和股权激励组合也同时调节高管团队异质性与研发投资行为的间接关系，即高管团队异质性通过组织风险偏好进而影响企业研发投资行为的部分中介效应受到薪酬和股权激励综合的影响，本章研究假设 H1-3 得到验证。

表 5.6 高管激励组合交互作用的回归结果

变量	R&D	Riskpr	R&D
	(1)	(2)	(3)
Hgend	0.335***	−0.021	0.337***
	(3.759)	(−1.502)	(3.785)

变量	R&D	Riskpr	R&D
	(1)	(2)	(3)
Hage	0.663***	−0.070**	0.768***
	(4.111)	(−2.545)	(5.421)
Hdeg^2	−0.263**	0.059***	−0.278***
	(−2.546)	(4.315)	(−2.748)
Hfun	−0.567**	0.061***	−0.650**
	(−2.084)	(3.292)	(−2.237)
Htenu^2	0.122**	0.006	0.111**
	(2.278)	(1.494)	(2.171)
Riskpr	—	—	0.819***
	—	—	(5.402)
Hgend×Pay×Stock	0.984***	−0.088	1.035***
	(4.432)	(−1.064)	(4.801)
Hage×Pay×Stock	2.143*	−1.064***	3.272**
	(1.706)	(−6.156)	(2.173)
Hdeg×Pay×Stock	−4.657***	−0.242**	−4.329***
	(−7.240)	(−2.110)	(−7.227)
Hfun×Pay×Stock	−2.947*	0.596***	−3.459**
	(−1.742)	(6.625)	(−2.043)
Htenu×Pay×Stock	0.305*	0.011	0.308*
	(1.791)	(0.369)	(1.821)
Tsize	−0.001	0.000	−0.002
	(−0.638)	(0.442)	(−0.734)
Size	0.645***	−0.025***	0.661***
	(11.488)	(−3.857)	(13.114)
Roe	1.298***	0.075***	1.191***
	(5.502)	(10.963)	(5.360)
Stcon	−0.001	−0.000	−0.001
	(−0.872)	(−1.192)	(−0.828)
Corage	0.080***	0.015***	0.063***
	(9.177)	(9.273)	(5.823)

高管团队异质性与企业研发投资行为研究

变量	R&D	Riskpr	R&D
	(1)	(2)	(3)
Market	−0.051***	0.010*	−0.057***
	(−4.554)	(1.771)	(−4.459)
Dual	0.042***	−0.004	0.042***
	(4.407)	(−0.927)	(3.797)
FCI	0.058***	0.001*	0.054***
	(11.904)	(1.668)	(14.218)
Growth	0.057***	0.001	0.053***
	(6.756)	(0.619)	(5.742)
Year	Yes	Yes	Yes
Industry	Yes	Yes	Yes
R^2	0.604	0.190	0.609
F	52.34	123.3	55.29

注：(1)***，**，*分别表示在1%，5%和10%水平上显著；(2)括号中为标准误。(3)薪酬激励、股权激励以及薪酬激励、股权激励与高管团队异质性的交乘项，由于表格篇幅限制略去。

资料来源：作者计算所得。

5.3.2 政府补贴激励的调节检验

1）政府补贴激励的直接调节检验

在表5.7和表5.8的列(1)、列(5)和列(9)全样本分析中，政府补贴的平方项系数显著为负，同时可以发现，政府补贴激励存在一个峰值，低于这个峰值时，政府补贴会发挥其激励效应，提高组织风险偏好，促进企业的研发投资行为；高于这个峰值时，政府补贴会呈现更多的挤出效应，反而降低了高管团队的风险偏好程度，减少了企业的研发投资行为。表5.7中列(1)显示，在控制高管团队同质性、企业规模、盈利能力等变量的基础上，政府补贴与高管团队性别异质性交乘项系数在10%的水平上显著($\beta = -0.003$，$p < 0.10$)，与高管团队年龄异质性交乘项系数在5%的水平上显著($\beta = -0.013$，$p < 0.05$)，与高管团队受教育水平、职业背景和任期异质性交乘项系数不显著，但是在分样本中呈现10%水平上的显著。也就是说，政府补贴会影响高管团队异质性与企业研发投资行为之间的直接关系。从列(2)、列(3)和列(4)分样本结果中发现，相对于家族企业，国有企业中高管团队性别异质性与

政府补贴的交乘项系数($\beta=0.023$，$p<0.01$)与其异质性符号相同,在某种程度上说明国有企业中政府补贴对高管团队异质性与企业研发投资行为的调节效应呈现倒 U型趋势,先是强化了高管团队性别异质性对研发投资行为的影响,而后随着政府补贴力度的增加,会弱化企业的研发投资行为,部分验证了本章研究假设 H2-1。

表 5.7　政府补贴激励调节高管团队异质性与企业研发投资的直接回归结果

变量	$R\&D$	$R\&D$	$R\&D$	$R\&D$
	全样本	国有企业	家族企业	非家族企业
	(1)	(2)	(3)	(4)
$Hgend$	0.333 ***	−2.459 ***	0.379 ***	0.012
	(3.723)	(−4.010)	(5.380)	(0.107)
$Hage$	0.876 ***	6.093 ***	0.954 ***	3.340
	(7.409)	(4.541)	(8.951)	(1.133)
$Hdeg^2$	0.062	−1.831	0.207	1.096
	(0.637)	(−1.731)	(1.346)	(1.620)
$Hfun$	−0.435 ***	6.600 ***	−0.338 **	3.672 ***
	(−3.536)	(11.196)	(−2.114)	(5.309)
$Htenu^2$	0.063	0.216	0.062	−0.055
	(1.607)	(1.569)	(1.634)	(−0.480)
Sub^2	−0.005 **	0.062 ***	−0.006 *	0.008
	(−2.058)	(5.419)	(−1.915)	(0.700)
$Hgend \times Sub^2$	−0.003 *	0.023 ***	−0.003 *	−0.015 ***
	(−1.672)	(3.426)	(−1.699)	(−3.647)
$Hage \times Sub^2$	−0.013 **	−0.010	−0.012 **	−0.087 *
	(−2.056)	(−0.852)	(−1.975)	(−1.951)
$Hdeg \times Sub^2$	0.002	−0.013	0.004	0.017 *
	(1.302)	(−0.499)	(1.644)	(1.688)
$Hfun \times Sub^2$	−0.001	−0.034	−0.000	−0.034 ***
	(−0.229)	(−1.330)	(−0.110)	(−3.325)
$Htenu \times Sub^2$	0.001	−0.017 ***	0.001	0.006 **
	(0.572)	(−4.243)	(0.781)	(2.500)

变量	R&D 全样本 (1)	R&D 国有企业 (2)	R&D 家族企业 (3)	R&D 非家族企业 (4)
Tsize	−0.001	−0.029*	0.000	0.003
	(−0.277)	(−1.821)	(0.035)	(0.368)
Size	0.581***	0.676**	0.573***	0.504***
	(14.017)	(2.718)	(12.762)	(5.595)
Roe	1.674***	5.624***	1.857***	−1.658*
	(6.309)	(11.361)	(6.000)	(−1.779)
Stcon	−0.001	−0.080***	−0.003*	0.014**
	(−0.820)	(−6.138)	(−1.671)	(2.313)
Corage	0.083***	0.161***	0.083***	0.125***
	(15.417)	(4.618)	(17.356)	(4.738)
Market	−0.049***	−0.368**	−0.037*	−0.142**
	(−2.672)	(−2.639)	(−1.924)	(−2.411)
FCI	0.039***	0.001	0.043***	−0.021
	(24.179)	(0.040)	(14.426)	(−1.615)
Growth	0.028**	−0.183***	0.024*	−0.003
	(2.232)	(−5.287)	(1.904)	(−0.075)
Year	Yes	Yes	Yes	Yes
Industry	Yes	Yes	Yes	Yes
R^2	0.593	0.879	0.599	0.749
F	117.2	99.02	38.29	49.56

注：（1）***，**，*分别表示在1%，5%和10%水平上显著；（2）括号中为标准误；（3）考虑到平方项以及调节的交乘项会产生多重共线性问题，未将受教育水平以及任期的一次项系数纳入回归模型。

资料来源：作者计算所得。

2）政府补贴激励的间接调节检验

表5.8显示政府补贴激励对高管团队异质性与企业研发投资行为的间接调节结果。综合列（5）、列（6）、列（7）和列（8）来看，政府补贴激励与性别、年龄、受教育水平、职业背景以及任期异质性均在10%以下的水平上显著，列（9）、列（10）、列

表 5.8 政府补贴激励调节高管团队异质性与企业研发投资的间接回归结果

变量	$Riskpr$ 全样本 (5)	$Riskpr$ 国有企业 (6)	$Riskpr$ 家族企业 (7)	$Riskpr$ 非家族企业 (8)	$R\&D$ 全样本 (9)	$R\&D$ 国有企业 (10)	$R\&D$ 家族企业 (11)	$R\&D$ 非家族企业 (12)
$Hgend$	0.011 (0.517)	−0.087* (−1.790)	0.026 (1.368)	−0.058** (−2.456)	0.324*** (3.652)	−2.308*** (−4.425)	0.360*** (4.678)	0.102 (0.673)
$Hage$	−0.110*** (−5.752)	−0.098 (−0.453)	−0.149*** (−6.098)	0.870*** (5.272)	0.959*** (7.227)	6.264*** (4.578)	1.065*** (7.943)	1.983 (0.737)
$Hdeg^2$	0.033*** (2.932)	0.952*** (6.232)	0.031** (2.282)	0.035 (0.623)	0.037 (0.419)	−3.492*** (−3.915)	0.184 (1.269)	1.042* (1.742)
$Hfun$	0.066*** (2.690)	0.265 (1.532)	0.085*** (3.235)	−0.189 (−1.667)	−0.485*** (−3.740)	6.138*** (10.104)	−0.401** (−2.346)	3.967*** (5.781)
$Htenu^2$	0.007** (2.091)	0.041** (2.442)	0.008** (2.249)	0.036* (1.901)	0.058 (1.528)	0.144 (1.163)	0.056 (1.548)	−0.111 (−1.232)
$Riskpr$	—	—	—	—	0.754*** (4.296)	1.745*** (4.362)	0.740*** (3.855)	1.560*** (3.956)
Sub^2	−0.000 (−0.108)	−0.003** (−2.749)	0.000 (0.717)	−0.001 (−1.532)	−0.005* (−1.956)	0.067*** (5.969)	−0.006* (−1.828)	0.010 (0.821)
$Hgend \times Sub^2$	−0.000 (−0.493)	−0.002** (−2.235)	−0.000 (−0.672)	0.001 (1.232)	−0.003 (−1.639)	0.026*** (3.576)	−0.003 (−1.605)	−0.017*** (−3.349)

变量	Riskpr 全样本 (5)	Riskpr 国有企业 (6)	Riskpr 家族企业 (7)	Riskpr 非家族企业 (8)	R&D 全样本 (9)	R&D 国有企业 (10)	R&D 家族企业 (11)	R&D 非家族企业 (12)
$Hage \times Sub^2$	-0.002***	0.003*	-0.003***	0.002	-0.011*	-0.015	-0.010	-0.090**
	(-3.404)	(1.985)	(-3.710)	(0.306)	(-1.763)	(-1.101)	(-1.635)	(-2.466)
$Hdeg \times Sub^2$	-0.001***	-0.008***	-0.001***	0.003***	0.003	0.000	0.004*	0.013
	(-2.895)	(-5.953)	(-3.867)	(4.484)	(1.479)	(0.000)	(1.752)	(1.293)
$Hfun \times Sub^2$	-0.000	-0.011***	-0.000	-0.005***	-0.001	-0.015	-0.000	-0.026**
	(-0.573)	(-4.462)	(-0.929)	(-5.445)	(-0.178)	(-0.551)	(-0.012)	(-2.505)
$Htenu \times Sub^2$	0.000	-0.001***	0.000	-0.000	0.001	-0.016***	0.001	0.006***
	(1.505)	(-5.783)	(1.619)	(-0.980)	(0.512)	(-4.146)	(0.705)	(3.427)
$Tsize$	0.001***	-0.008***	0.001***	-0.001	-0.001	-0.016	-0.000	0.005
	(4.601)	(-7.296)	(5.894)	(-0.879)	(-0.473)	(-0.867)	(-0.247)	(0.556)
$Size$	-0.023***	-0.023*	-0.025**	0.054***	0.599***	0.717**	0.592***	0.419***
	(-2.843)	(-2.110)	(-2.533)	(11.188)	(16.706)	(2.898)	(15.614)	(4.224)
Roe	0.200***	0.215	0.187***	-0.003	1.523***	5.250***	1.718***	-1.654
	(7.678)	(1.550)	(7.991)	(-0.033)	(6.397)	(14.024)	(6.050)	(-1.668)
$Stcom$	-0.000	-0.010***	0.000	0.001	-0.001	-0.063***	-0.003*	0.013*
	(-0.280)	(-3.290)	(1.002)	(1.143)	(-0.807)	(-4.013)	(-1.724)	(2.014)

第 5 章 高管团队异质性与企业研发投资行为

（续表）

变量	Riskpr 全样本 (5)	Riskpr 国有企业 (6)	Riskpr 家族企业 (7)	Riskpr 非家族企业 (8)	R&D 全样本 (9)	R&D 国有企业 (10)	R&D 家族企业 (11)	R&D 非家族企业 (12)
Corage	0.019***	0.011***	0.019***	0.019*	0.069***	0.142***	0.069***	0.096***
	(21.908)	(3.626)	(23.224)	(1.965)	(9.134)	(3.648)	(9.051)	(5.151)
Market	0.007*	−0.032*	0.005	0.036***	−0.054**	−0.312**	−0.041**	−0.199***
	(1.892)	(−1.882)	(1.619)	(3.847)	(−2.570)	(−2.639)	(−1.979)	(−4.064)
FCI	0.004***	−0.019***	0.004***	0.005	0.036***	0.034	0.040***	−0.028***
	(5.479)	(−3.929)	(4.772)	(1.051)	(14.560)	(1.432)	(11.976)	(−2.991)
Growth	0.002**	−0.020*	0.002***	0.015**	0.026**	−0.148***	0.023*	−0.026
	(2.059)	(−2.128)	(3.741)	(2.238)	(2.138)	(−5.844)	(1.766)	(−0.573)
Year	Yes	Yes	Yes	Yes	Yes	Yes	Yes	Yes
Industry	Yes	Yes	Yes	Yes	Yes	Yes	Yes	Yes
R^2	0.234	0.870	0.237	0.588	0.597	0.884	0.603	0.762
F	174.5	41.29	806.6	520.2	43.78	1 252	111.6	58.70

注：(1) ***，**，* 分别表示在1%，5%和10%水平上显著；(2)括号中为标准误；(3)考虑到平方项以及调节的交乘项会产生多重共线性问题，未将受数育水平以及任期的一次项系数纳入回归模型。

资料来源：作者计算所得。

(11)和列(12)显示组织风险偏好在 1%的水平上显著($\beta=0.754$，$p<0.01$)，因此，可以判断组织风险偏好对高管团队异质性与企业研发投资行为之间的部分中介作用受到政府补贴激励前半路径的调节。进一步分析发现，国有企业中性别异质性与政府补贴激励的交乘项系数($\beta=-0.002$，$p<0.05$)、受教育水平异质性与政府补贴激励的交乘项系数($\beta=-0.008$，$p<0.01$)、任期异质性与政府补贴激励的交乘项系数($\beta=-0.001$，$p<0.01$)与其自身异质性符号相同。也就是说，国有企业中政府补贴激励对高管团队性别、受教育水平和任期异质性与组织风险偏好的调节效应呈现倒 U 型关系，部分验证了本章研究假设 H2-2。

5.3.3 高管激励与政府补贴激励的综合检验

表 5.9 显示高管激励组合和政府补贴激励的综合作用回归分析结果。其中列(1)为高管激励组合和政府补贴激励对高管团队异质性与企业研发投资行为的全样本调节回归结果，列(2)为高管激励组合和政府补贴激励对高管团队异质性与组织风险偏好的全样本调节回归结果，列(3)为高管激励组合和政府补贴激励调节高管团队异质性、组织风险偏好与企业研发投资行为的前半路径回归结果。结果显示，除性别异质性没有通过显著性检验外，高管团队异质性、高管激励和政府补贴激励的系数均在 10%以下的水平上显著，三者之间存在交互影响。从列(1)可以看出，高管激励组合和政府补贴激励显著调节高管团队年龄($\beta=0.110$，$p<0.01$)、受教育水平($\beta=0.095$，$p<0.01$)、职业背景($\beta=0.060$，$p<0.01$)和任期异质性($\beta=0.010$，$p<0.10$)与研发投资行为的直接关系。从列(2)和列(3)可以看出，高管激励组合和政府补贴激励显著调节高管团队年龄异质性($\beta=0.008$，$p<0.05$)、受教育水平异质性($\beta=0.004$，$p<0.10$)、职业背景异质性($\beta=0.013$，$p<0.10$)和任期异质性($\beta=-0.001$，$p<0.10$)与组织风险偏好的关系，同时组织风险偏好也显著影响企业研发投资行为($\beta=0.651$，$p<0.01$)。因此，高管激励组合和政府补贴激励综合调节高管团队异质性与企业研发投资行为的间接关系，即高管团队年龄、受教育水平、职业背景和任期异质性通过组织风险偏好进而影响企业研发投资行为的部分中介效应受到高管激励组合和政府补贴激励综合调节，本章研究假设 H1-3 得到验证。

表 5.9　高管激励与政府补贴激励交互作用的回归结果

变量	R&D	Riskpr	R&D
	(1)	(2)	(3)
Hgend	0.290**	−0.004	0.293**
	(2.395)	(−0.242)	(2.378)

变量	R&D	Riskpr	R&D
	(1)	(2)	(3)
Hage	0.711***	−0.110***	0.783***
	(4.234)	(−5.728)	(4.615)
Hdeg²2	−0.228**	0.041***	−0.255**
	(−2.078)	(7.904)	(−2.444)
Hfun	−0.584***	0.078***	−0.635***
	(−3.782)	(4.027)	(−3.746)
Htenu²2	0.066***	0.010***	0.059**
	(2.843)	(3.462)	(2.577)
Riskpr	—	—	0.651***
	—	—	(3.883)
Hgend×Pay×Stock×Sub	−0.035	0.003	−0.037
	(−1.466)	(0.856)	(−1.594)
Hage×Pay×Stock×Sub	0.110***	0.008**	0.105***
	(3.682)	(2.049)	(3.564)
Hdeg×Pay×Stock×Sub	0.095***	0.004*	0.093***
	(4.918)	(1.652)	(4.970)
Hfun×Pay×Stock×Sub	0.060***	0.013*	0.051***
	(4.090)	(1.912)	(2.838)
Htenu×Pay×Stock×Sub	0.010*	−0.001*	0.011*
	(1.687)	(−1.767)	(1.855)
Tsize	−0.004**	0.000	−0.005**
	(−2.027)	(1.401)	(−2.224)
Size	0.565***	−0.026***	0.582***
	(17.065)	(−4.184)	(19.777)
Roe	1.634***	0.191***	1.510***
	(5.579)	(7.488)	(5.723)
Stcon	−0.000	−0.000	−0.000
	(−0.097)	(−0.740)	(−0.045)
Corage	0.111***	0.020***	0.098***
	(14.510)	(16.072)	(10.900)

变量	R&D	Riskpr	R&D
	(1)	(2)	(3)
Market	−0.067***	0.006	−0.071***
	(−4.397)	(1.541)	(−4.284)
FCI	0.037***	0.004***	0.035***
	(13.273)	(7.571)	(10.788)
Growth	0.033**	0.003***	0.032**
	(2.206)	(3.721)	(2.072)
Year	Yes	Yes	Yes
Industry	Yes	Yes	Yes
R²	0.617	0.276	0.620
F	28.90	317.2	33.94

注:(1) *** ,** ,*分别表示在1%,5%和10%水平上显著;(2)括号中为标准误;(3)考虑到平方项以及调节的交乘项会产生多重共线性问题,未将受教育水平以及任期的一次项系数纳入回归模型。

资料来源:作者计算所得。

5.3.4 不同成长机会下激励调节的差异检验

表5.10列示了不同成长机会下薪酬激励的分样本调节检验结果。区分企业不同的成长机会,进行chow检验后发现,薪酬激励的直接调节和间接调节效应在1%的水平上均拒绝了无显著结构变化的零假设,即薪酬激励对高管团队异质性与企业研发投资行为的直接和间接调节效应,在不同的成长机会下存在显著的差异。进一步发现,在薪酬激励调节过程中,低成长机会下组织风险偏好的系数为 $\beta = 0.708$,中低成长机会下组织风险偏好的系数为 $\beta = 0.636$,高成长机会下组织风险偏好的系数为 $\beta = -0.118$,但高成长机会下 p 值不显著。同时进行双变量均值检验,进一步验证了低成长机会下薪酬激励对组织风险偏好的影响效应更强,验证了本章研究假设H4-1。

表5.11列示了不同成长机会下股权激励的分样本调节检验结果。区分企业不同的成长机会,进行chow检验后发现,股权激励的直接调节和间接调节效应在1%的水平上均拒绝了无显著结构变化的零假设,即股权激励对高管团队异质性与企业研发投资行为的直接和间接调节效应,在不同的成长机会下存在显著的差异。进一步发现,在股权激励调节过程中,低成长机会下组织风险偏好的系数为 $\beta = 0.836$,中低成长机会下组织风险偏好的系数为 $\beta = 0.633$,高成长机会下组织风险

表 5.10 不同成长机会下薪酬激励调节的差异检验

变量	低成长机会			中低成长机会			高成长机会		
	R&D	Riskpr	R&D	R&D	Riskpr	R&D	R&D	Riskpr	R&D
	(1)	(2)	(3)	(4)	(5)	(6)	(7)	(8)	(9)
$Hgend$	0.127	-0.025	0.145	0.039	-0.066***	0.081	-0.061	0.003	-0.061
	(1.016)	(-1.467)	(1.090)	(0.138)	(-3.513)	(0.306)	(-0.220)	(0.086)	(-0.217)
$Hage$	0.874***	-0.066	0.921***	-0.467	-0.132**	-0.383	1.675***	-0.105	1.663***
	(3.817)	(-1.028)	(3.874)	(-1.452)	(-2.057)	(-1.285)	(3.310)	(-1.010)	(3.408)
$Hdeg^2$	0.106	0.085***	0.046	0.040	0.008	0.036	1.832***	-0.005	1.832***
	(0.751)	(3.476)	(0.362)	(0.249)	(0.208)	(0.199)	(2.897)	(-0.050)	(2.919)
$Hfun$	0.483	0.023	0.466	-0.681**	0.231***	-0.828**	2.559***	0.024	2.561***
	(0.785)	(0.364)	(0.797)	(-2.424)	(7.689)	(-2.577)	(3.316)	(0.124)	(3.245)
$Htenu^2$	0.031	0.009**	0.025	0.088***	0.020***	0.075***	0.297***	0.041***	0.302***
	(1.108)	(2.439)	(0.950)	(3.644)	(4.236)	(3.302)	(4.138)	(3.225)	(3.891)
$Riskpr$	—	—	0.708***	—	—	0.636*	—	—	-0.118
	—	—	(4.018)	—	—	(1.816)	—	—	(-0.613)
Pay	0.010	0.006*	0.006	0.057*	-0.017***	0.068**	-0.250***	0.006	-0.250***
	(0.189)	(1.744)	(0.110)	(1.754)	(-2.773)	(2.453)	(-2.787)	(0.922)	(-2.787)

变量	低成长机会			中低成长机会			高成长机会		
	$R\&D$	$Riskpr$	$R\&D$	$R\&D$	$Riskpr$	$R\&D$	$R\&D$	$Riskpr$	$R\&D$
	(1)	(2)	(3)	(4)	(5)	(6)	(7)	(8)	(9)
$Hgend \times Pay$	-0.084	0.076**	-0.137	0.296**	0.043	0.269*	0.854**	-0.019	0.852**
	(-0.423)	(2.488)	(-0.719)	(2.172)	(1.354)	(1.752)	(2.504)	(-0.727)	(2.501)
$Hage \times Pay$	-0.238	0.184	-0.368	-0.683	-0.116	-0.609	0.170	-0.448***	0.117
	(-0.383)	(1.249)	(-0.660)	(-1.213)	(-0.749)	(-1.268)	(0.321)	(-3.135)	(0.235)
$Hdeg \times Pay$	1.382***	0.054*	1.343***	0.188	-0.112***	0.259	0.632	-0.087**	0.622
	(4.208)	(1.758)	(4.170)	(0.659)	(-3.322)	(1.034)	(1.570)	(-2.000)	(1.595)
$Hfun \times Pay$	-1.829**	-0.051	-1.793**	0.455	0.007	0.451	-1.979***	0.033	-1.975***
	(-2.189)	(-1.075)	(-2.170)	(1.466)	(0.120)	(1.328)	(-2.702)	(0.715)	(-2.695)
$Htenu \times Pay$	0.053	0.029***	0.032	0.178***	0.020	0.165***	0.128	0.013	0.130
	(0.677)	(3.200)	(0.415)	(5.150)	(0.996)	(4.360)	(1.185)	(0.544)	(1.197)
R^2	0.495	0.304	0.499	0.685	0.379	0.687	0.658	0.368	0.658

注：(1) ***，**，* 分别表示在 1%，5% 和 10% 水平上显著；(2) 括号中为标准误。

第 5 章 高管团队异质性与企业研发投资行为

147

表 5.11　不同成长机会下股权激励调节的差异检验

变量	低成长机会			中低成长机会			高成长机会		
	$R\&D$	$Riskpr$	$R\&D$	$R\&D$	$Riskpr$	$R\&D$	$R\&D$	$Riskpr$	$R\&D$
	(1)	(2)	(3)	(4)	(5)	(6)	(7)	(8)	(9)
$Hgend$	0.409***	−0.043**	0.445***	0.051	−0.047***	0.081	−0.252	−0.012	−0.252
	(2.887)	(−2.018)	(2.851)	(0.198)	(−5.150)	(0.324)	(−0.818)	(−0.309)	(−0.817)
$Hage$	0.579***	−0.033	0.606**	−0.723**	−0.171**	−0.615*	1.145***	−0.212	1.142***
	(2.803)	(−0.535)	(2.568)	(−2.149)	(−2.518)	(−1.923)	(4.067)	(−1.599)	(4.183)
$Hdeg^2$	0.135	0.063**	0.082	0.040	−0.012	0.048	2.110***	−0.027	2.109***
	(1.128)	(2.239)	(0.687)	(0.254)	(−0.487)	(0.303)	(3.993)	(−0.358)	(4.001)
$Hfun$	0.731	0.045	0.693	−0.485	0.219***	−0.623*	1.703***	0.056	1.704***
	(1.238)	(0.958)	(1.222)	(−1.515)	(8.212)	(−1.810)	(3.334)	(0.312)	(3.334)
$Htenu^2$	0.000	0.005*	−0.004	0.073***	0.017***	0.062***	0.323***	0.034**	0.324***
	(0.020)	(1.676)	(−0.234)	(3.429)	(4.752)	(3.066)	(4.038)	(1.979)	(3.863)
$Riskpr$	—	—	0.836***	—	—	0.633*	—	—	−0.018
			(5.238)			(1.766)			(−0.099)
$Stock$	0.571***	−0.006	0.576***	0.237*	−0.006	0.241**	−1.362***	0.008	−1.361***
	(9.049)	(−0.655)	(8.308)	(1.898)	(−0.336)	(2.019)	(−5.092)	(0.117)	(−5.089)

高管团队异质性与企业研发投资行为研究

变量	低成长机会			中低成长机会			高成长机会		
	R&D	Riskpr	R&D	R&D	Riskpr	R&D	R&D	Riskpr	R&D
	(1)	(2)	(3)	(4)	(5)	(6)	(7)	(8)	(9)
$Hgend \times Stock$	0.522	0.001	0.521	−0.788	−0.091	−0.731	−2.251**	−0.472***	−2.259**
	(0.869)	(0.010)	(0.815)	(−1.450)	(−0.574)	(−1.202)	(−2.181)	(−2.720)	(−2.080)
$Hage \times Stock$	−4.019*	0.054	−4.064*	−3.338***	0.252	−3.497***	8.681***	0.708	8.694***
	(−1.839)	(0.264)	(−1.906)	(−2.883)	(1.104)	(−2.930)	(2.721)	(1.360)	(2.692)
$Hdeg \times Stock$	1.020	−0.645***	1.559	−0.464	−0.284***	−0.284	4.119***	−0.430***	4.112***
	(0.896)	(−6.654)	(1.508)	(−1.173)	(−5.621)	(−0.799)	(2.840)	(−3.073)	(2.774)
$Hfun \times Stock$	4.954***	0.175	4.808***	1.357	0.227	1.213	4.269**	−0.493	4.260**
	(4.230)	(1.126)	(3.949)	(1.181)	(0.980)	(1.229)	(2.187)	(−1.546)	(2.134)
$Htenu \times Stock$	−0.113	−0.074***	−0.052	0.019	−0.018	0.030	−1.843***	0.101***	−1.842**
	(−1.198)	(−2.996)	(−0.553)	(0.137)	(−0.512)	(0.200)	(−5.872)	(3.846)	(−6.019)
R^2	0.496	0.311	0.501	0.684	0.370	0.687	0.681	0.367	0.681

注：(1) ***，**，* 分别表示在 1%，5% 和 10% 水平上显著；(2) 括号中为标准误。
资料来源：作者计算所得。

表 5.12 不同成长机会下政府补贴激励调节的差异检验

变量	低成长机会			中低成长机会			高成长机会		
	R&D (1)	Riskpr (2)	R&D (3)	R&D (4)	Riskpr (5)	R&D (6)	R&D (7)	Riskpr (8)	R&D (9)
$Hgend$	0.204	−0.026	0.223	0.057	−0.038***	0.083	−0.058	−0.012	−0.059
	(1.326)	(−1.601)	(1.368)	(0.225)	(−3.350)	(0.327)	(−0.177)	(−0.289)	(−0.179)
$Hage$	0.844***	−0.066	0.894***	−0.335*	−0.162***	−0.227	1.634***	−0.058	1.628***
	(4.118)	(−1.040)	(3.918)	(−1.734)	(−3.105)	(−1.114)	(3.029)	(−0.356)	(3.095)
$Hdeg^2$	0.005	0.084***	−0.058	−0.061	0.015	−0.071	1.347***	0.022	1.349***
	(0.063)	(4.027)	(−0.800)	(−0.385)	(0.436)	(−0.413)	(2.750)	(0.190)	(2.793)
$Hfun$	0.612	0.008	0.606	−0.574*	0.228***	−0.726**	1.476**	0.006	1.477**
	(1.214)	(0.147)	(1.271)	(−1.860)	(7.692)	(−2.055)	(2.418)	(0.038)	(2.360)
$Htenu^2$	0.019	0.004	0.017	0.083***	0.020***	0.070***	0.294***	0.035***	0.298***
	(0.748)	(0.877)	(0.714)	(3.183)	(6.205)	(2.923)	(3.867)	(2.628)	(3.645)
$Riskpr$	—	—	0.748***	—	—	0.664*	—	—	−0.112
	—	—	(4.427)	—	—	(1.908)	—	—	(−0.521)
Sub^2	0.000	−0.000***	0.000	−0.000	0.000	−0.001	−0.002***	−0.000***	−0.002***
	(0.007)	(−2.704)	(0.432)	(−1.490)	(0.574)	(−1.552)	(−3.786)	(−4.411)	(−3.418)

变量	低成长机会			中低成长机会			高成长机会		
	$R\&D$	$Riskpr$	$R\&D$	$R\&D$	$Riskpr$	$R\&D$	$R\&D$	$Riskpr$	$R\&D$
	(1)	(2)	(3)	(4)	(5)	(6)	(7)	(8)	(9)
$Hgend \times sub\text{-}2$	-0.001	-0.001***	-0.000	-0.000	0.001**	-0.001	0.001	0.001	0.001
	(-0.616)	(-7.221)	(-0.332)	(-0.033)	(2.509)	(-0.341)	(0.118)	(0.794)	(0.128)
$Hage \times sub\text{-}2$	0.007	0.001***	0.005	0.006	-0.004***	0.009	0.010	-0.002	0.010
	(1.192)	(5.229)	(0.991)	(0.678)	(-2.842)	(1.230)	(0.495)	(-1.302)	(0.484)
$Hdeg \times sub\text{-}2$	-0.002	0.000	-0.002	-0.005	-0.002**	-0.004	0.007	-0.004**	0.006*
	(-0.508)	(0.127)	(-0.570)	(-1.569)	(-2.362)	(-1.071)	(1.646)	(-2.173)	(1.751)
$Hfun \times sub\text{-}2$	0.007*	0.001	0.006	0.008	-0.002***	0.009	0.018*	0.001	0.018*
	(1.676)	(1.196)	(1.438)	(0.985)	(-3.198)	(1.100)	(1.764)	(0.936)	(1.772)
$Htenu \times sub\text{-}2$	0.003**	0.000	0.003**	0.004***	0.000	0.004**	-0.007**	0.001**	-0.007*
	(2.083)	(1.172)	(2.057)	(2.628)	(0.879)	(2.575)	(-2.568)	(2.543)	(-2.528)
R^2	0.486	0.293	0.490	0.686	0.385	0.689	0.666	0.389	0.667

注：(1) ***，**，* 分别表示在 1%，5% 和 10% 水平上显著；(2) 括号中为标准误。

第 5 章　高管团队异质性与企业研发投资行为

偏好的系数为 $\beta=-0.018$，但高成长机会下 p 值不显著。同时，进行双变量均值检验，进一步验证了低成长机会下股权激励对组织风险偏好的影响效应更强，验证了本章研究假设 H4-2。

表 5.12 列示了不同成长机会下政府补贴激励的分样本调节检验结果。区分企业不同的成长机会，进行 chow 检验后发现，政府补贴激励的直接调节和间接调节效应在 1% 的水平上均拒绝了无显著结构变化的零假设，即政府补贴激励对高管团队异质性与企业研发投资行为的直接和间接调节效应，在不同的成长机会下存在显著的差异。进一步发现，在政府补贴激励调节过程中，低成长机会下组织风险偏好的系数为 $\beta=0.748$，中低成长机会下组织风险偏好的系数为 $\beta=0.664$，高成长机会下组织风险偏好的系数为 $\beta=-0.112$，但 p 值不显著。同时进行双变量均值检验，进一步验证了低成长机会下政府补贴激励对组织风险偏好的影响效应更强，验证了本章研究假设 H4-3。

5.3.5　不同融资约束下激励调节的差异检验

表 5.13 列示了不同融资约束下薪酬激励的分样本调节检验结果。区分企业不同融资环境，进行 chow 检验后发现，薪酬激励的直接调节和间接调节效应在 1% 的水平上均拒绝了无显著结构变化的零假设，即薪酬激励对高管团队异质性与企业研发投资行为的直接和间接调节效应，在不同的融资约束下存在显著的差异。进一步发现，在薪酬激励调节过程中，低融资约束下组织风险偏好的系数为 $\beta=1.433$，高融资约束下组织风险偏好的系数为 $\beta=-0.719$。同时，进行双变量均值检验，进一步验证了低融资约束下薪酬激励对组织风险偏好的影响效应更强，验证了本章研究假设 H5-1。

表 5.13　不同融资约束下薪酬激励调节的差异检验

变量	低融资约束			高融资约束		
	R&D	Riskpr	R&D	R&D	Riskpr	R&D
	(1)	(2)	(3)	(4)	(5)	(6)
Hgend	−0.742*	0.050*	−0.813**	−0.728***	−0.010	−0.735***
	(−1.879)	(1.714)	(−2.238)	(−3.949)	(−0.251)	(−4.657)
Hage	5.005***	−0.046	5.070***	−0.563*	0.016	−0.552
	(2.890)	(−0.402)	(2.735)	(−1.684)	(0.132)	(−1.400)
Hdeg^2	0.655	0.054	0.578	0.618*	−0.062	0.574
	(1.245)	(0.908)	(1.009)	(1.885)	(−0.738)	(1.569)

高管团队异质性与企业研发投资行为研究

变量	低融资约束			高融资约束		
	R&D	Riskpr	R&D	R&D	Riskpr	R&D
	(1)	(2)	(3)	(4)	(5)	(6)
Hfun	−0.924*	0.159***	−1.152***	−1.739	−0.249	−1.918
	(−1.892)	(4.198)	(−2.658)	(−1.440)	(−1.050)	(−1.420)
Htenu^2	0.287*	0.028***	0.246*	0.170***	0.010	0.177***
	(1.809)	(3.412)	(1.706)	(6.698)	(0.743)	(6.756)
Riskpr	—	—	1.433***	—	—	−0.719***
	—	—	(4.631)	—	—	(−6.149)
Pay	−0.283***	0.012	−0.300***	0.244***	−0.019	0.231***
	(−3.094)	(1.299)	(−3.719)	(3.459)	(−1.076)	(2.903)
Hgend×Pay	−0.655**	−0.047	−0.587***	−2.564***	−0.117***	−2.648***
	(−2.296)	(−0.630)	(−2.688)	(−14.772)	(−3.049)	(−16.509)
Hage×Pay	−3.796***	−0.227**	−3.470***	−0.731	0.198	−0.588
	(−4.668)	(−2.185)	(−3.656)	(−1.003)	(1.162)	(−0.770)
Hdeg×Pay	1.836***	−0.037	1.889***	0.038	0.035	0.063
	(2.723)	(−0.446)	(3.347)	(0.079)	(0.782)	(0.133)
Hfun×Pay	−0.074	−0.003	−0.070	3.189***	0.056	3.229***
	(−0.184)	(−0.099)	(−0.178)	(3.691)	(0.282)	(3.517)
Htenu×Pay	0.836***	0.029	0.795***	0.439***	−0.021	0.424***
	(2.679)	(1.288)	(2.741)	(7.598)	(−1.046)	(7.769)
R²	0.661	0.276	0.672	0.718	0.534	0.723

注：(1) ***，**，*分别表示在1%，5%和10%水平上显著；(2)括号中为标准误。
资料来源：作者计算所得。

表5.14列示了不同融资约束下股权激励的分样本调节检验结果。区分企业不同融资环境，进行chow检验后发现，股权激励的直接调节效应和间接调节效应在1%的水平上均拒绝了无显著结构变化的零假设，即股权激励对高管团队异质性与企业研发投资行为的直接和间接调节效应，在不同的融资约束下存在显著的差异。进一步发现，在股权激励调节过程中，低融资约束下组织风险偏好的系数为$\beta=1.302$，高融资约束下组织风险偏好系数为$\beta=-0.690$。同时，进行双变量均值检验，进一步验证了低融资约束

下股权激励对组织风险偏好的影响效应更强，验证了本章研究假设 H5-2。

表 5.14　不同融资约束下股权激励调节的差异检验

变量	低融资约束			高融资约束		
	R&D	*Riskpr*	*R&D*	*R&D*	*Riskpr*	*R&D*
	(1)	(2)	(3)	(4)	(5)	(6)
Hgend	−0.955***	0.013	−0.972***	0.076	−0.104	0.004
	(−2.713)	(0.505)	(−2.946)	(0.327)	(−1.551)	(0.020)
Hage	4.692**	−0.099	4.821**	−0.171	−0.074	−0.222
	(2.227)	(−0.845)	(2.181)	(−0.281)	(−0.516)	(−0.332)
Hdeg^2	1.033***	−0.057**	1.107***	0.871***	−0.110***	0.795***
	(3.605)	(−2.169)	(3.679)	(3.079)	(−3.158)	(2.758)
Hfun	0.471**	0.153***	0.271	−3.824***	−0.388	−4.091***
	(2.369)	(3.154)	(1.470)	(−3.046)	(−1.595)	(−2.954)
Htenu^2	0.598***	0.032***	0.556***	0.053	0.017	0.065
	(20.885)	(6.176)	(18.737)	(1.157)	(1.301)	(1.553)
Riskpr	—	—	1.302***	—	—	−0.690***
	—	—	(4.086)	—	—	(−2.672)
Stock	−0.121	−0.068***	−0.032	0.362	−0.117***	0.281
	(−0.817)	(−7.972)	(−0.187)	(1.014)	(−2.702)	(0.711)
Hgend×*Stock*	−0.078	−0.311**	0.327	−2.248**	0.649***	−1.800*
	(−0.090)	(−2.423)	(0.425)	(−2.281)	(2.766)	(−1.760)
Hage×*Stock*	11.626	0.580	10.871	−0.681	−0.472	−1.006
	(1.479)	(1.547)	(1.412)	(−0.106)	(−0.635)	(−0.163)
Hdeg×*Stock*	−4.543***	−0.941***	−3.317*	−2.249	0.502	−1.902
	(−2.609)	(−8.875)	(−1.844)	(−1.300)	(1.450)	(−1.213)
Hfun×*Stock*	7.326***	−0.366**	7.802***	6.827	1.353**	7.761
	(3.119)	(−2.259)	(3.215)	(1.599)	(2.458)	(1.649)
Htenu×*Stock*	−0.098	−0.023	−0.068	−0.236	−0.064	−0.281
	(−0.317)	(−0.594)	(−0.230)	(−0.563)	(−1.639)	(−0.632)
R^2	0.647	0.319	0.656	0.672	0.541	0.676

注：(1) ***，**，* 分别表示在 1%，5% 和 10% 水平上显著；(2) 括号中为标准误。

资料来源：作者计算所得。

表 5.15 列示了不同融资约束下政府补贴激励的分样本调节检验结果。区分企业不同融资环境,进行 chow 检验后发现,政府补贴激励的直接调节和间接调节效应在 1‰的水平上均拒绝了无显著结构变化的零假设,即政府补贴激励对高管团队异质性与企业研发投资行为的直接和间接调节效应,在不同的融资约束下存在显著的差异。进一步发现,在政府补贴激励调节过程中,低融资约束下组织风险偏好的系数为 $\beta=1.193$,高融资约束下组织风险偏好的系数为 $\beta=-0.816$,$p<0.01$。同时,进行双变量均值检验,进一步验证了低融资约束下政府补贴激励对组织风险偏好的影响效应更强,验证了本章研究假设 H5-3。

表 5.15 不同融资约束下政府补贴激励调节的差异检验

变量	低融资约束			高融资约束		
	R&D	Riskpr	R&D	R&D	Riskpr	R&D
	(1)	(2)	(3)	(4)	(5)	(6)
$Hgend$	−0.432	0.073*	−0.520**	0.082	0.006	0.087
	(−1.545)	(1.844)	(−2.024)	(0.445)	(0.109)	(0.575)
$Hage$	4.002***	0.087	3.898**	−0.176	−0.042	−0.211
	(2.799)	(0.535)	(2.509)	(−0.267)	(−0.386)	(−0.327)
$Hdeg^2$	0.568**	0.027	0.536**	0.329	−0.064	0.276
	(2.309)	(0.616)	(2.004)	(0.860)	(−1.103)	(0.717)
$Hfun$	−0.204	0.207***	−0.451	−2.617**	−0.293	−2.857**
	(−0.486)	(3.856)	(−1.122)	(−2.314)	(−1.224)	(−2.291)
$Htenu^2$	0.534***	0.035***	0.492***	0.150***	0.025	0.170***
	(13.864)	(8.271)	(11.322)	(3.153)	(1.498)	(4.848)
$Riskpr$	—	—	1.193***	—	—	−0.816***
	—	—	(3.443)	—	—	(−3.502)
Sub^2	−0.001***	0.000	−0.001***	−0.000	−0.000	−0.000
	(−6.355)	(0.047)	(−7.351)	(−0.910)	(−0.214)	(−1.055)
$Hgend\times Sub^2$	−0.006	−0.000	−0.006	0.001	0.002	0.002
	(−1.043)	(−0.338)	(−1.022)	(0.147)	(1.645)	(0.453)
$Hage\times Sub^2$	−0.031***	−0.009***	−0.021*	−0.014	−0.003***	−0.016
	(−3.396)	(−4.115)	(−1.733)	(−1.343)	(−2.755)	(−1.487)

变量	低融资约束			高融资约束		
	R&D	*Riskpr*	*R&D*	*R&D*	*Riskpr*	*R&D*
	(1)	(2)	(3)	(4)	(5)	(6)
Hdeg×*Sub*^2	0.018**	−0.000	0.018**	−0.019***	0.000	−0.019***
	(2.193)	(−0.456)	(2.506)	(−2.648)	(0.921)	(−2.704)
Hfun×*Sub*^2	0.015**	0.001	0.014**	0.016***	−0.001	0.015***
	(2.122)	(1.205)	(2.132)	(3.739)	(−0.305)	(3.404)
Htenu×*Sub*^2	−0.002	−0.001***	−0.001	0.004*	0.001	0.005**
	(−0.644)	(−4.148)	(−0.270)	(1.938)	(1.418)	(2.558)
R^2	0.652	0.332	0.659	0.680	0.535	0.686

注：(1) ***，**，* 分别表示在 1%，5% 和 10% 水平上显著；(2) 括号中为标准误。

资料来源：作者计算所得。

5.3.6 不同期望差距下激励调节的差异检验

表 5.16 列示了不同期望差距下薪酬激励的分样本调节检验结果。区分企业不同期望差距，进行 chow 检验后发现，薪酬激励的直接调节和间接调节效应在 1% 的水平上均拒绝了无显著结构变化的零假设，即薪酬激励对高管团队异质性与企业研发投资行为的直接和间接调节效应，在不同的期望差距下存在显著的差异。进一步发现，在薪酬激励调节过程中，期望落差下组织风险偏好的系数为 $\beta=1.431$，期望顺差下组织风险偏好的系数为 $\beta=0.457$。同时，进行双变量均值检验，进一步验证了期望落差下薪酬激励对组织风险偏好的影响效应更强，验证了本章研究假设 H6-1。

表 5.16 不同期望差距下薪酬激励调节的差异检验

变量	期望落差			期望顺差		
	R&D	*Riskpr*	*R&D*	*R&D*	*Riskpr*	*R&D*
	(1)	(2)	(3)	(4)	(5)	(6)
Hgend	−0.471***	−0.012	−0.453**	−0.338***	0.008	−0.342***
	(−3.326)	(−0.279)	(−2.533)	(−2.845)	(0.384)	(−2.894)
Hage	0.796	−0.232***	1.129	1.665***	−0.024	1.676***
	(0.610)	(−3.512)	(0.879)	(3.874)	(−1.331)	(3.990)

变量	期望落差			期望顺差		
	R&D	Riskpr	R&D	R&D	Riskpr	R&D
	(1)	(2)	(3)	(4)	(5)	(6)
$Hdeg^2$	2.380***	−0.193***	2.656***	0.277***	0.083***	0.239***
	(9.723)	(−4.822)	(10.237)	(3.284)	(12.305)	(2.888)
$Hfun$	1.211*	0.882***	−0.051	0.516	0.134***	0.455
	(1.826)	(8.770)	(−0.054)	(1.207)	(4.314)	(1.044)
$Htenu^2$	−0.327***	0.057	−0.407**	0.323***	0.029***	0.310***
	(−2.738)	(1.164)	(−2.278)	(9.099)	(5.667)	(8.635)
$Riskpr$	—	—	1.431**	—	—	0.457***
	—	—	(2.613)	—	—	(2.819)
Pay	−0.028	0.020***	−0.056**	−0.056	0.001	−0.056
	(−0.848)	(2.619)	(−2.092)	(−0.732)	(0.253)	(−0.723)
$Hgend×Pay$	−2.624**	−0.404***	−2.046*	−0.253**	−0.015	−0.246**
	(−2.300)	(−2.768)	(−1.752)	(−2.267)	(−1.341)	(−2.120)
$Hage×Pay$	0.957	0.280	0.556	0.217	−0.275***	0.343
	(0.742)	(1.060)	(0.316)	(0.450)	(−6.083)	(0.794)
$Hdeg×Pay$	−1.791***	−0.247*	−1.437***	0.510	−0.099***	0.555*
	(−10.628)	(−1.692)	(−8.384)	(1.533)	(−5.787)	(1.758)
$Hfun×Pay$	−2.950	0.231**	−3.281	−0.352*	0.158***	−0.424**
	(−1.227)	(2.259)	(−1.480)	(−1.797)	(5.236)	(−2.409)
$Htenu×Pay$	0.130	−0.059	0.214	0.201	0.032***	0.186
	(0.754)	(−1.471)	(0.855)	(1.212)	(6.381)	(1.100)
R^2	0.367	0.635	0.387	0.564	0.186	0.566

注：(1) ***，**，*分别表示在1%，5%和10%水平上显著；(2)括号中为标准误。
资料来源：作者计算所得。

　　表5.17列示了不同期望差距下股权激励的分样本调节检验结果。区分企业不同期望差距，进行chow检验后发现，股权激励的直接调节和间接调节效应在1%的水平上均拒绝了无显著结构变化的零假设，即股权激励对高管团队异质性与企业研

发投资行为的直接和间接调节效应,在不同的期望差距下存在显著的差异。进一步发现,在股权激励调节过程中,期望落差下组织风险偏好的系数为 $\beta=1.473$,期望顺差下组织风险偏好的系数为 $\beta=0.439$。同时,进行双变量均值检验,进一步验证了期望落差下股权激励对组织风险偏好的影响效应更强,验证了本章研究假设 H6-2。

表 5.17　不同期望差距下股权激励调节的差异检验

变量	期望落差			期望顺差		
	R&D	*Riskpr*	*R&D*	*R&D*	*Riskpr*	*R&D*
	(1)	(2)	(3)	(4)	(5)	(6)
Hgend	−1.668***	−0.098**	−1.523***	−0.344**	0.009	−0.348***
	(−5.270)	(−2.239)	(−5.135)	(−2.506)	(0.423)	(−2.620)
Hage	2.660***	−0.129	2.850***	1.779***	−0.083***	1.816***
	(13.536)	(−1.504)	(8.605)	(4.169)	(−3.265)	(4.484)
Hdeg^2	3.280***	−0.219***	3.602***	0.345***	0.074***	0.313***
	(12.602)	(−4.005)	(18.227)	(3.367)	(10.491)	(2.812)
Hfun	−0.993	0.714***	−2.045	0.157	0.138***	0.096
	(−0.748)	(10.188)	(−1.498)	(0.450)	(10.356)	(0.261)
Htenu^2	−0.507**	0.038	−0.562**	0.341***	0.022***	0.332***
	(−2.386)	(0.823)	(−2.120)	(11.091)	(4.621)	(10.565)
Riskpr	—	—	1.473***	—	—	0.439***
	—	—	(4.990)	—	—	(2.644)
Stock	0.621***	−0.060	0.710***	0.205**	−0.042**	0.224***
	(3.708)	(−0.983)	(4.514)	(2.447)	(−2.448)	(2.615)
Hgend×Stock	−4.904***	−0.565***	−4.071***	0.518	0.006	0.515
	(−7.401)	(−3.021)	(−8.899)	(0.712)	(0.115)	(0.717)
Hage×Stock	19.950***	0.174	19.694***	0.870	0.139	0.809
	(4.024)	(0.431)	(3.773)	(0.458)	(0.903)	(0.431)
Hdeg×Stock	−3.406***	−0.747***	−2.307***	0.730	−0.287***	0.855*
	(−3.228)	(−12.087)	(−2.818)	(1.612)	(−5.445)	(1.851)
Hfun×Stock	−2.375	−0.169	−2.127	−2.672***	−0.433***	−2.482***
	(−1.017)	(−0.411)	(−1.073)	(−4.150)	(−2.647)	(−3.891)

高管团队异质性与企业研发投资行为研究

变量	期望落差			期望顺差		
	$R\&D$	$Riskpr$	$R\&D$	$R\&D$	$Riskpr$	$R\&D$
	(1)	(2)	(3)	(4)	(5)	(6)
$Htenu \times Stock$	-1.063^{***}	0.063	-1.155^{***}	-0.166	0.002	-0.167
	(-4.505)	(0.699)	(-7.253)	(-0.775)	(0.077)	(-0.796)
R^2	0.454	0.636	0.476	0.563	0.173	0.565

注:(1) ***,**,*分别表示在1%,5%和10%水平上显著;(2)括号中为标准误。
资料来源:作者计算所得。

表 5.18 列示了不同期望差距下政府补贴激励的分样本调节检验结果。区分企业不同期望差距,进行 chow 检验后发现,政府补贴激励的直接调节和间接调节效应在 1% 的水平上均拒绝了无显著结构变化的零假设,即政府补贴激励对高管团队异质性与企业研发投资行为的直接和间接调节效应,在不同的期望差距下存在显著的差异。进一步发现,在政府补贴激励调节过程中,期望落差下组织风险偏好的系数为 $\beta=1.721$,期望顺差下组织风险偏好的系数为 $\beta=0.379$。同时进行双变量均值检验,进一步验证了期望落差下政府补贴激励对组织风险偏好的影响效应更强,验证了本章研究假设 H6-3。

表 5.18 不同期望差距下政府补贴激励调节的差异检验

变量	期望落差			期望顺差		
	$R\&D$	$Riskpr$	$R\&D$	$R\&D$	$Riskpr$	$R\&D$
	(1)	(2)	(3)	(4)	(5)	(6)
$Hgend$	-0.534	-0.050	-0.449	-0.351^{***}	0.020	-0.359^{***}
	(-1.020)	(-0.890)	(-1.019)	(-3.093)	(0.950)	(-3.207)
$Hage$	-0.044	-0.273^{***}	0.427	1.843^{***}	-0.037^{***}	1.857^{***}
	(-0.021)	(-2.854)	(0.212)	(4.319)	(-4.051)	(4.419)
$Hdeg^2$	2.836^{***}	-0.111^{***}	3.027^{***}	0.360^{***}	0.085^{***}	0.328^{***}
	(4.706)	(-6.053)	(4.677)	(4.299)	(13.257)	(3.875)
$Hfun$	2.708^{***}	1.018^{***}	0.955	0.389	0.156^{***}	0.330
	(2.895)	(65.530)	(0.754)	(1.069)	(8.599)	(0.870)
$Htenu^2$	-0.330^{**}	0.055	-0.424^{**}	0.333^{***}	0.021^{***}	0.325^{***}
	(-2.223)	(1.158)	(-2.087)	(9.625)	(3.901)	(9.056)

变量	期望落差			期望顺差		
	$R\&D$	$Riskpr$	$R\&D$	$R\&D$	$Riskpr$	$R\&D$
	(1)	(2)	(3)	(4)	(5)	(6)
$Riskpr$	—	—	1.721***	—	—	0.379***
	—	—	(4.585)	—	—	(2.686)
$Sub\text{-}2$	−0.003	−0.000	−0.002	−0.001**	−0.000	−0.001**
	(−1.395)	(−1.067)	(−1.447)	(−2.163)	(−1.105)	(−2.107)
$Hgend \times Sub\text{-}2$	0.016	−0.001***	0.018*	−0.001	0.000	−0.001
	(1.517)	(−3.447)	(1.688)	(−0.402)	(0.198)	(−0.413)
$Hage \times Sub\text{-}2$	0.000	−0.002	0.004	−0.015*	−0.003**	−0.014
	(0.002)	(−1.022)	(0.153)	(−1.809)	(−2.340)	(−1.584)
$Hdeg \times Sub\text{-}2$	0.003	−0.001	0.004	0.001	−0.002***	0.002
	(0.404)	(−0.351)	(0.809)	(0.659)	(−7.919)	(1.134)
$Hfun \times Sub\text{-}2$	0.030***	0.008***	0.015	0.001	0.001**	0.001
	(3.216)	(13.363)	(1.290)	(0.300)	(2.342)	(0.253)
$Htenu \times Sub\text{-}2$	−0.000	−0.000	−0.000	−0.002***	−0.000	−0.002***
	(−0.520)	(−0.542)	(−0.064)	(−3.838)	(−1.026)	(−3.275)
R^2	0.367	0.636	0.396	0.565	0.179	0.566

注:(1) ***,**,*分别表示在1%,5%和10%水平上显著;(2) 括号中为标准误。

资料来源:作者计算所得。

5.4　稳健性检验

为了使实证结果更加稳定可靠,本节对其进行了稳健性检验。需要说明的是,中介效应的稳健性检验上一章已进行详细分析,在此不再赘述,本章仅针对激励机制的调节效应进行相应的稳健性分析。

(1) 考虑管理层权力的影响,替换高管激励变量。为了缓解信息不对称以及代理问题,对高管团队进行薪酬激励和股权激励,可以有效防止管理层的逆向选择。在高管激励调节的研究中,考虑到高管团队中不同成员的权力会不同程度地对组织风险偏好产生影响,本书将内部薪酬差距作为高管薪酬激励的替代变量,进行调节分析。参考刘思彤、张启銮和李延喜(2018)[296]的度量方法,本书采用前三名董事、监事及高管平均薪酬与其他董事、监事及高管平均薪酬绝对差距的自然对数度量内部薪酬差距。表5.19实证结果发现与本章研究结论基本一致,即薪酬激励显著调节高管团队异质性与企业研发投资行为之间的直接和间接关系。

表5.19　薪酬激励调节高管团队异质性与企业研发投资的稳健性检验

变量	R&D	Riskpr	R&D
	(1)	(2)	(3)
Hgend	0.273***	−0.017	0.270***
	(3.007)	(−1.193)	(3.028)
Hage	0.815***	−0.044*	0.901***
	(5.528)	(−1.710)	(6.701)
Hdeg^2	−0.090	0.057***	−0.106
	(−0.710)	(4.415)	(−0.858)
Hfun	−0.551***	0.043*	−0.593***
	(−2.999)	(1.960)	(−3.080)
Htenu^2	0.105**	0.005	0.097**
	(2.076)	(1.446)	(2.003)
Riskpr	—	—	0.782***
	—	—	(5.342)
Pay	−0.005	0.009***	−0.011
	(−0.261)	(4.131)	(−0.533)
Hgend×Pay	−0.276***	0.037***	−0.276***
	(−5.949)	(3.102)	(−5.747)
Hage×Pay	−0.171	−0.110***	−0.106
	(−0.318)	(−4.874)	(−0.198)
Hdeg×Pay	0.361***	−0.043***	0.408***
	(3.618)	(−4.382)	(3.953)
Hfun×Pay	−0.565*	0.035	−0.622**
	(−1.832)	(1.048)	(−2.142)
Htenu×Pay	0.195***	0.017***	0.178***
	(2.690)	(4.780)	(2.588)
R^2	0.595	0.176	0.599

注:(1) ***,**,*分别表示在1%,5%和10%水平上显著;(2)括号中为标准误。
资料来源:作者计算所得。

（2）考虑政府补贴行业的影响，替换政府补贴变量。由于不同行业类别的不同，政府补贴会有显著的差异，因此，将政府补贴去均值后再取对数进行分析，得到的实证结果（见表 5.20）与本章研究结论基本一致。

表 5.20　政府补贴激励调节高管团队异质性与企业研发投资的稳健性检验

变量	$R\&D$	$Riskpr$	$R\&D$
	(1)	(2)	(3)
$Hgend$	0.343***	0.008	0.337***
	(4.022)	(0.395)	(4.082)
$Hage$	0.854***	−0.114***	0.941***
	(7.285)	(−4.259)	(7.115)
$Hdeg$	−0.016	0.031***	−0.039
	(−0.216)	(4.325)	(−0.562)
$Hfun$	−0.607***	0.061**	−0.653***
	(−2.909)	(2.345)	(−3.045)
$Htenu$	0.123*	0.013**	0.113
	(1.667)	(2.011)	(1.594)
$Riskpr$	—	—	0.759***
	—	—	(5.550)
$Hgend \times Sub\hat{\ }2$	0.039	0.005*	0.035
	(1.231)	(1.932)	(1.152)
$Hage \times Sub\hat{\ }2$	−0.111**	0.021***	−0.126***
	(−2.261)	(3.378)	(−2.736)
$Hdeg \times Sub\hat{\ }2$	0.014	−0.003*	0.016
	(0.439)	(−1.680)	(0.498)
$Hfun \times Sub\hat{\ }2$	0.046	−0.020*	0.061
	(1.081)	(−1.759)	(1.252)
$Htenu \times Sub\hat{\ }2$	0.017	−0.001	0.018
	(1.159)	(−1.396)	(1.252)
R^2	0.598	0.230	0.602

注：(1) ***，**，* 分别表示在 1%，5% 和 10% 水平上显著；(2) 括号中为标准误。
资料来源：作者计算所得。

（3）考虑内生性问题，采用滞后变量法。将薪酬激励、股权激励以及政府补贴激励均滞后一期引入模型中重新检验，结果与本章研究结论基本一致，即薪酬激励、股权激励以及政府补贴激励均显著调节了高管团队异质性对企业研发投资行为的直接效应和间接效应。

（4）引入虚拟变量，采用交乘方法进行回归。区分成长机会、融资约束和期望差距分组回归的方式判断，可以直观地分析出不同激励机制的调节影响，但简单的分组回归会缩小样本，因此，将成长机会、融资约束和期望差距作为虚拟变量，引入模型进行稳健性检验。结果与本章研究结论基本一致，即不同的成长机会、融资约束以及期望差距下激励机制的调节会存在显著差异。

5.5 本章小结

高管团队的认知能力具有很强的情境依赖性，如果不考虑情境因素的影响，将会导致结果的不稳定性增加。合理的高管团队治理结构可以通过有效的高管激励和政府补贴激励影响组织风险偏好水平，进而促使高管团队实施有利于公司长远发展的研发投资决策行为来提升创业板上市公司的创新能力。基于这一考虑，本章在上一章理论和实证分析组织风险偏好对高管团队异质性与企业研发投资行为的中介效应影响基础上，引入激励机制，进一步探讨高管激励与政府补贴激励对组织风险偏好的影响。研究结果表明：

（1）高管薪酬激励和股权激励显著调节高管团队异质性与企业研发投资行为之间的直接和间接关系。进一步区分产权性质发现，不同性质的企业中高管薪酬激励和股权激励的调节效应不同。相比国有企业，家族企业中的薪酬激励会强化高管团队异质性对企业研发投资行为的直接影响，股权激励则弱化高管团队异质性对企业研发投资行为的直接影响。但考虑到组织风险偏好在部分中介高管团队异质性与企业研发投资行为关系的过程中，其中介效应的强度存在差异，间接调节的效果也存在差异。相比国有企业，家族企业中的薪酬激励会强化高管团队异质性与组织风险偏好的影响，股权激励会弱化高管团队异质性与组织风险偏好的影响，从而对其研发投资行为产生间接影响。

（2）政府补贴激励显著调节高管团队异质性与企业研发投资行为之间的关系。进一步区分产权性质发现，不同性质的企业中政府补贴激励调节效应不同。相比家族企业，国有企业中政府补贴对高管团队异质性与企业研发投资行为的调节效应更显著，先是强化了高管团队异质性对企业研发投资行为的影响，而后随着政府补贴力度的增加，会弱化高管团队异质性对企业研发投资行为的影响。而且，组织风险偏好对高管团队异质性与企业研发投资行为之间的部分中介作用受到政府补贴前半路径的调节。相比家族企业,国有企业中的政府补贴也对高管团队异质性与组织风险偏好的调节效应呈现倒 U 型关系。

(3)高管薪酬激励和股权激励在调节高管团队异质性与企业研发投资行为过程中存在互补效应,高管激励和政府补贴激励在调节高管团队异质性与研发投资行为时存在交互影响。而且,高管激励和政府补贴激励综合调节高管团队异质性与企业研发投资行为的直接关系,同时也综合调节高管团队异质性通过组织风险偏好进而影响企业研发投资行为的部分中介效应。

(4)在不同成长机会、融资约束以及期望差距下,高管激励和政府补贴激励对组织风险偏好中介变量的影响效应不同。研究发现,低成长机会、低融资约束和期望落差下影响效应更强,即相对于中低成长和高成长机会,低成长机会下薪酬激励、股权激励或者政府补贴激励对组织风险偏好的影响效应更强;相对于高融资约束,低融资约束下薪酬激励、股权激励或者政府补贴激励对组织风险偏好的影响效应更强;相对于期望顺差,期望落差下薪酬激励、股权激励或者政府补贴激励对组织风险偏好的影响效应更强。

第 6 章 技术创新导向下高管团队治理结构的优化

本章根据前文的理论分析与实证研究结论,在考虑单独异质性特征影响的基础上,综合权衡高管团队异质性特征权重以及成员之间的决策权重,探索构建基于技术创新导向的高管团队治理结构优化框架体系,并提出适合我国创业板公司特点的高管团队治理优化措施。

6.1 技术创新导向下高管团队治理结构优化的必要性

诺贝尔经济学得主 Tirole(2010)[297]定义了一个"良好"的治理结构,即在提出战略决策之前,公司董事会必须首先任命合适的、最有能力的人担任首席执行官 CEO 及监事会、高层管理成员等,并让他们对投资者负责。高管团队治理结构就是基于法律与契约规范的要求,着眼于构建企业所有权与企业经营权分离的现代公司组织体系,包括董事会、监事会和高层管理人员等权力和责任的分配,以及为规范高管团队行为所制定的一套规则和程序。作为高管团队内部成员的检查和平衡机制,高管团队治理优化的目的在于平衡股东以及各种利益相关者的权益,不仅要保护股东的利益,还要保护债权人、雇员、供应商、政府、社区等在内的利益相关者的利益,保证公司决策科学化,有效监督企业的组织活动,进而实现企业的可持续发展和提升企业的持续创新能力。当前我国经济正处于转型时期,公司治理问题更加凸显。结合我国创业板上市公司实践来看,万福生科、天龙光电和宝德股份等公司连续两年亏损,虽然避开了退市的风险,但引起政府部门、监管部门、学术界等各方的广泛关注,其中最根本的原因就是企业管理层的治理结构问题,超过了其组织能力所承受的程度,偏离了企业的战略发展方向。因此,针对创业板上市公司的特点,优化技术创新导向下高管团队的治理结构具有重要的理论与现实意义。

前文的理论与实证研究证实了高管团队异质性与企业研发投资行为之间存在显著的关联性,强调了性别、年龄、职业背景、受教育水平和任期等高管团队异质性特征的单独影响。结果发现,高管团队的不同异质性特征会通过组织风险偏好影响到企业的研发投资决策。Baranchuk 和 Dybvig(2009)[298]指出不同异质性特征的综合作用,比任何个别方面更能促成一个管理层良好运作所必需的协商一致意见。然而高管团队的各异质性特征以及高管团队成员间的不同决策权重是否会不同程度地影响到企业研发投资行为,有待进一步实证检验。本章将这些权重因素及前文提到的高管团队异质性与企业研发投资行为的关联关系相整合,构建了技术创新导向下高管团队治理结构的优化框架体系。具体来讲,本章将单独考虑高管团队了性别、年龄、职业背景、受教育水平和任期异质性特征的结构优化过程称为静态治理结构的优化,将考虑动态情境与高管团队成员决策权重的结构优化过程称为动态治理结构的优化(具体见图 6.1)。

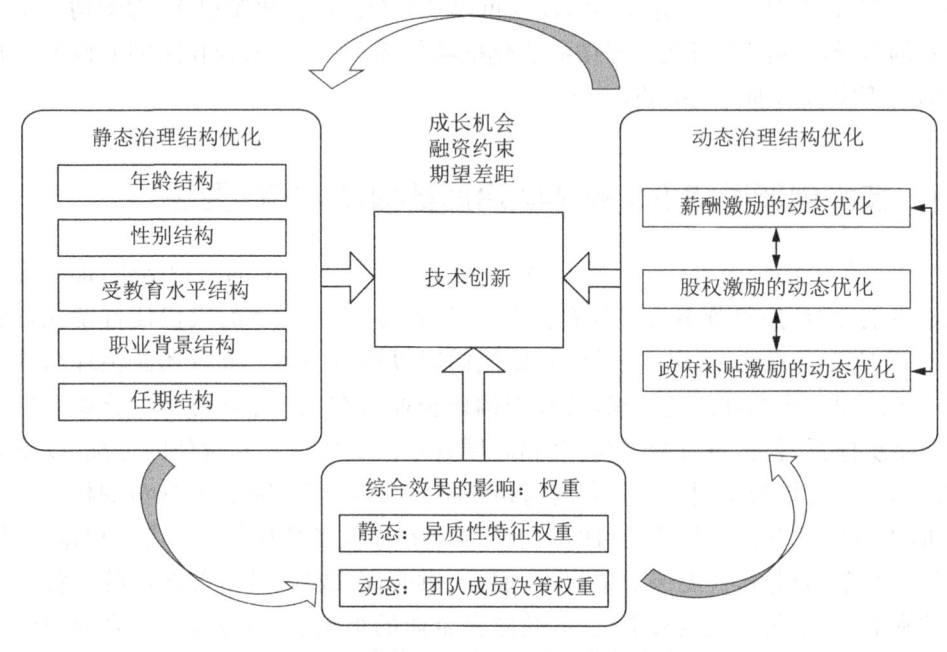

图 6.1　高管团队治理结构的优化内容

资料来源:作者根据研究设想绘制。

6.2　高管团队静态治理结构优化

6.2.1　高管团队异质性权重的确定

通过第 4 章的理论假设和实证分析可以看出,组织风险偏好对高管团队异质性与企业研发投资行为之间的关系存在部分中介效应。也就是说,不同高管团队异质性特征会通过组织风险偏好影响企业的研发投资行为。因此,对于企业来讲,高管团队各异质性特征是否不同程度地影响企业研发投资行为,这将是静态治理结构优化的关键环节。本章利用2009—2017年创业板上市公司的相关数据,采用熵权法实证分析高管团队异质性特征的不同权重,对于静态治理结构优化措施的提出具有重要的现实意义。

1)高管团队异质性熵权值的确定过程

熵权法的基本思路是充分利用原始数据所提供的信息,通过决策矩阵来确定客观权重。若指标的信息熵越小,表明指标值变异程度越大,提供的信息量越多,权重也越大,在企业决策中发挥的作用越大;反之,指标的信息熵越大,表明指标的变异程度越小,提供的信息量也越少,相应的权重也越小,在企业决策中发挥的作用也越小。在熵权法权重测算中,采用Stata 15.0软件程序设计和数据处理。

为了保证结果的可靠性,首先对原始指标数据进行标准化处理,考虑高管团队异质性的数据特征,以及后续的对数化过程,将其进行归一化处理。假设高管团队异质性的原始数据 $X = (x_{ij})_{n \times 5}$,其中 x_{ij} 为第 i 个公司第 j 个高管团队特征属性下的异质性数值。由于每个企业高管团队中有5个相同属性的异质性特征,即性别、年龄、受教育水平、职业背景以及任期,因此 X 是一个 $n \times 5$ 维的矩阵,其中 $0 \leqslant j \leqslant 5$。

$$X = \begin{bmatrix} x_{11} & x_{12} & \cdots & x_{15} \\ x_{21} & x_{22} & \cdots & x_{25} \\ \cdots & \cdots & \cdots & \cdots \\ x_{n1} & x_{n2} & \cdots & x_{n5} \end{bmatrix}_{n \times 5} \tag{6.1}$$

对 X 进行归一化处理,即 $Y = (y_{ij})_{n \times 5}$,其中 $y_{ij} = \dfrac{x_{ij} - \min\{x_{\cdot j}\}}{\max\{x_{\cdot j}\} - \min\{x_{\cdot j}\}}$。

$$Y = \begin{bmatrix} y_{11} & y_{12} & \cdots & y_{15} \\ y_{21} & y_{22} & \cdots & y_{25} \\ \cdots & \cdots & \cdots & \cdots \\ y_{n1} & y_{n2} & \cdots & y_{n5} \end{bmatrix}_{n \times 5} \tag{6.2}$$

根据信息论中信息熵的定义,不同年度创业板上市公司的信息熵计算公式见式(6.3)。

$$E_j = -K \sum_{i=1}^{n} p_{ij} \ln(p_{ij}) \tag{6.3}$$

上式中，$p_{ij} = \dfrac{y_{ij}}{\sum\limits_{i=1}^{n} y_{ij}}$ 为第 j 个指标下第 i 个企业的异质性数值的比重。E_j 为第 j 个指标的熵值。$K = \ln(n)^{-1}$，常数 K 能够保证 $0 \leqslant E_j \leqslant 1$，即 E_j 最大为 1。需要说明的是，如果 $p_{ij} = 0$，则定义 $\lim\limits_{p_{ij} \to 0} p_{ij} \ln(p_{ij}) = 0$。

根据信息熵的计算公式，计算出各个指标的信息熵为 $(E_1, E_2, E_3, E_4, E_5)$，然后通过信息熵计算高管团队各异质性指标的权重，即第 j 个指标的熵权。

$$W_j = \frac{1 - E_j}{\sum\limits_{j=1}^{5}(1 - E_j)} \tag{6.4}$$

2）高管团队异质性权重的结果分析

表 6.1 列示了 2009—2017 年高管团队异质性指标的不同权重值，图 6.2 根据表 6.1 描绘了高管团队异质性指标权重趋势。可以看出，不同年份高管团队异质性特征的权重影响存在差异。性别异质性和任期异质性的权重相对较小，也就是性别异质性和任期异质性对企业研发投资行为的影响程度相对较低。虽然性别差异是普遍存在的，在风险偏好上也存在着差异，但这种差异的影响程度相对于其他特征属性而言会随着社会的进步和外部文化环境的影响逐渐降低。年龄异质性和学历异质性的权重相对较大，也就是年龄和学历异质性对企业研发投资行为的影响相对较高，不同年龄段和学历层次的团队成员具有不同的特征，会形成不同的价值观和信仰，对风险的识别和偏好也会存在差异，而且由于企业的经营发展规模不

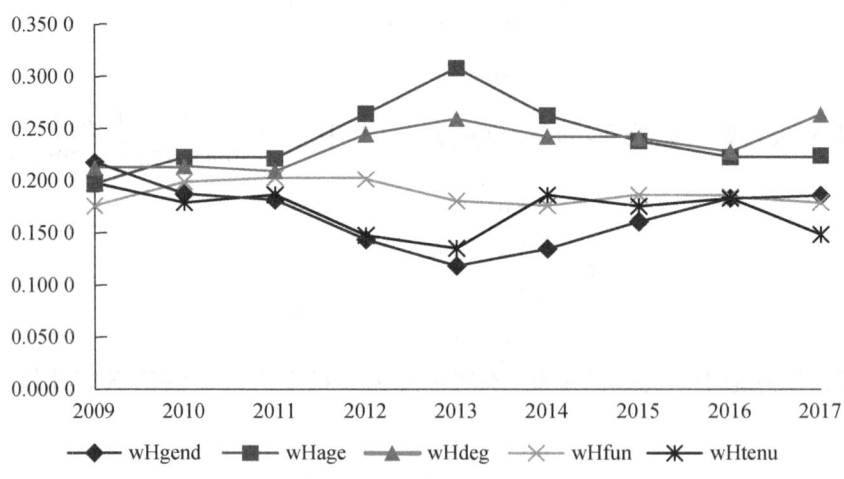

图 6.2　高管团队异质性指标权重趋势图

资料来源：作者根据数据结果绘制。

断变化,对于年龄和学历的要求也会不断更新。

表 6.1 高管团队异质性指标权重结果

Year	N	$wHgend$	$wHage$	$wHdeg$	$wHfun$	$wHtenu$
2009	19	0.218	0.197	0.212	0.176	0.198
2010	110	0.187	0.222	0.214	0.198	0.179
2011	209	0.181	0.221	0.209	0.202	0.186
2012	326	0.143	0.264	0.244	0.201	0.147
2013	336	0.118	0.308	0.259	0.180	0.135
2014	370	0.134	0.262	0.242	0.176	0.186
2015	448	0.160	0.238	0.241	0.186	0.176
2016	508	0.183	0.223	0.228	0.184	0.183
2017	642	0.186	0.224	0.263	0.179	0.148

资料来源:作者计算所得。

6.2.2 高管团队静态治理结构优化措施

高管团队中要有更强的人加入,要有能力不足、动力减退的人退出。当然,加入和退出是一个择优汰劣的过程,应当是良性的;如果相反,则可能是组织运营体系和经营理念出现了问题。在高管团队静态治理结构优化过程中,不仅要考虑各异质性的影响效果,还要综合考虑各异质性权重的影响效果。第 4 章中介检验的实证结果有助于高管团队选聘机制和任免制度的完善,不同成长机会、融资约束和期望差距下的中介检验有助于企业机会的识别以及发展战略的合理定位。本章各异质性权重的实证结果有助于高管团队异质性的权衡,具体可以从以下三个方面进行优化。

1) 完善高管团队选聘机制和任免制度

研究发现,性别异质性的提高可以强化企业的研发投资行为,但区分产权性质后发现,非家族企业中性别异质性的提高可能弱化企业的研发投资行为。对此,企业绝不能排斥女性高管成员,而应合理利用不同产权企业的特点,有针对性的提高或者降低性别异质性的影响。年龄异质性对研发投资行为具有正向影响,企业应当通过引进和培养青年才俊予以强化。受教育水平异质性对企业研发投资行为存在一个区间问题,企业应当合理利用其区间设置,并保证学历与能力的匹配。职业背景异质性特别是财会、金融、法律等专业人员占比过高的情况下,企业应适当增加研发背景人员数量,畅通信息沟通渠道,保证不同职业背景人员之间的有效沟通,充分发挥异质性的积极优势。任期异质性与研发投资行为的倒 U 型关系,提醒企业高管团队成员既不能经常更换,也不能一成不变,任期过短、过长都不适宜,必须审时度势,确定最佳团队人员任职期限结构。而且组织风险偏好对于高管团队异质性与企业研发投资行为的影响具有显著的部分中介作用,冒险型、激进型的高管团队有助于研发投资行为。因此,企业的未来发展很大程度上取决于高管团队异质性特征不同组合和组织风险偏好的高低,企业需要合理利用高管团队异质性,重视年龄、性别、受教育水平、职业背景以及任期等方面的合理结构配置,建立和完善有效的高管团队选聘机制和任免制度,才能使企业具有创新能力和保持企业的持续增长。

2)权衡高管团队异质性,培养合作与创新精神

高管团队异质性是一个复杂的结构,替换一个或多个高管团队成员可能不会均匀地影响所有人口统计变量,新成员的加入可能会增加任期的异质性,减少年龄的异质性,也可能使职业背景异质性保持不变等。而且创业板高管团队异质性权重的实证分析发现,不同的年份高管团队异质性的特征呈现不同的权重影响,会不同程度地对组织风险偏好产生影响,进而影响企业的研发投资行为。因此,合理权衡高管团队异质性,发挥它们不同的权重影响,是高管团队静态治理结构优化的重要环节。高管团队异质性是团队成员背景特征中诸多差异因素的综合,可能有利于企业技术创新能力的提升,也可能产生不利影响,而且这种影响在很多情况下往往通过组织风险偏好对企业的研发投资决策产生至关重要的影响。高管团队的每一个成员都应当将个体融入团队群体当中,合理利用自己在性别、年龄、学历、职业背景、任职时间等方面的优势,有效驱除其中的劣势,着力培育合作与创新精神,不断提升沟通能力,保持并扩大异质性的资源功能,减少直至消除异质性的潜在风险。

3)合理定位企业的发展战略,提升技术创新能力

创业板市场需要更加明确和突出以中小高科技企业为服务对象,进一步放宽上市条件,增加上市资源,把提高企业自主创新能力作为推进企业战略调整和提高竞争力的重要环节。技术创新能力的提升并不是一蹴而就的,而是潜移默化的过程,需要管理层识别企业的不同成长机会、融资约束和期望差距,合理定位企业的发展战略。在企业的不同成长机会、融资约束和期望差距下,高管团队异质性对企业研发投资行为的影响是存在差别的,而且低成长机会、低融资约束和期望落差下组织风险偏好中介变量对企业研发投资行为的影响效应更强。针对企业不同的生命发展阶段,要特别注重环境对风险偏好的影响,同时加强团队内部开放性的交

流,提高组织的抗风险能力。处于低成长机会下,企业面临环境的不确定性,组织风险偏好对研发投资的影响效果更强,可以通过基础研究和前沿探索等方式,突出原始创新,获取核心技术和创新产品来提升企业的创新能力;而处于中低和高成长机会下,则可以通过应用开发及产业化等方式面向市场,实现集成创新来提升企业的支撑能力。因此,建立机会识别机制,识别企业的不同发展阶段,判断企业的融资约束程度,注重收益与成本的匹配,把成长机会、融资约束程度与技术创新结合起来,将有利于提高企业的技术创新能力。需要注意的是,管理者具有不同的期望水平也会影响企业研发投资行为,当企业出现期望落差时,有利于激发管理者的创新意识,可能会进行相对冒险的行为。作为企业战略变革的重要契机,期望差距的提出将管理学和心理学有机结合,更贴近于现实,便于企业制定发展目标和投资决策。

6.3　高管团队动态治理结构优化

6.3.1　高管团队成员决策权重的确定

在研发投资决策中,组织风险偏好不仅会受到高管团队成员异质性指标,比如性别、年龄、受教育水平、职业背景和任期的影响,还会受到高管团队成员对企业研发投资行为不同决策程度的影响。一方面,考虑到高管团队成员由于其在组织结构中的位置不同,对于企业研发投资行为的决策影响力存在差别;另一方面,团队成员在决策过程中会受到彼此行为的影响,团队之间行为的一致性和接近性,会加大团队成员的权重影响,进而会通过组织风险偏好的差异影响企业研发投资行为。因此,高管团队成员权重的确定需要首先将高管团队的组成结构分为董事会、监事会和高管层三个类别,然后运用信息熵为类别内的决策者赋权,最后综合聚类结果和排序向量的信息熵确定高管团队成员的综合权重。

1) 高管团队类别间权重的确定

在组织内部,成员之间是有结构分布的,而且成员的结构分布会造成组织资源的不均衡分布。Mooney,Holahan 和 Amason(2010)[299] 指出高管团队内部各成员的组织结构分布通常是不均等的,并不是所有的成员都同等地参与了研发投资决策的制定和实施,真正的投资决策是由 CEO 及其选定的部分高管组成的小群体作出的,但这并不能否认高管团队中其他成员的作用,其他成员会通过其自身的职责权限间接影响着团队整体行为。因此考虑到高管团队自身的权属特征,本章为了简化计算将高管团队内部分为三个类别:董事会、监事会和高层管理人员,并利用专家打分法赋予相应的权重 $\beta = \{\beta_1, \beta_2, \beta_3\}$。

2) 高管团队类别内权重的确定

同一类高管团队成员中,由于成员的判断矩阵不同,其一致性程度也不相同。在同一类中,判断矩阵一致性系数最小的成员所给出的排序向量是类别内最具有代表性的,因此被赋予更大的权重系数。由于将高管团队成员分为三个类别,每个类别中包含 φ_h 个成员,同时假设第 i 位专家的权重为 α_i,调节因子为 b,一般取值为 10。采用何立华、王栎绮和张连营(2014)[300]提到的基于一致性比例 CR 的赋权方法,根据列示的判断矩阵 A_i 求得相应的一致性比例为 CR_i,具体计算公式如下:

$$\alpha_i = \frac{(1+b \times CR_i)^{-1}}{\sum_{j=1}^{\varphi_h} (1+b \times CR_j)^{-1}} \quad (i=1, 2, \cdots, n; j=1, 2, \cdots, \varphi_h) \quad (6.5)$$

根据以上类别间权重和类别内权重的计算,高管团队中各成员的综合权重为 E_i,具体公式如下:

$$D_i = \beta_h \alpha_i (i=1, 2, \cdots, n; h=1, 2, 3) \quad (6.6)$$

3) 算例分析

为了便于分析,本章借鉴何立华、王栎绮和张连营(2014)[300],陈云翔等(2015)[301]的研究,模拟一家公司,选取 MBA 专业的 9 名学生,模拟董事会 3 名成员、监事会 3 名成员和高层管理人员 3 名进行研发投资行为决策的判断,给出如下的偏好信息(见表 6.2),并计算个体排序向量。

表 6.2　高管团队成员偏好信息表

A_1	r_1	r_2	r_3	w_1	A_2	r_1	r_2	r_3	w_2
r_1	1	1/3	1/9	0.073	r_1	1	1/4	1/5	0.094
r_2	3	1	1/4	0.200	r_2	4	1	1/3	0.280
r_3	9	4	1	0.727	r_3	5	3	1	0.627
	$\lambda_{max}=3.009$		$CR_1=0.009$			$\lambda_{max}=3.086$		$CR_2=0.022$	
A_3	r_1	r_2	r_3	w_3	A_4	r_1	r_2	r_3	w_4
r_1	1	1/2	1/5	0.110	r_1	1	3	5	0.627
r_2	2	1	1/3	0.310	r_2	1/3	1	4	0.280
r_3	5	3	1	0.580	r_3	1/5	1/4	1	0.094
	$\lambda_{max}=3.000$		$CR_3=0.003$			$\lambda_{max}=3.086$		$CR_4=0.022$	

A_5	r_1	r_2	r_3	w_5		A_6	r_1	r_2	r_3	w_6
r_1	1	1/4	1/8	0.068		r_1	1	1/5	1/7	0.075
r_2	4	1	1/5	0.200		r_2	5	1	1/2	0.330
r_3	8	5	1	0.733		r_3	7	2	1	0.592
$\lambda_{\max}=3.094$			$CR_5=0.024$			$\lambda_{\max}=3.014$			$CR_6=0.004$	

A_7	r_1	r_2	r_3	w_7		A_8	r_1	r_2	r_3	w_8
r_1	1	1/5	1/8	0.070		r_1	1	1/5	1/8	0.070
r_2	5	1	1/4	0.200		r_2	5	1	1/2	0.326
r_3	8	4	1	0.730		r_3	8	2	1	0.604
$\lambda_{\max}=3.090$			$CR_7=0.081$			$\lambda_{\max}=3.006$			$CR_8=0.001$	

A_9	r_1	r_2	r_3	w_9
r_1	1	3	7	0.649
r_2	1/3	1	5	0.279
r_3	1/7	1/5	1	0.072
$\lambda_{\max}=3.065$			$CR_9=0.017$	

　　根据公式(6.5)，考虑团队成员决策一致性差异和类别间权重的差异，计算高管团队成员的类别内权重系数 α_i。

　　董事会成员：$\alpha_1=0.339$，$\alpha_2=0.303$，$\alpha_3=0.359$；

　　监事会成员：$\alpha_4=0.317$，$\alpha_5=0.312$，$\alpha_6=0.372$；

　　高层管理人员：$\alpha_7=0.230$，$\alpha_8=0.413$，$\alpha_9=0.357$.

　　根据公式(6.6)，赋予董事会、监事会和高层管理人员相应的权重 $\beta=\{3,2,1\}$，计算高管团队成员的综合权重 E_i。

　　董事会成员：$D_1=0.169$，$D_2=0.151$，$D_3=0.179$；

　　监事会成员：$D_4=0.106$，$D_5=0.104$，$D_6=0.124$；

　　高层管理人员：$D_7=0.038$，$D_8=0.069$，$D_9=0.059$.

　　可以看出，在不同的层级以及层级内部，高管团队成员对风险偏好的影响程度存在明显的差异。比如董事会成员的决策权重 $D_1=0.169$，$D_2=0.151$，$D_3=0.179$，相对于监事会和高层管理人员具有较高的权重，会加大风险偏好的影响程度，而且董事会内部成员之间也呈现不同的权重影响。因此，董事会成员之间不同的决策权重,将会影响组织风险偏好的整体水平,这为研究高管团队动态治理结构措施提供理论和实证基础。

6.3.2 高管团队动态治理结构优化措施

1) 进一步完善高管激励机制建设

薪酬激励和股权激励两种方式对高管团队异质性与研发投资行为都具有调节效应,必须因势利导,合理选择,取得最佳激励效果。与国有企业相比,家族企业中薪酬激励强化高管团队异质性与组织风险偏好的影响,股权激励弱化高管团队异质性与组织风险偏好的影响,从而对其研发投资行为产生间接影响。可见不同产权性质的企业中,实施不同的高管激励方式会产生不同的激励效应。家族企业中薪酬激励和股权激励产生着不同的效果,家族企业要想创新发展,必须重视不同方式的高管激励,针对不同异质性的影响效果采取不同方式的激励。比如,高管团队职业背景异质性与企业研发投资行为负相关,也即职业背景异质性的增加会降低企业的研发投资行为,企业可以适当采取股权激励的方式弱化职业背景异质性对组织风险偏好的影响,以提高企业的研发投资能力。同时,实证发现不同的成长机会、期望差距以及融资约束下高管激励对组织风险偏好的影响也会呈现不同的影响效果,也具有不同的敏感度。考虑到高管薪酬激励和股权激励存在互补效应,在设计高管薪酬激励和股权激励内容时,需要针对创业板企业不同的环境特征,合理的设置激励方式,激励数量和激励组合等,以提高高管激励的效果。另外,在实施薪酬激励时,一套合理高效的高管团队业绩考核制度也是至关重要的。只有当企业存在合理高效的业绩考核制度时,才可以有效提高管理人员的工作效率和热情,并缓解委托人和代理人之间的矛盾冲突。

2) 有效实施政府对企业的政策引导和补贴激励

政府补贴激励为研发投资提供一种长期有效的外部激励机制。政府补贴激励会调节高管团队异质性的影响效果,但运用不当也会引起"挤出效应"。因此,"看得见的手"的作用发挥也要结合市场的竞争环境和企业的发展水平,否则将会适得其反。企业要设计有效的政府补贴激励机制,必须考虑团队成员的风险偏好和企业环境因素。研究发现,与家族企业相比,国有企业中政府补贴对高管团队异质性与企业研发投资行为的调节效应呈现倒 U 型趋势,也即不同强度的政府补贴会对两者产生不同的影响,而且在不同的企业环境(成长机会、融资约束和期望差距)下存在不同的影响。在制定政府补贴政策时,引入动态调整机制,注意补贴的适度性,规范政府补贴审核机制,同时将企业信息实时披露,接受社会公众的监督,将信息公开化和透明化,有助于真正提升企业的研发投资行为。同时完善相关法律法规,对于获得补贴的企业,一旦发现虚假信息披露,应当加大惩罚力度,从而尽可能减少寻租行为,也有助于政府补贴达到"物尽其用"的效果。

3)合理利用团队成员的决策影响,改进高管团队运行机制

高管团队成员由于其在组织结构中的位置不同,对于企业研发投资行为的决策影响力存在差别,即不同层级之间以及层级内部均具有不同的决策权重影响,进而影响组织风险偏好的整体水平。高管团队内部权责的划分会使得企业整个团队的风险偏好水平发生变化,进而导致企业战略决策的实施产生不同影响。因此,明确界定董事会、监事会和高层管理人员的权责界限具有重要的意义。一方面,要界定清楚管理层的权责界限,完善管理层有效行权的制度环境。具体措施有增强公司董事会在决策上的独立性,强化监事会成员对公司投资战略实施的监督管理以及加强高层管理人员战略执行力度。同时,作为高管团队的决策层,应加强团队成员在公司研发投资战略决策制定和实施等方面的协作。另一方面,完善相关的法律法规,并配套相应的运行机制,才能保证高管团队的有效运行。

4)加大对团队人才的支持力度,完善人才培养创新机制

经济发展和社会进步的动力源泉是永不枯竭的创新精神。因此,国家需要大力引进海外留学人才和青年人才,加大对管理人才的支持力度,让管理人才参与国家重大科技项目,并在有关国家科技计划中设立人才专项资金,支持创新管理人才的发展和成长。同时,为积极鼓励人才的交流与互动,国家需要进一步提高相关人员的费用支出比例,并支持企业与科研院所、国家重点实验室、技术研究中心等机构进行合作创新发展,加强创新项目实施与人才能力建设的有机衔接,以提高企业持续创新的能力。此外,由于研发创新涉及知识产权问题,因此加强研发项目知识产权的管理和保护,形成有效的创新科技成果鉴定、管理与共享机制,建立开放式的研发创新环境十分必要。

6.4 本章小结

在不同情境下,企业应有意识地选择适合企业发展的高管团队成员,不能一味地追求高管团队年龄、性别、受教育水平、职业背景的异质性。由于组织风险偏好水平的高低在很大程度上依赖高管激励和政府补贴激励机制的影响,因此,动态治理结构的优化主要考虑高管薪酬激励、股权激励和政府补贴激励动态环境的影响。本书第5章调节检验的实证结果表明不同成长机会、融资约束和期望差距下的激励影响有助于动态调整高管激励和政府补贴激励机制。

第**7**章 结论与展望

7.1 研究结论

高管团队成员承担着制定企业战略的任务,对企业技术创新能力的提升发挥着举足轻重的作用。高层梯队理论指出年龄、性别、受教育水平、职业背景和任期等人口统计变量对于研发投资行为框架构建至关重要,这也成为研究高管团队异质性与企业研发投资行为关系的重要理论基础。尽管已有研究普遍支持高管团队异质性会影响企业研发投资行为,但这一影响的后果以及作用机理仍然存在着争论。团队过程变量对团队异质性与研发投资之间的关系存在较强的中介作用(程江,2017)[302],而组织风险偏好恰恰能够很好地反映团队成员进行决策行为的整体风险倾向,这也为组织风险偏好中介效应的引入提供了契机。本书引入组织风险偏好和激励机制,构建高管团队异质性与企业研发投资行为之间关系的整合框架模型,以揭示高管团队异质性影响结果不一致的矛盾根源,并有针对性地制定相应的优化措施,主要结论如下。

(1)研发投资是企业创新能力提升的核心环节,但还可能产生"双刃剑"的效果,其高投入并不必然带来高产出。另外,研发投资还受成长机会、市场环境、行业特征等因素的影响。研究发现,不同的成长机会下企业研发投入与经营绩效呈现双门槛效应,具有明显的区间效应,即低成长、中低成长和高成长机会的研发影响系数分别为 0.250、0.302 和 0.328,在低成长机会下对企业经营绩效的影响系数较低,高成长机会下对企业经营绩效的影响系数较高。

(2)高管团队异质性对企业研发投资行为影响不一致的原因有以下两个方面,一是高管团队异质性本身内在理论的矛盾,造成了异质性本身的双重影响;二是没有考虑团队过程中认知的碰撞和情境因素的影响,即组织风险偏好的中介效应和激励机制的调节效应。本书第 4 章的理论分析和实证检验发现组织风险偏好在高管团队异质性和研发投资行为之间存在显著的部分中介效应,并且在不同产权性质企业中,高管团队异质性对企业研发投资行为的影响存在显著差异。本书

高管团队异质性与企业研发投资行为研究

第5章的理论分析和实证检验发现高管激励和政府补贴激励显著调节高管团队异质性与企业研发投资行为的直接关系和间接关系,而且高管薪酬激励和股权激励之间存在互补效应,高管激励和政府补贴激励之间存在交互效应,它们会综合调节高管团队异质性与企业研发投资行为之间的关系。不同性质的企业中高管薪酬激励、股权激励和政府补贴激励对高管团队异质性与企业研发投资行为也产生不同的调节效应。

(3)进一步区分成长机会、融资约束以及期望差距,研究高管团队异质性与企业研发投资行为之间的关系,结果发现,不同成长机会、融资约束以及期望差距下组织风险偏好对高管团队异质性与企业研发投资行为之间的中介效应存在显著差异,而且低成长机会、低融资约束和期望落差下组织风险偏好中介变量对企业研发投资行为的影响效应更强。不同成长机会、融资约束以及期望差距下,激励机制的直接和间接调节效应也存在显著差异,而且低成长机会、低融资约束和期望落差下激励机制对组织风险偏好的影响效应也更强。

(4)高管团队治理结构对于企业研发投资决策的制定与实施具有举足轻重的作用,甚至关系到企业的效益和整体发展水平。高管团队的各异质性特征会通过组织风险偏好影响到企业的研发投资行为,并且高管团队的各异质性特征以及高管团队成员间的不同决策权重会不同程度的影响到企业研发投资行为。研究结果发现,年龄异质性和学历异质性的权重相对较大,也就是年龄异质性和学历异质性对企业研发投资行为的影响相对较高。相对于监事会和高层管理人员,董事会的决策权重相对较高,会加大对组织风险偏好的影响程度,而且董事会内部成员之间也呈现不同的权重影响。

7.2 研究局限

本书在已有文献和理论研究基础上,引入组织风险偏好中介和激励机制调节,全面考察高管团队异质性与企业研发投资行为的影响,尽管取得一定的研究成果,但仍然存在一些局限,主要表现在以下几个方面。

(1)高管团队异质性实证方面的不足。

一是主要立足于高管团队层面。第4章和第5章实证分析重点研究高管团队成员各异质性特征的影响机理,但仅考虑性别、年龄、职业背景、受教育水平和任期特征,忽略其他特征的影响,比如管理者过度自信、凝聚力、行为整合等因素。二是忽略高管团队内部的权力分布。高管团队各异质性特征会影响企业研发投资行为,但董事会、监事会和高管层的权力设置和责任分配也是不容忽视的环节。虽然本书也有所提及,但由于在高管团队成员权重的确定过程中涉及判断矩阵问题,而判断矩阵关联着企业研发投资中多与少、何时以及如何进行决策的属性判断问题,涉及量表设计和问卷调查的内容,因此限于篇幅问题,没有就此判断矩阵的属性并详细展开研究,而仅借鉴相关文献进行算例示范,这也是本书存在的局限之处。

(2)研究样本的时间跨度相对较小。

受样本时间的限制,创业板自开板以来,企业成立时间最长为 9 年,相对于主板企业成长时间较短,因此高管团队异质性对企业研发投资的影响还需要更长时间跨度的检验。在时间跨度长的情况下,可以根据不同的高管团队平均水平,测度不同的异质性下企业的研发投资行为,因此,之后研究应更加全面地分析不同的平均水平下高管团队异质性对企业研发投资行为的影响。

(3)研究数据来源路径单一。

本书主要采用上市公司数据库以及手工检索年报等方式获得,今后的研究可以设计问卷量表,问卷调查分析并获取数据,以弥补上市公司数据的不足。同时考虑到高管团队异质性特征的非线性影响关系,仅通过多元回归模型难以更深入地挖掘其内部的变动趋势,需要进一步借助非参数模型进行探索。

(4)指标设计和变量测度有待完善。

受教育水平、职业背景等变量的分类方式和编码存在一定的主观性。本书研究中受教育水平这一指标是按学历高低衡量,忽略了受教育专业的影响;职业背景异质性采用赫芬达尔系数测量其差异程度,忽略了同一人身兼数职的异质性影响;同时,采用风险资产占比衡量组织风险偏好,这也对企业的年报、公告等数据来源提出较高的要求。因此,在高管团队异质性和组织风险偏好的指标设计及变量测度上还需要进一步的完善。

7.3　未来展望

针对以上局限性,未来研究可从以下方面进行充实完善。

(1)进一步拓展高管团队异质性的研究视角与思路。

已有研究过多集中在社会异质性和职业异质性等方面,未来研究可以增加对这两个维度的深入考虑,比如任期异质性中担任不同职务的任期交互、受教育水平以及专业水平之间的交互、年龄异质性与受教育水平异质性的交互影响等。同时,研究也可以增加影响因素的动态研究,即高管团队异质性在何种环境下以及如何才能产生积极影响,比如 CEO 的领导方式、组织内部的结构分布、企业文化等不同环境的影响。另外,高管团队内部冲突、沟通、凝聚力、行为整合等如何影响企业研发投资行为也可以作为未来研究的重要方向。

（2）进一步完善组织风险偏好的研究内容与方法。

已有研究过多集中在个体风险偏好的度量、影响因素等方面，很少涉及组织风险偏好的研究。现实环境中普遍存在着群体决策行为，深入研究组织风险偏好这一主题则显得尤为重要。组织风险偏好的研究内容必然涉及其前因和后果，即影响组织风险偏好的因素和组织风险偏好的影响后果，这可能是未来组织风险偏好的主要研究方向，而且在研究过程中将会涉及管理学、心理学和经济学等不同学科领域的交叉应用，存在着一定的难度。组织风险偏好除受高管团队内部结构（比如异质性特征的影响）外，还会受到外部情境的影响以及团队成员心理因素的影响，结合行为经济学，引入期望差距等变量，关注地域、文化等团队情境中的差异化，也可能是未来研究的方向之一。组织风险偏好还会涉及团队内部成员相互协作和沟通的过程，比如职业经理人与非职业经理人之间，职业经理人更愿意以低的风险获得稳定收入，而非职业经理人更愿意承担风险获得更大的回报，他们之间的风险偏好由于职责不同存在差异，因此如何协调团队内部的风险偏好问题需要进一步研究。同时，研究的数据来源、数据处理工具等方面需进一步完善，考虑结合问卷、访谈等研究方法，取得一手数据，以丰富组织风险偏好的研究方法，也可采用LISREL、AMOS、MPLUS等软件多角度实现并验证组织风险偏好的研究内容。

（3）进一步丰富高管激励和政府补贴激励机制的研究。

激励机制由高管激励内部机制和政府补贴外部激励机制两个维度组成。从高管激励机制来看，需要进一步从薪酬激励和股权激励等双重激励机制的角度来丰富我国的高管团队治理研究，以契约方式为例，股票期权与限制性股票在基本权利义务、价值估值方式、限制环节等方面对企业研发投资行为的差异影响等；从政府补贴激励机制来看，需要进一步区分中央和地方政府补贴的差异，激励方式的差异等具体环境。这些都有待今后的实证研究中加以检验。已有研究较多集中在单一激励机制对企业研发投资行为的影响，未来的研究可从高管激励和政府补贴激励机制的整合效应出发，深入分析高管团队异质性对企业研发投资行为的动态关系。

参 考 文 献

[1] ROMANO C A. Research strategies for small business：a case study approach[J]. International Small Business Journal，1989，7(4)：35-43.

[2] 林菁璐.政府研发补贴对中小企业研发投入影响的实证研究[J]. 管理世界，2018(3)：180-181.

[3] ACS Z J，AUDRETSCH D B. Innovation in large and small firms[J]. American Economic Review，1988，23(1)：109-112.

[4] 康志勇.融资约束、政府支持与中国本土企业研发投入[J]. 南开管理评论，2013(5)：61-70.

[5] KLETTE T J，MØEN J，GRILICHES Z. Do subsidies to commercial R&D reduce market failures? Microeconometric evaluation studies[J]. Research Policy，2000，29(4)：471-495.

[6] 安同良，施浩.中国制造业企业R&D行为模式的观测与实证——基于江苏省制造业企业问卷调查的实证分析[J].经济研究，2006(2)：21-30.

[7] 成力为，戴小勇. 研发投入分布特征与研发投资强度影响因素的分析——基于我国30万个工业企业面板数据[J].中国软科学，2012(8)：152-165.

[8] 刘小玄，郑京海.国有企业效率的决定因素：1985—1994[J]. 经济研究，1998(1)：37-46.

[9] 王任飞.企业R&D支出的内部影响因素研究——基于中国电子信息百强企业之实证[J]. 科学学研究，2005(2)：225-231.

[10] 王亮亮，王跃堂.企业研发投入与资本结构选择——基于非债务税盾视角的分析[J].中国工业经济，2015(11)：125-140.

[11] PAVITT K. The objectives of technology policy[J]. Science and Public Policy，1987，14(4)：182-188.

[12] BARKER III V L，MUELLER G C. CEO characteristics and firm R&D spending[J]. Management Science，2002，48(6)：782-801.

[13] 张敦力，江新峰.管理者能力与企业投资羊群行为：基于薪酬公平的调节作用

[J].会计研究，2015(8)：41-48.

[14] HAMBRICK D C, MASON P A. Upper echelons: the organization as a reflection of its top managers[J]. Academy of Management Review, 1984, 9(2): 193-206.

[15] TAJFEL H. Social psychology of intergroup relations[J]. Annual Review of Psychology, 1982, 33(1): 1-39.

[16] WILLIAMS K Y, O'REILLY III C A. Demography and diversity in organizations[J]. Research in Organizational Behavior, 1998, 20: 77-140.

[17] TALKE K, SALOMO S, ROST K. How top management team diversity affects innovativeness and performance via the strategic choice to focus on innovation fields[J]. Research Policy, 2010, 39(7): 907-918.

[18] KOR Y Y. Direct and interaction effects of top management team and board compositions on R&D investment strategy [J]. Strategic Management Journal, 2006, 27(11): 1081-1099.

[19] NICKY HAYS. Successful team management [M]. Beijing: Tsinghua University Press,2002.

[20] FRANCIS J , SMITH A . Agency costs and innovation some empirical evidence [J]. Journal of Accounting & Economics, 1995, 19(2-3):383-409.

[21] KAHNEMAN D, TVERSKY A. Prospect theory: an analysis of decision under risk[J]. Econometrica,1979, 47(2): 263 - 291.

[22] CASPI A, ROBERTS B W, SHINER R L. Personality development: stability and change[J]. Annual Review of Psychology, 2005, 56: 453-484.

[23] HACKMAN J R, OLDHAM G R. Development of the job diagnostic survey.[J]. Appl Psychol, 1975, 60(2):159-170.

[24] COHEN S G, BAILEY D E. what makes teams work: group effectiveness research from the shop floor to the executive suite [J]. Journal of Management, 1997, 23(3):239-290.

[25] HAMBRICK D C, CHO T S, CHEN M J. The influence of top management team heterogeneity on firms' competitive moves. [J]. Administrative Science Quarterly, 1996, 41(4): 659-684.

[26] CARPENTER M A, FREDRICKSON J W. Top management teams, global strategic posture, and the moderating role of uncertainty[J]. Academy of Management Journal, 2001, 44(3): 533-545.

参
考
文
献

［27］赵峥,井润田.建立高层管理团队的时机分析[J].管理评论,2005,17(2)：17-21.

［28］葛玉辉.基于人力资本价值因子的高层管理团队与企业绩效关系模型研究[J].科学学与科学技术管理,2007(8)：160-165.

［29］EISENHARDT K M, SCHOONHOVEN C B. Organizational growth：Linking founding team, strategy, environment, and growth among US semiconductor ventures, 1978-1988[J]. Administrative Science Quarterly, 1990：504-529.

［30］IAQUINTO A L, FREDRICKSON J W. Top management team agreement about the strategic decision process：a test of some of its determinants and consequences[J]. Strategic Management Journal, 1997：63-75.

［31］KNIGHT D, PEARCE C L, SMITH K G, et al. Top management team diversity, group process, and strategic consensus[J]. Strategic Management Journal, 1999：445-465.

［32］FINKELSTEIN S, HAMBRICK D C, CANNELLA A A. Strategic leadership：theory and research on executives, top management teams, and boards[M]. Oxford University Press, USA, 2009.

［33］KAMM J B, SHUMAN J C, SEEGER J A, et al. Entrepreneurial teams in new venture creation：a research agenda[J]. Entrepreneurship Theory and Practice, 1990, 14(4)：7-17.

［34］GELETKANYCZ M A, HAMBRICK D C. The external ties of top executives：implications for strategic choice and performance［J］. Administrative Science Quarterly, 1997：654-681.

［35］ELRON E. Top management teams within multinational corporations：effects of cultural heterogeneity[J]. The Leadership Quarterly, 1997, 8(4)：393-412.

［36］李华晶,邢晓东.高管团队与公司创业战略:基于高阶理论和代理理论融合的实证研究[J].科学学与科学技术管理,2007(09)：139-144.

［37］姜付秀,伊志宏,苏飞,等.管理者背景特征与企业过度投资行为[J].管理世界,2009(01)：130-139.

［38］池国华,杨金,邹威.高管背景特征对内部控制质量的影响研究——来自中国A股上市公司的经验证据[J].会计研究,2014(11)：67-74,97.

［39］李端生,周虹.高管团队特征,垂直对特征差异与内部控制质量[J].审计与经

济研究,2017,32(2):24-34.

[40] BLAU P M. Inequality and heterogeneity: a primitive theory of social structure[M]. New York: Free Press, 1977.

[41] JACKSON S E, BRETT J F, SESSA V I, et al. Some differences make a difference: individual dissimilarity and group heterogeneity as correlates of recruitment, promotions, and turnover[J]. Journal of Applied Psychology, 1991, 76(5):675-689.

[42] MCGRATH J E, BERDAHL J L, ARROW H. Traits, expectations, culture, and clout: the dynamics of diversity in work groups[J]. American Psychological Association, 1995:17-45.

[43] 张平.高层管理团队异质性与企业绩效关系研究[J].管理评论,2006,18(5): 54-61,64.

[44] 白景坤,李红艳,屈玲霞.动态环境下上市公司高管团队的异质性如何影响战略变革——基于沪深两市中小企业板上市公司数据的实证分析[J].宏观经济研究,2017(02):157-168.

[45] JACKSON S E, MAY K E, WHITNEY K. Understanding the dynamics of diversity in decision-making teams[M]. Team effectiveness and decision making in organizations, Jossey-Bass, San Francisco, CA,1995:204-261.

[46] JACKSON S E, JOSHI A, ERHARDT N L. Recent research on team and organizational diversity: swot analysis and implications[J]. Journal of Management, 2003, 29(6):801-830.

[47] 牛芳,张玉利,杨俊.创业团队异质性与新企业绩效:领导者乐观心理的调节作用[J].管理评论, 2011, 23(11):110-119.

[48] 李维安,刘振杰,顾亮. 董事会异质性、断裂带与跨国并购[J]. 管理科学, 2014a, 27(4):1-11.

[49] 周虹,李端生.高管团队异质性、CEO 权力与企业内部控制质量[J].山西财经大学学报,2018, 40(01):83-95.

[50] PELLED L H, EISENHARDT K M, XIN K R. Exploring the black box: an analysis of work group diversity, conflict and performance [J]. Administrative Science Quarterly, 1999, 44(1):1-28.

[51] 郭玉林.隐性人力资本的价值度量[J].中国工业经济,2002(7):84-90.

[52] 赵士军,葛玉辉,陈悦明.基于隐性人力资本价值因子的高层管理团队与团队绩效关系模型研究[J].科技进步与对策, 2011, 28(16):135-137.

参
考
文
献

183

[53] 胡望斌,张玉利,杨俊.同质性还是异质性:创业导向对技术创业团队与新企业绩效关系的调节作用研究[J].管理世界,2014(6):92-109.

[54] WILLETT A H. The economic theory of risk and insurance[M]. University of Pennsylvania Press, 1951:9-10.

[55] MITCHELL V W. Organizational risk perception and reduction: a literature review[J]. British Journal of Management, 1995, 6(2):115-133.

[56] COOPER T, FASERUK A. Strategic risk, risk perception and risk behaviour:meta-analysis[J]. Journal of Financial Management & Analysis, 2011, 24(2):20-29.

[57] SLOVIC P. The construction of preference [J]. American Psychologist, 1995(50):364-371.

[58] STEINBERG L. The influence of neuroscience on US Supreme Court decisions about adolescents' criminal culpability [J]. Nature Reviews Neuroscience, 2013, 14(7):513-518.

[59] HARRISON G W, JOHNSON E, MCINNES M M. Temporal stability of estimates of risk aversion[J]. Applied Financial Economics Letters, 2005, 1(1):31-35.

[60] ARROW K J. Insurance, risk and resource allocation[J]. Essays in the theory of risk-bearing, 1971:134-143.

[61] BECKER G S. The economic approach to human behavior[J]. University of Chicago Press Economics Books, 1976, 4(4):515-518.

[62] STIGLER G J, BECKER G S. De gustibus non est disputandum [J]. American Economic Review, 1977, 67(2):76-90.

[63] KAHNEMAN D, LOVALLO D, SIBONY O. Before you make that big decision. [J]. Harvard Business Review, 2011, 89(6):50.

[64] BYRNES J P, MILLER D C, SCHAFER W D. Gender differences in risk taking: a meta-analysis[J]. Psychological Bulletin, 1999, 125(3):367-383.

[65] BOUBAKRI N, COSSET J C, SAFFAR W. The role of state and foreign owners in corporate risk-taking: evidence from privatization[J]. Journal of Financial Economics, 2011, 108(3):641-658.

[66] TIAN X, WANG T Y. Tolerance for failure and corporate innovation[J]. Review of Financial Studies, 2014, 27(1):211-255.

[67] HALLAHAN T, FAFF R, MCKENZIE M. An exploratory investigation of the

relation between risk tolerance scores and demographic characteristics[J]. Journal of Multinational Financial Management，2003，13(4)：483-502.

[68] 周仁俊，喻天舒，杨战兵.公司治理激励机制与业绩评价[J].会计研究，2005 (11)：26-31+96.

[69] JENSEN M C, MECKLING W H. Theory of the firm：managerial behavior，agency costs and ownership structure[J]. Journal of Financial Economics，1976，3(4)：305-360.

[70] SMITH JR C W, WATTS R L. Incentive and tax effects of executive compensation plans[J]. Australian Journal of Management，1982，7(2)：139-157.

[71] 张兴亮.高管薪酬影响企业债务融资的研究综述与未来展望[J].外国经济与管理，2014，36(8)：23-32.

[72] 鲁桐，党印.公司治理与技术创新：分行业比较[J].经济研究，2014，49(06)：115-128.

[73] 陈修德，梁彤缨，雷鹏，等.高管薪酬激励对企业研发效率的影响效应研究[J].科研管理，2015，36(9)：26-35.

[74] 尹美群，盛磊，李文博.高管激励、创新投入与公司绩效——基于内生性视角的分行业实证研究[J].南开管理评论，2018，21(01)：109-117.

[75] FRYE T, SHLEIFER A. The Invisible hand and the grabbing hand[J]. American Economic Review，1997(5)：354-358.

[76] 孔东民，刘莎莎，王亚男.市场竞争、产权与政府补贴[J].经济研究，2013(2)：55-67.

[77] 翟文华.国企高管创新协同激励论[D].吉林大学博士学位论文，2017.

[78] KILDUFF M, ANGELMAR R, MEHRA A. Top management-team diversity and firm performance：examining the role of cognitions[J]. Organization Science，2000，11(1)：21-34.

[79] RICHARD O C, SHELOR R M. Linking top management team age heterogeneity to firm performance：juxtaposing two mid-range theories[J]. International Journal of Human Resource Management，2002，13(6)：958-974.

[80] NIELSEN K, RANDALL R. Opening the black box：presenting a model for evaluating organizational-level interventions[J]. European Journal of Work & Organizational Psychology，2013，22(5)：601-617.

[81] 李民.上市公司董事年龄异质性与业绩波动实证研究[J].预测，2012，31 (05)：64-67.

[82] RYDER N B. The cohort as a concept in the study of social change[M]. Cohort Analysis in Social Research，1985：9-44.

[83] ZENGER T R, LAWRENCE B S. Organizational demography：the differential effects of age and tenure distributions on technical communication [J]. Academy of Management Journal，1989，32(2)：353-376.

[84] TSUI A S, EGAN T D, O'REILLY C A. Being different：relational demography and organizational attachment [J]. Administrative Science Quarterly，1992，37(4)：549-579.

[85] 李维安,刘振杰,顾亮.董事会异质性、董事会断裂带与银行风险承担——金融危机下中国银行的实证研究[J].财贸研究，2014b，25(5)：87-98.

[86] TANIKAWA T, KIM S, JUNG Y. Top management team diversity and firm performance：exploring a function of age[J]. Team Performance Management，2017，23(3)：1-25.

[87] KRISHNAN H A, PARK D. A few good women—on top management teams[J]. Journal of Business Research，2005，58(12)：1712-1720.

[88] SMITH, NINA, VALDEMAR SMITH, METTE VERNER. Do women in top management affect firm performance? A panel study of 2500 Danish firms [J]. International Journal of productivity and Performance management，2006(1)：569-593.

[89] CRISTIAN L DEZSÖ, ROSS D G. Does female representation in top management improve firm performance? A panel data investigation [J]. Strategic Management Journal，2012，33(9)：1072-1089.

[90] LYNGSIE J, FOSS N J. The more, the merrier? Women in top-management teams and entrepreneurship in established firms[J]. Strategic Management Journal，2016，38(3)：487-505.

[91] BØHREN Ø, STRØM R Ø. Aligned, informed, and decisive：characteristics of value-creating boards [J]. Social Science Electronic Publishing，2007(5)：1-30.

[92] SHRADER C B, BLACKBURN V B, ILES P. Women in management and firm financial performance：an exploratory study[J]. Journal of Managerial Issues，1997，9(3)：355-372.

[93] KOCHAN T, BEZRUKOVA K , ELY R, et al. The effects of diversity on business performance: report of the Diversity Research Network [J]. Human Resource Management, 2010, 42(1):3-21.

[94] JURKUS A F, PARK J C, WOODARD L S. Women in top management and agency costs[J]. Journal of Business Research, 2011, 64(2):180-186.

[95] DÍAZGARCÍA C, GONZÁLEZMORENO A, SÁEZMARTÍNEZ F J. Gender diversity within R&D teams: its impact on radicalness of innovation [J]. Innovation, 2013, 15(2): 149-160.

[96] PAUSTIAN-UNDERDAHL S C, WALKER L S, WOEHR D J. Gender and perceptions of leadership effectiveness: a meta-analysis of contextual moderators[J]. Journal of Applied Psychology, 2014, 99(6):1129.

[97] ADAMS R B. Women on boards: the superheroes of tomorrow? [J]. Leadership Quarterly, 2016, 27(3): 371-386.

[98] 祝继高,叶康涛,严冬.女性董事的风险规避与企业投资行为研究——基于金融危机的视角[J].财贸经济,2012(4):50-58.

[99] NIEDERLE M, SEGAL C, VESTERLUND L. How costly is diversity? affirmative action in light of gender differences in competitiveness [J]. Management Science, 2013, 59(1):1-16.

[100] GNEEZY U, LEONARD K L, LIST J A. Gender differences in competition: evidence from a matrilineal and a patriarchal society[J]. Econometrica, 2009, 77(5): 1637-1664.

[101] 熊艾伦,王子娟,张勇,等.性别异质性与企业决策:文化视角下的对比研究[J].管理世界,2018(6):127-139.

[102] HITT M A, TYLER B B. Strategic decision models: integrating different perspectives[J]. Strategic Management Journal, 1991, 12(5):327-351.

[103] TIHANYI L, ELLSTRAND A E, DAILY C M, et al. Composition of the top management team and firm international diversification[J]. Journal of Management, 2000, 26(6): 1157-1177.

[104] CERTO S T, LESTER R H, DALTON C M, et al. Top management teams, strategy and financial performance: a meta-analytic examination [J]. Journal of Management Studies, 2006, 43(4): 813-839.

[105] SMITH K G, SMITH K A, OLIAN J D, et al. Top management team demography and process: the role of social integration and communication

[J]. Administrative Science Quarterly, 1994: 412-438.

[106] 谢凤华,姚先国,古家军.高层管理团队异质性与企业技术创新绩效关系的实证研究[J].科研管理,2008,29(6): 65-73.

[107] 李小青,周建.董事会信息异质性对企业 R&D 支出的影响研究——基于沪深两市高科技行业上市公司的经验证据[J].软科学,2012, 27(7): 113-117.

[108] 郭葆春,刘艳.高管团队垂直对异质性与 R&D 投资行为研究——基于生物医药行业的实证分析[J].科技管理研究,2015, 35(21): 35-40.

[109] 王益民,王艺霖,程海东.高管团队异质性、战略双元与企业绩效[J].科研管理, 2015, 36(11): 89-97.

[110] GOLL I, JOHNSON N B, RASHEED A A. Knowledge capability, strategic change, and firm performance: the moderating role of the environment[J]. Management Decision, 2007, 45(2): 161-179.

[111] CARPENTER M A. The implications of strategy and social context for the relationship between top management team heterogeneity and firm performance[J]. Strategic Management Journal, 2002, 23(3): 275-284.

[112] HITT M A, IRELAND R D, PALIA K A. Industrial firms' grand strategy and functional importance: moderating effects of technology and uncertainty[J]. Academy of Management Journal, 1982, 25(2): 265-298.

[113] GOLL I, JOHNSON N B, RASHEED A A. Top management team demographic characteristics, business strategy, and firm performance in the US airline industry: the role of managerial discretion[J]. Management Decision, 2008, 46(2): 201-222.

[114] DAELLENBACH U S, MCCARTHY A M, SCHOENECKER T S. Commitment to innovation: the impact of top management team characteristics[J]. R&D Management, 1999, 29(3): 199-208.

[115] CANNELLA A A, PARK J H, LEE H U. Top management team functional background diversity and firm performance: examining the roles of team member colocation and environmental uncertainty[J]. Academy of Management Journal, 2008, 51(4): 768-784.

[116] 王雪莉,马琳,王艳丽.高管团队职能背景对企业绩效的影响:以中国信息技术行业上市公司为例[J].南开管理评论, 2013, 16(4): 80-93.

[117] 陈闯,吴晓晖,卫芳.团队异质性、管理层持股与企业风险行为[J].管理科学学报, 2016, 19(5): 1-13.

[118] PFEFFER J. Organizational demography.[J]. Research in Organizational Behavior, 1983(5): 299-357.

[119] FINKELSTEIN S, HAMBRICK D C. Top-management-team tenure and organizational outcomes: the moderating role of managerial discretion.[J]. Administrative Science Quarterly, 1990, 35(3): 484-503.

[120] SIMONS T, PELLED L H, SMITH K A. Making use of difference: diversity, debate, and decision comprehensiveness in top management teams[J]. Academy of Management Journal, 1999, 42(6): 662-673.

[121] 崔小雨,陈春花,苏涛.高管团队异质性与组织绩效的关系研究:一项 Meta 分析的检验[J].管理评论,2018,30(09):152-163.

[122] TYRAN K L, GIBSON C B. Is what you see, what you get? the relationship among surface-and deep-level heterogeneity characteristics, group efficacy, and team reputation[J]. Group & Organization Management, 2008, 33 (1): 46-76.

[123] MURRAY A I. Top management group heterogeneity and firm performance[J]. Strategic Management Journal, 1989, 10(1): 125-141.

[124] 肖挺,刘华,叶芃.高管团队异质性与商业模式创新绩效关系的实证研究:以服务行业上市公司为例[J].中国软科学,2013(8):125-135.

[125] YI YAQUN, NDOFOR H A, HE X, et al. Top management team tenure diversity and performance: the moderating role of behavioral integration [J]. IEEE Transactions on Engineering Management, 2018, 65(1): 21-33.

[126] 张兆国,刘永丽,谈多娇.管理者背景特征与会计稳健性——来自中国上市公司的经验证据[J].会计研究,2011(7):11-18,97.

[127] WAGNER W G, PFEFFER J, O'REILLY III C A. Organizational demography and turnover in top-management group[J]. Administrative Science Quarterly, 1984(29): 74-92.

[128] WIERSEMA M F, BIRD A. Organizational demography in Japanese firms: group heterogeneity, individual dissimilarity, and top management team turnover [J]. Academy of Management Journal, 1993, 36 (5): 996-1025.

[129] 朱晋伟,彭瑾瑾,刘靖.高层管理团队特征对企业技术创新投入影响的研究——激励的调节效应[J].科学决策,2014(8):17-33.

[130] KECK S L. Top management team structure: differential effects by

参考文献

environmental context.[J]. Organization Science，1997，8(2)：143-156.

[131] ARROW K J. Apects of the theory of risk-bearing[M]. Yrjö Jahnssonin Säätiö，1965.

[132] PRATT J W. Risk aversion in the small and in the large[M]. Academic Press，1978：59-79.

[133] MERTON R C. Optimum consumption and portfolio rules in a continuous-time model [J]. Journal of Economic Theory，1971，3(4)：373-413.

[134] SAHA A. Expo-power utility：a 'flexible' form for absolute and relative risk aversion[J]. American Journal of Agricultural Economics，1993，75(4)：905-913.

[135] XIE D. Power risk aversion utility functions[J]. Annals of Economics & Finance，2000，1：265-282.

[136] CONNIFFE D. The flexible three parameter utility function[J]. Annals of Economics & Finance，2006，8(1)：57-63.

[137] HSEE C K，WEBER E U. A fundamental prediction error：self-others discrepancies in risk preference.[J]. Journal of Experimental Psychology General，1997，126(1)：45-53.

[138] HOLT C A，LAURY S K. Risk aversion and incentive effects[J]. American Economic Review，2002，92(5)：1644-1655.

[139] CARLSSON F，HE H，MARTINSSON P，et al. Household decision making in rural China：using experiments to estimate the influences of spouses[J]. Journal of Economic Behavior & Organization，2012，84(2)：525-536.

[140] 白云涛,郭菊娥,席酉民.高层管理团队风险偏好异质性对战略投资决策影响效应的实验研究[J].南开管理评论，2007，10(2)：25-30.

[141] 张应语,李志祥.基于管理风险偏好量表的管理风险偏好实证研究——以大型国有企业管理人员为例[J].中国软科学，2009(4)：175-184.

[142] 吕文栋.管理层风险偏好、风险认知对科技保险购买意愿影响的实证研究[J].中国软科学，2014(7)：128-138.

[143] FRIEND I，BLUME M E. The demand for risky assets[J]. American Economic Review，1975，65(5)：900-922.

[144] GUISO L，PAIELLA M. Risk aversion, wealth, and background risk[J]. Journal of the European Economic Association，2008，6(6)：1109-1150.

[145] HARTOG J, FERRER-I-CARBONELL A, JONKER N. Linking measured risk aversion to individual characteristics[J]. Kyklos, 2002, 55(1): 3-26.

[146] CAIN M D, MCKEON S B. CEO personal risk-taking and corporate policies[J]. Journal of Financial and Quantitative Analysis, 2016, 51(1): 139-164.

[147] WALLS M R, DYER J S. Risk propensity and firm performance: a study of the petroleum exploration industry[J]. Management Science, 1996, 42(7): 1004-1021.

[148] 汤颖梅,王怀明,白云峰.CEO 特征、风险偏好与企业研发支出——以技术密集型产业为例[J].中国科技论坛,2011(10): 89-95.

[149] 龚光明,曾照存.公司特有风险、管理者风险特质与企业投资效率——来自中国上市公司的经验数据[J].经济与管理研究,2013(11):67-75.

[150] 王素莲,阮复宽.企业家风险偏好对 R&D 投入与绩效关系的调节效应——基于中小企业板上市公司的实证研究[J].经济问题,2015(6): 80-83.

[151] 程惠霞,赵敏.高层管理者女性比例对组织风险偏好的影响——基于我国上市金融机构的实证研究[J].软科学,2014, 28(6): 95-99.

[152] 郝清民,孙雪.高管特质、风险偏好与创新激励——来自中国上市公司数据的实证检验[J].现代财经-天津财经大学学报,2015(11): 60-70.

[153] ABDEL-KHALIK A R. An empirical analysis of CEO risk aversion and the propensity to smooth earnings volatility[J]. Journal of Accounting, Auditing & Finance, 2007, 22(2): 201-235.

[154] GRINBLATT M, HAN B. Prospect theory, mental accounting, and momentum[J]. Journal of Financial Economics, 2005, 78(2): 311-339.

[155] OU A Y, WALDMAN D A, PETERSON S J. Do humble CEOs matter? an examination of CEO humility and firm outcomes[J]. Journal of Management, 2018(6): 1147-1173.

[156] 董小英,鄢凡,刘倩倩,等.不确定环境中我国企业高管信息扫描行为的实证研究[J].管理世界,2008(6): 127-135.

[157] RILEY JR W B, CHOW K V. Asset allocation and individual risk aversion[J]. Financial Analysts Journal, 1992: 32-37.

[158] BAJTELSMIT V, BERNASEK A. Why do women invest differently than men? [J]. Electronic, 1997(2): 1-10.

参考文献

191

[159] ROSZKOWSKI M J, GRABLE J E. Gender differences in personal income and financial risk tolerance: how much of a connection? [J]. The Career Development Quarterly, 2010, 58(3): 270-275.

[160] GUPTA A K, GOVINDARAJAN V. Business unit strategy, managerial characteristics, and business unit effectiveness at strategy implementation [J]. Academy of Management Journal, 1984, 27(1): 25-41.

[161] ROTH L M, KROLL J C. Risky business: assessing risk preference explanations for gender differences in religiosity[J]. American Sociological Review, 2007, 72(2): 205-220.

[162] 杜兴强,裴薇,曾泉,等.宗教影响、控股股东与过度投资:基于中国佛教的经验证据[J].会计研究,2016(08):50-57,97.

[163] IDA T, GOTO R. Simultaneous measurement of time and risk preferences: stated preference discrete choice modeling analysis depending on smoking behavior[J]. International Economic Review, 2009, 50(4): 1169-1182.

[164] 叶德珠,连玉君,黄有光,等.消费文化、认知偏差与消费行为偏差[J].经济研究,2012,47(02):80-92.

[165] ECKEL C C, GROSSMAN P J. Men, women and risk aversion: experimental evidence[J]. Handbook of Experimental Economics Results, 2008a(1): 1061-1073.

[166] 赖黎,巩亚林,马永强.管理者从军经历、融资偏好与经营业绩[J].管理世界,2016(8): 126-136.

[167] CAMERER C F, HOGARTH R M. The effects of financial incentives in experiments: a review and capital-labor-production framework[J]. Journal of Risk & Uncertainty, 1999, 19(3): 43-45.

[168] ANDERSEN S, HARRISON G W, LAU M I, et al. Eliciting risk and time preferences[J]. Econometrica, 2008, 76(3): 583-618.

[169] BUNDERSON J S. Team member functional background and involvement in management teams: direct effects and the moderating role of power centralization[J]. Academy of Management Journal, 2003, 46(4): 458-474.

[170] KNIGHT F H. Risk, Uncertainty and profit[J]. Social Science Electronic Publishing, 1921(4): 682-690.

[171] ECKEL C C, GROSSMAN P J. Forecasting risk attitudes: an experimental

study using actual and forecast gamble choices[J]. Journal of Economic Behavior & Organization, 2008b, 68(1): 1-17.

[172] BOONE C, DE BRABANDER B. Self-reports and CEO locus of control research: a note[J]. Organization Studies, 1997, 18(6): 949-971.

[173] SITKIN S B, PABLO A L. Reconceptualizing the determinants of risk behavior[J]. Academy of Management Review, 1992, 17(1): 9-38.

[174] 唐清泉,甄丽明.管理层风险偏爱、薪酬激励与企业 R&D 投入——基于我国上市公司的经验研究[J].经济管理,2009(5): 56-64.

[175] 唐清泉,易翠. 高管持股的风险偏爱与 R&D 投入动机[J]. 当代经济管理, 2010, 32(2): 20-25.

[176] CALDER B J, ROSS M, INSKO C A. Attitude change and attitude attribution: effects of incentive, choice, and consequences.[J]. Journal of Personality & Social Psychology, 1973, 25(1): 84-99.

[177] HOLMSTROM B, MILGROM P. Multitask principal-agent analyses: incentive contracts, asset ownership and job design[J]. Journal of Law Economics and Organization, 1991(7): 24.

[178] JENSEN M C, MURPHY K J. Performance pay and top-management incentives[J]. Journal of Political Economy, 1990, 98(2): 225-264.

[179] 徐宁,徐向艺.技术创新导向的高管激励整合效应——基于高科技上市公司的实证研究[J].科研管理,2013,34(9): 46-53.

[180] COLES J L, DANIEL N D, NAVEEN L. Managerial incentives and risk-taking[J]. Journal of Financial Economics, 2006, 79(2):431-468.

[181] 阮素梅,杨善林,张琛.管理层激励、资本结构与上市公司价值创造[J].经济理论与经济管理,2013(7): 70-80.

[182] PRENDERGAST C. The provision of incentives in firms[J]. Journal of Economic Literature, 1999, 37(1): 7-63.

[183] GIBBONS R. Incentives between firms (and within)[J]. Management Science, 2005, 51(1): 2-17.

[184] ZAJAC E J. CEO selection, succession, compensation and firm performance: a theoretical integration and empirical analysis[J]. Strategic Management Journal, 1990, 11(3):217-230.

[185] 徐经长,张璋,张东旭.高管的风险态度与股权激励方式选择[J].经济理论与经济管理,2017,36(12): 73-87.

[186] 朱芳芳.高管薪酬激励、可用冗余和研发投入——兼谈高管团队稳定的情境影响[J].科学学与科学技术管理,2018,39(9).120-136.

[187] 李四海,江新峰,宋献中.高管年龄与薪酬激励:理论路径与经验证据[J].中国工业经济,2015(5):122-134.

[188] WU J, TU R. CEO stock option pay and R&D spending: a behavioral agency explanation [J]. Journal of Business Research, 2007, 60 (5): 482-492.

[189] 李端生,王晓燕.高管团队异质性、激励机制与企业研发投资行为——来自创业板上市公司的经验数据[J].经济问题,2019(02):58-68.

[190] MAMUNEAS T P, NADIRI M I. Public R&D policies and cost behavior of the US manufacturing industries [J]. Journal of Public Economics, 1996, 63(1): 57-81.

[191] HINLOOPEN J. More on subsidizing cooperative and noncooperative R&D in duopoly with spillovers[J]. Journal of Economics, 2000, 72(3): 295-308.

[192] 朱平芳,徐伟民.政府的科技激励政策对大中型工业企业 R&D 投入及其专利产出的影响——上海市的实证研究[J].经济研究, 2003 (6): 45-53.

[193] 解维敏,方红星.金融发展,融资约束与企业研发投入[J].金融研究,2011(5): 171-183.

[194] 梁彤缨,冯莉,陈修德.税式支出、财政补贴对研发投入的影响研究[J].软科学,2012, 26(5): 32-35.

[195] BUSOM I. An empirical evaluation of the effects of R&D subsidies[J]. Economics of Innovation and New Technology, 2000, 9(2): 111-148.

[196] WALLSTEN S J. The effects of government-industry R&D programs on private R&D: the case of the Small Business Innovation Research program [J]. The Rind Journal of Economics, 2000: 82-100.

[197] GÖRG H, STROBL E. The effect of R&D subsidies on private R&D[J]. Economica, 2007, 74(294): 215-234.

[198] 吕久琴,郁丹丹.政府科研创新补助与企业研发投入:挤出,替代还是激励?[J].中国科技论坛,2011(8): 21-28.

[199] 廖信林,顾炜宇,王立勇.政府 R&D 资助效果、影响因素与资助对象选择——基于促进企业 R&D 投入的视角[J].中国工业经济,2013(11): 148-160.

[200] 杨洋,魏江,罗来军.谁在利用政府补贴进行创新? ——所有制和要素市场扭

高管团队异质性与企业研发投资行为研究

曲的联合调节效应[J].管理世界,2015(1):75-86.

[201] 卢馨,何小华,戴歆婷.金融发展、政府补贴与企业研发投入——来自战略性新兴产业上市公司的经验证据[J].首都经济贸易大学学报,2018(1):49-58.

[202] 彭红星,毛新述.政府创新补贴、公司高管背景与研发投入——来自我国高科技行业的经验证据[J].财贸经济,2017(3):147-161.

[203] 徐宁,王帅.高管激励与技术创新关系研究前沿探析与未来展望[J].外国经济与管理,2013,35(6):23-32.

[204] HENDERSON A D, FREDRICKSON J W. Top management team coordination needs and the CEO pay gap: a competitive test of economic and behavioral views[J]. Academy of Management Journal, 2001, 44(1): 96-117.

[205] HANSEN B E. Threshold effects in non-dynamic panels: estimation, testing, and inference[J]. Journal of Econometrics, 1999, 93(2): 345-368.

[206] 连玉君,程建.不同成长机会下资本结构与经营绩效之关系研究[J].当代经济科学,2006,28(2):97-103.

[207] 戴小勇,成力为.研发投入强度对企业绩效影响的门槛效应研究[J].科学学研究,2013(11):1708-1716.

[208] LAWRENCE B S. The black box of organizational demography[J]. Organization Science, 1997, 8(1): 1-22.

[209] PETTIGREW A M. On studying managerial elites[J]. Strategic Management Journal, 2010, 13(2): 163-182.

[210] FINKELSTEIN S, HAMBRICK D, CANNELLA A A. Strategic leadership[M]. St. Paul: West Educational Publishing, 1996.

[211] O'REILLY C, SNYDER R, BOOTHE J. Effects of executive team demography on organizational change[J]. Organizational Change and Redesign, 1993: 147-175.

[212] CARPENTER M A, GELETKANYCZ M A, SANDERS W G. Upper echelons research revisited: antecedents, elements, and consequences of top management team composition[J]. Journal of Management, 2004, 30(6): 749-778.

[213] PETERSON R S, SMITH D B, MARTORANA P V, et al. The impact of chief executive officer personality on top management team dynamics: one

参考文献

mechanism by which leadership affects organizational performance [J].
Journal of Applied Psychology, 2003, 88(5):795-808.

[214] BERTRAND M, SCHOAR A. Managing with style: the effect of managers on firm policies [J]. Quarterly Journal of Economics, 2003, 118(4):1169-1208.

[215] TAFJEL H, TURNER J C. The social identity theory of intergroup behavior[J]. Psychology of Intergroup Relations, 1986: 7-24.

[216] TURNER J A, KOFOED L. Decision-making, professional discipline, and program affiliation: selection of an inpatient treatment alternative [J]. Journal of Clinical Psychology, 1984, 40(3): 858.

[217] ASHFORTH B E, MAEL F. Social identity theory and the organization [J]. Organizational Identity, 2004: 134-160.

[218] HOGG M A, TURNER J C. Interpersonal attraction, social identification and psychological group formation [J]. European Journal of Social Psychology, 2010, 15(1): 51-66.

[219] VAN KNIPPENBERG D, VAN GINKEL W P, HOMAN A C. Diversity mindsets and the performance of diverse teams[J]. Organizational Behavior and Human Decision Processes, 2013, 121(2): 183-193.

[220] BANTEL K A, JACKSON S E. Top management and innovations in banking: does the composition of the top team make a difference? [J]. Strategic Management Journal, 1989, 10(1): 107-124.

[221] JEHN K A, NORTHCRAFT G B, NEALE M A. Why differences make a difference: a field study of diversity, conflict and performance in workgroups[J]. Administrative Science Quarterly, 1999, 44(4): 741-763.

[222] JOHN VON NEUMANN, OSKAR MORGENSTERN. Game theory and economic behavior[D]. Princeton: Princeton University,1944.

[223] SIMON H A. Models of bounded rationality[M]. Cambridge, MA: MIT Press,1982.

[224] TVERSKY A, KAHNEMAN D. Judgment under uncertainty: heuristics and biases[J]. Science, 1974, 185(4157): 1124-1131.

[225] BEATTY R P, ZAJAC E J. Managerial incentives, monitoring, and risk bearing: a study of executive compensation, ownership, and board structure in initial public offerings[J]. Administrative Science Quarterly,

1994，39(2):313-335.

[226] 朱国泓,方荣岳.管理层持股:沪市公司管理层的观点[J].管理世界,2003 (5):125-134.

[227] WERNERFELT B. A resource-based view of the firm [J]. Strategic Management Journal, 1984, 5(2): 171-180.

[228] SALANCIK G R. The external control of organizations: a resource dependence perspective[M]. New York: Harper & Row, 1978.

[229] BATTALIO R C, KAGEL J H, JIRANYAKUL K. Testing between alternative models of choice under uncertainty: some initial results[J]. Journal of Risk and Uncertainty, 1990, 3(1): 25-50.

[230] HARLESS D W, CAMERER C F. The predictive utility of generalized expected utility theories[J]. Econometrica: Journal of the Econometric Society, 1994: 1251-1289.

[231] ARROW K J, HURWICZ L. An optimality criterion for decision-making under ignorance[J]. Uncertainty and Expectations in Economics, 1972: 463-471.

[232] 汪海粟,曾维新.中国创业板上市公司无形资产蓝皮书(2016—2017)[M].北京:知识产权出版社,2018:15-18.

[233] 姚冰湜,马琳,王雪莉,李秉祥.高管团队职能异质性对企业绩效的影响:CEO权力的调节作用[J].中国软科学,2015(02):117-126.

[234] 曹廷求,孙文祥,于建霞.资本结构、股权结构、成长机会与公司绩效[J].南开管理评论,2004，7(1):57-63.

[235] 孙戈兵,连玉君,胡培.不同成长机会下多元化与公司绩效的门槛效应[J].预测,2012,31(4):69-74.

[236] 吴家喜,吴贵生.外部组织整合与新产品开发绩效关系实证研究:以产品创新程度为调节变量[J].科学学与科学技术管理,2008,29(12):58-62.

[237] PRENDERGAST C, STOLE L. Impetuous youngsters and jaded old-timers: acquiring a reputation for learning [J]. Journal of Political Economy, 1996, 104(6): 1105-1134.

[238] 孙海法,姚振华,严茂胜.高管团队人口统计特征对纺织和信息技术公司经营绩效的影响[J].南开管理评论,2006,9(6):61-67.

[239] WALLY S, BAUM J R. Personal and structural determinants of the pace of strategic decision making[J]. Academy of Management Journal, 1994,

37(4)：932-956.

[240] KIMBERLY J R, EVANISKO M J. Organizational innovation：the influence of individual, organizational, and contextual factors on hospital adoption of technological and administrative innovations.[J]. The Academy of Management Journal, 1981, 24(4):689-713.

[241] DEARBORN D W C, SIMON H A. Selective perception：a note on the departmental identifications of executives[J]. Sociometry, 1958, 21(2)：140-144.

[242] POSNER B Z. Values and the American Manager：a three-decade perspective[J]. Journal of Business Ethics, 2010, 91(4):457-465.

[243] TAYLOR R. Age and experience as determinants of managerial information processing and decision-makingperformance[J]. Academy of Management Journal, 1975(18)：74-81.

[244] MILLER R I. Evaluating faculty for promotion and tenure[J]. Teaching Sociology, 1989, 17(2)：258.

[245] CORSI T M, GRIMM C M, SMITH K G, et al. Deregulation, strategic change, and firm performance among LTL motor carriers [J]. Transportation Journal, 1991, 31(1)：4-13.

[246] KAHNEMAN D, LOVALLO D, SIBONY O. Before you make that big decision[J]. Harvard Business Review, 2011, 89(6)：50-60.

[247] 朱焱,张孟昌.企业管理团队人力资本、研发投入与企业绩效的实证研究[J].会计研究,2013(11)：45-52,96.

[248] BERNILE G, BHAGWAT V, YONKER S. Board diversity, firm risk, and corporate policies[J]. Journal of Financial Economics, 2018, 127：588-612.

[249] 张玉利,杨俊.企业家创业行为调查[J].经济理论与经济管理,2003(9)：61-66.

[250] 张信东,薛艳梅. R&D 支出与公司成长性之关系及阶段特征——基于分位数回归技术的实证研究[J].科学学与科学技术管理,2010,31(06)：28-33.

[251] 单标安,鲁喜凤,郭海,等.创始人的人格特质对科技型新企业成长的影响研究[J].管理学报,2018(5)：687-694.

[252] 刘胜强,林志军,孙芳城,等.融资约束、代理成本对企业 R&D 投资的影响——基于我国上市公司的经验证据[J].会计研究,2015(11)：62-68.

[253] HALL, B. H. The Financing of Research and Development. Oxford Review of Economic Policy, 2002, 18(1): 35-51.

[254] 谢家智,刘思亚,李后建.政治关联、融资约束与企业研发投入[J].财经研究,2014,40(08):81-93.

[255] 胡志颖.女性 CEO、社会信任和公司融资约束[J].经济管理,2015,37(08):88-98.

[256] 周楷唐,麻志明,吴联生.高管学术经历与公司债务融资成本[J].经济研究,2017,52(7):169-183.

[257] 连燕玲,周兵,贺小刚,等.经营期望、管理自主权与战略变革[J].经济研究,2015,50(08):31-44.

[258] 李溪,郑馨,张建琦.制造企业的业绩困境会促进创新吗——基于期望落差维度拓展的分析[J].中国工业经济,2018(8):174-192.

[259] PING Z, HAI-YAN H. Empirical study on risk preference of enterprise managers [C]. 2014 International Conference on Management of E-Commerce and E-Government. IEEE, 2014: 70-73.

[260] KAPLAN S N, ZINGALES L. Do investment-cash flow sensitivities provide useful measures of financing constraints? [J]. Quarterly Journal of Economics, 1997, 112(1):169-215.

[261] 卢馨,郑阳飞,李建明.融资约束对企业 R&D 投资的影响研究——来自中国高新技术上市公司的经验证据[J].会计研究,2013(5):51-58.

[262] CYERT R M, MARCH J G. A behavioral theory of the firm [J]. Englewood Cliffs, NJ, 1963, 2(4): 169-187.

[263] 贺小刚,邓浩,吕斐斐.期望落差与企业创新的动态关系——冗余资源与竞争威胁的调节效应分析[J].管理科学学报,2017, 20(5): 13-34.

[264] 连燕玲,贺小刚,高皓.业绩期望差距与企业战略调整——基于中国上市公司的实证研究[J].管理世界,2014(11): 119-132,188.

[265] 毛新述,周小伟.政治关联与公开债务融资[J].会计研究,2015(6):26-33.

[266] 卢馨,张乐乐,李慧敏.高管团队背景特征与投资效率——基于高管激励的调节效应研究[J].审计与经济研究,2017, 32(2): 66-77.

[267] 温忠麟,叶宝娟.中介效应分析:方法和模型发展[J].心理科学进展,2014,22(5): 731-745.

[268] 叶宝娟,胡竹菁.中介效应分析技术及应用[M].北京:中国社会科学出版社,2018:18-20.

[269] BARON R M, KENNY D A. The moderator-mediator variable distinction in social psychological research: conceptual, strategic, and statistical considerations[J]. Journal of Personality and Social Psychology, 1986, 51(6): 1173.

[270] SANDERS W G, HAMBRICK D C. Swinging for the fences: the effects of ceo stock options on company risk taking and performance[J]. Academy of Management Journal, 2007, 50(5):1055-1078.

[271] 李春涛,宋敏.中国制造业企业的创新活动:所有制和 CEO 激励的作用[J]. 经济研究,2010(5): 135-137.

[272] MULLINS W, SCHOAR A. How do CEOs see their roles? Management philosophies and styles in family and non-family firms[J]. Journal of Financial Economics, 2016, 119(1): 24-43.

[273] HARRIS M, RAVIV A. Optimal incentive contracts with imperfect information[J]. Journal of Economic Theory, 1979, 20(2): 231-259.

[274] MEHRAN H. Executive compensation structure, ownership, and firm performance[J]. Journal of Financial Economics, 1995, 38(2): 163-184.

[275] DEVERS C E, WISEMAN R M, HOLMES R M. The effects of endowment and loss aversion in managerial stock option valuation[J]. Academy of Management Journal, 2008, 50(1): 191-208.

[276] 黄再胜.经理薪酬激励风险效应与风险治理研究述评[J].外国经济与管理, 2012(5): 67-74.

[277] DEVERS C E, MCNAMARA G, WISEMAN R M, et al. Moving closer to the action: examining compensation design effects on firm risk[J]. Organization Science, 2008, 19(4): 548-566.

[278] 唐跃军,左晶晶,李汇东.制度环境变迁对公司慈善行为的影响机制研究[J]. 经济研究,2014,49(02):61-73.

[279] 毛其淋,许家云.政府补贴、异质性与企业风险承担[J].经济学(季刊),2016, 15(4): 1533-1562.

[280] 周明,吴翠青.政府补贴对中小企业科技创新的影响[J].科研管理,2017, 38(4): 574-580.

[281] 孙秀丽,赵曙明,白晓明.制度支持、高管团队冒险倾向与公司创业关系研究 [J].科研管理,2018, 39(12):123-130.

[282] WARD A J, BROWN J A, RODRIGUEZ D. Governance bundles, firm

performance, and the substitutability and complementarity of governance mechanisms[J]. Corporate Governance: An International Review, 2009, 17(5): 646-660.

[283] 唐清泉, 罗党论. 政府补贴动机及其效果的实证研究——来自中国上市公司的经验证据[J]. 金融研究, 2007(6): 149-163.

[284] 吕一博, 苏敬勤, 傅宇. 中国中小企业成长的影响因素研究——基于中国东北地区中小企业的实证研究[J]. 中国工业经济, 2008(01): 14-23.

[285] BANERJEE A V, DUFLO E. Giving credit where it is due[J]. Journal of Economic Perspectives, 2010, 24(3): 61-80.

[286] LIM E N K, MCCANN B T. Performance feedback and firm risk taking: the moderating effects of CEO and outside director stock options[J]. Organization Science, 2013, 25(1): 262-282.

[287] 洪峰. 高管自主权, 期望差距与企业风险承担——治理效应的长周期观察[J]. 现代财经(天津财经大学学报), 2018, 38(04): 86-100.

[288] 李健, 曹文文, 乔嫣, 潘镇. 经营期望落差、风险承担水平与创新可持续性——民营企业与非民营企业的比较研究[J]. 中国软科学, 2018(2): 140-148.

[289] 周仁俊, 杨战兵, 李礼. 管理层激励与企业经营业绩的相关性——国有与非国有控股上市公司的比较[J]. 会计研究, 2010(12): 69-75.

[290] 刘振, 刘博. 股权集中度、管理者薪酬组合与自主创新投资[J]. 科研管理, 2018, 39(12): 95-102.

[291] 唐清泉, 卢珊珊, 李懿东. 企业成为创新主体与 R&D 补贴的政府角色定位[J]. 中国软科学, 2008(6): 88-98.

[292] 梁彤缨, 雷鹏, 陈修德. 管理层激励对企业研发效率的影响研究——来自中国工业上市公司的经验证据[J]. 管理评论, 2015, 27(5): 145-156.

[293] 方杰, 温忠麟, 梁东梅, 等. 基于多元回归的调节效应分析[J]. 心理科学, 2015(3): 715-720.

[294] 温忠麟, 侯杰泰, 张雷. 调节效应与中介效应的比较和应用[J]. 心理学报, 2005, 37(2): 268-274.

[295] DALAL D K, ZICKAR M J. Some common myths about centering predictor variables in moderated multiple regression and polynomial regression[J]. Organizational Research Methods, 2012, 15(3): 339-362.

[296] 刘思彤, 张启銮, 李延喜. 高管内部薪酬差距能否抑制企业风险承担?[J]. 科

研管理,2018,39(3)：189-225.

[297] TIROLE J. The theory of corporate finance［M］. Princeton University Press，2010.

[298] BARANCHUK N，DYBVIG P H . Consensus in diverse corporate boards ［J］. Review of Financial Studies，2009，22(2)：715-747.

[299] MOONEY A C，HOLAHAN P J，AMASON A C. Don't take it personally：exploring cognitive conflict as a mediator of affective conflict ［J］. Journal of Management Studies，2010，44(5)：733-758.

[300] 何立华,王栎绮,张连营.基于聚类的多属性群决策专家权重确定方法[J].运筹与管理,2014,23(06)：65-72.

[301] 陈云翔,董骁雄,项华春,等.基于信息熵的群组聚类组合赋权法[J].中国管理科学,2015,23(06):142-146.

[302] 程江.创业团队异质性对创业绩效的影响研究综述[J].外国经济与管理,2017,39(10):3-17.

高管团队异质性与企业研发投资行为研究

致　　谢

本书是在本人博士论文的基础上,经过修改和拓展撰写而成。

面对"致谢"二字,纵有千言万语,提起笔的那一刻不知从何说起。蓦然回首,五年的时光有着太多的故事,太多的感激。这五年的博士生涯不仅丰富了我的知识,给了我思想的武器,而且磨练了我的意志,给了我战胜困难的勇气,同时也见证了我身为人母,从一胎妈妈到二胎妈妈的成长。细细想来,我要感谢的人太多了,感谢我的导师,感谢我的教研室主任,感谢我的家人,感谢我的师兄师妹们,感谢我的朋友以及学院领导们对我的帮助。

感谢我的博士生导师李端生教授,感谢李老师向我展示了学问和生活的微妙艺术。在过去的五年里,老师毫无保留地给予了我太多的帮助,从博士论文的开题撰写、小论文的写作过程到撰写成文,都离不开老师一字一句的倾心指导。我有幸从导师那里学习如何提炼和传达学术观点,也看到了他对发现知识的热情,以及与他人交流的技巧。

感谢山西财经大学会计学院领导给予我各方面支持和帮助,特别感谢吴秋生院长、田祥宇教授给予我生活和工作上的支持和帮助,感谢在我学习过程中所给予的鼓励和肯定,以及在我博士毕业论文撰写过程中所提出的宝贵意见。

感谢我的教研室主任刘春慧教授和孙凡教授。从我进入资产评估教研室开始,刘老师教我怎么授课,怎么站在讲台上,怎么认真地对待科研。在我读博士期间,孙老师给予我很大的理解,替我分担了很多教学工作,给予我莫大的支持与鼓励。

感谢我的丈夫李高飞,他是一个坚定的支持者。二宝的出生给家里带来了欢乐,也带来了忙碌。在整个博士论文写作过程中,他的耐心、理解,对我论文写作过程中的支持,以及对我什么时候需要专注和什么时候需要放松的了解,帮我渡过各种难关。当然,这些离不开老爸、老妈、婆婆和公公对我这个小家庭的付出,千言万语都凝练在这短短的几句话之中。

感谢我的师兄师妹们,尤其是我的大师兄王东升老师、周虹师妹和柳雅君师妹,他们给予我专业上的帮助。

感谢我的朋友张玲、南瑞琴、梁彦清，她们既是我的闺蜜，又是我的战友，她们给了我精神上的鼓励，陪着我一起学习、一起探讨，一路上有艰难困苦也有美好欢笑，她们让我感受到在学术研究道路上也可以有不一样的精彩。

最后，感谢山西省"1331 工程"重点创新团队建设计划（晋教科〔2017〕12 号）和山西省高等学校哲学社会科学研究项目（2019W069）的资助；还要感谢百忙中对我的论文进行评阅和答辩的各位专家、学者，他们为本书提出了许多批评性、建设性意见，促进我不断反思和完善。

本书写作过程中参考了许多学者的研究成果，这些成果给予我很多启发。本书出版还得到立信会计出版社的大力支持，在此一并表示感谢。

知识无止境，博士论文的完成，仅仅是科研工作上的一个新起点。在科研的道路上我将披荆斩棘，砥砺前行，让我的人生更加精彩。

由于作者知识背景与实践经验，著作中的疏漏与不足在所难免，恳请读者批评指正。